Die einzige Weltmacht

Zbigniew Brzeziński

Die einzige Weltmacht

Amerikas Strategie der Vorherrschaft und der Kampf um Eurasien

nomen

Titel der amerikanischen Originalausgabe:
The Grand Chessboard –
American Primary and Its Geostrategic Imperatives
Published by Basic Books, an imprint of Perseus Books Group, LLC,
a subsidiary of Hachette Book Group, Inc.

4. Auflage 2026

ISBN 978-3-939816--97-3

Nomen Verlag Joachim Schäfer, Homburger Landstraße 105,
60435 Frankfurt am Main, nomen@nomen-verlag.de

Umschlaggestaltung: datenfluss.de
Layout und Satz: Publikations Atelier, Weiterstadt
Karten: Kenneth Velasquez
Druck und Bindung: CPI books GmbH, Birkstraße 10, 25917 Leck.

Mehr über unsere Autoren und Bücher:
www.nomen-verlag.de

Meinen Studenten –
möge das Buch ihnen dabei helfen,
die Welt von morgen zu gestalten.

INHALT

VERZEICHNIS DER KARTEN UND TABELLEN

VORWORT

von Hans-Dietrich Genscher

Jedem, der sich mit internationaler Politik befasst, ist Zbigniew Brzeziński als scharfsinniger Analytiker und als Sicherheitsberater Präsident Carters von 1977 bis 1980 bekannt. Wer ihn in enger Zusammenarbeit als Gesprächspartner schätzen gelernt hat, der weiß, dass er Außenpolitik immer auch als intellektuelle Herausforderung betrachtet. In zahlreichen Büchern und Artikeln hat sich Zbigniew Brzeziński mit anregenden, zuweilen auch provozierenden Thesen zu Wort gemeldet, die regelmäßig ein breites Echo gefunden haben. Das ist auch für sein neues Buch *Die einzige Weltmacht* zu erwarten.

Nach dem Ende der Bipolarität des Kalten Kriegs stehen wir vor neuen globalen Herausforderungen. Es geht darum, eine stabile Weltordnung im Zeitalter der Globalisierung zu gestalten. Und es geht um die Frage, was wir tun müssen, um dieses Ziel zu verwirklichen. Vieles hängt dabei von Amerika, unserem wichtigsten Verbündeten, ab. Zbigniew Brzeziński gibt mit seinem Buch eine amerikanische Antwort, die zum Nachdenken anregt und Zustimmung, aber auch Widerspruch hervorrufen wird.

Der Autor geht von der Feststellung aus, dass die USA die letzte verbliebene Weltmacht nach dem Ende des Kalten Kriegs sind, und charakterisiert Amerikas Vormachtstellung als »Hegemonie neuen Typs«. In der Tat: Amerikas Weltmachtstellung gründet sich nicht – wie dies bei den Weltmächten früherer Epochen der Fall war – auf die imperiale Unterwerfung kleinerer Staaten oder lediglich auf seine gewaltige Militärmacht. Von ebenso großer Bedeutung wie seine militärische Macht sind die Dynamik seiner Wirtschaft, sein technisches Innovationspotenzial und – das wird oft übersehen – die scheinbar unwiderstehliche Anziehungskraft des »American Way of Life«. Auf dieser Grundlage ist es den USA nach dem Zweiten Weltkrieg gelungen, ein internationales System zu errichten, das wesentlich durch amerikanische Vorstellungen geprägt ist: die Ideale von Demokratie und die Einhaltung von Menschenrechten, kollektive Sicherheitssysteme wie vor allem die NATO und regionale Kooperation. Nicht das Streben nach globaler Monopolstellung, sondern die Zusammenarbeit mit anderen Staaten und Staatengruppen im Interesse globaler Stabilität entspricht nach Zbigniew Brzeziński dem Selbstverständnis Amerikas als einer demokratischen Macht.

Der Autor macht aus seiner Überzeugung keinen Hehl, dass die weltweite Präsenz der USA nicht nur im amerikanischen, sondern auch im globalen Interesse liegt. Diese Einschätzung mag auch die für das außenpolitische Selbstverständnis Amerikas typische Gemengelage von Idealismus und Interessenpolitik widerspiegeln. Sie ist deshalb aber nicht weniger richtig. Die europäischen Erfahrungen dieses Jahrhunderts haben dies bestätigt – im Guten wie im Schlechten. Angesichts neuer globaler Herausforderungen – Hunger und Not, der Bevölkerungsexplosion, der Gefährdung unserer natürlichen Lebensgrundlagen, der Proliferation von Massenvernichtungsmitteln – gilt mehr denn je Präsident Clintons Diktum über Amerika als die »unentbehrliche« Nation. Umgekehrt gilt auch: Amerika allein wird diese Herausforderungen nicht meistern können.

Von zentraler Bedeutung für die künftige amerikanische Außenpolitik ist nach Zbigniew Brzeziński – und hier liegt das Originelle seines Ansatzes – »Eurasien«, der Raum von Lissabon bis Wladiwostok. Will Amerika auch künftig seine Weltmachtstellung behalten, so muss es seine ganze Aufmerksamkeit diesem Gebiet zuwenden. Hier leben 75 Prozent der Weltbevölkerung, hier liegt der größte Teil der natürlichen Weltressourcen einschließlich der Energievorräte, und hier werden etwa 60 Prozent des Weltbruttosozialprodukts erwirtschaftet. Im Raum von Lissabon bis Wladiwostok entscheidet sich deshalb das künftige Schicksal Amerikas. Sein Ziel muss es deshalb sein, die politische und wirtschaftliche Entwicklung Eurasiens in seinem

Sinne mitzugestalten und eine antiamerikanische Allianz eurasischer Staaten zu verhindern. Diese Schlussfolgerung Zbigniew Brzezińskis ist ein entschiedenes Plädoyer gegen einen neuen amerikanischen Isolationismus, gegen den Rückzug aus Europa und anderen Gebieten in der Welt. Zugleich macht er jedoch auch klar: Imperiale Machtentfaltung um ihrer selbst willen entspricht nicht dem Selbstverständnis der amerikanischen Demokratie. Ziel einer globalen amerikanischen Strategie muss eine institutionalisierte weltweite Zusammenarbeit sein, die auf echten Partnerschaften Amerikas, vor allem mit einer erweiterten Europäischen Union, mit einem demokratischen Russland, mit China und mit Indien als der größten Demokratie der Welt, beruht. Auch wenn Brzeziński viel von der Vorherrschaft Amerikas spricht: Er weiß um die Grenzen amerikanischer Macht und auch darum, dass die Konzentration hegemonialer Macht in den Händen eines Staates im Zeitalter der Globalisierung immer weniger zeitgemäß ist. Nicht umsonst spricht er deshalb von den USA als der »letzten« Supermacht, was wohl heißen soll: nicht der ewigen.

Für die künftige Außenpolitik Amerikas gilt dem Autor Europa als natürlicher Verbündeter der USA. Ein immer engeres transatlantisches Bündnis, die fortschreitende Einigung Europas und die Erweiterung der Europäischen Union liegen für ihn im vitalen Interesse Amerikas. Das bedeutet auch, dass Amerika Europa als gleichwertigen Partner akzeptiert und bereit sein muss, gemeinsam Verantwortung für gemeinsame Entscheidungen zu tragen. Man kann nur wünschen, dass sich die Einsicht von der Gleichwertigkeit Europas im amerikanischen Denken allgemein durchsetzt. Eine funktionierende transatlantische Partnerschaft erfordert ein politisch und wirtschaftlich geeintes, handlungsfähiges Europa auf der Grundlage der deutsch-französischen Freundschaft. Deshalb plädiert Zbigniew Brzeziński für ein stärkeres Engagement Amerikas bei der Einigung einer größeren, um die Staaten Mittel- und Südosteuropas erweiterten Europäischen Union.

Stabilität auf der eurasischen Landmasse kann nur mit, nicht ohne und schon gar nicht gegen Russland erreicht werden. Deshalb spricht sich Brzeziński für eine umfassende Partnerschaft des Westens mit einem demokratischen Russland aus. Sie muss dem größten Land der Erde die Möglichkeit geben, gleichberechtigt am Aufbau einer dauerhaften und gerechten Friedensordnung im Raum von Vancouver bis Wladiwostok mitzuwirken, wobei jedoch die anderen Nachfolgestaaten der früheren Sowjetunion nicht vergessen werden dürfen. Im Sinne eines »geopolitischen Pluralismus« ist der Westen deshalb aufgerufen, die politische und wirtschaftliche Entwicklung all dieser Staaten zu Demokratie, Rechtsstaat und Marktwirtschaft zu fördern.

Geopolitischer Pluralismus erfordert für Zbigniew Brzeziński auch einen umfassenden Dialog Amerikas mit China. Das ist ebenso begründet wie eine klare Absage an jeden – letztlich zum Scheitern verurteilten – Versuch, das bevölkerungsreichste Land der Erde eindämmen oder gar isolieren zu wollen. Anders als manche Protagonisten einer Politik der »Eindämmung« Chinas in den USA sieht Brzeziński Amerika und China sogar als natürliche Verbündete. Wie dem auch sei: China ist derzeit zwar noch keine Weltmacht; seine Größe und seine gewaltigen Entwicklungsperspektiven machen es jedoch faktisch schon heute zu einem »Global Player«. Viel spricht deshalb für Zbigniew Brzezińskis Anregung, nach der Aufnahme Russlands in die G7 nun auch eine Aufnahme Chinas in die Gruppe der wichtigsten Industriestaaten in Betracht zu ziehen. Beachtung verdient auch sein in die Zukunft gerichteter Vorschlag zur Schaffung eines Transeurasischen Sicherheitssystems, das die NATO, die OSZE, Russland, Indien, China und Japan umfasst.

Das Buch von Zbigniew Brzeziński ist – wie könnte dies anders sein – eine in mancher Hinsicht sehr amerikanische Antwort auf die Frage nach der künftigen Weltordnung. Sicherlich werden nicht alle seine Thesen Zustimmung finden. Mancher Leser wird sich daran stoßen, dass die Terminologie des Autors in vielem an das macht- und gleichgewichtspolitische Denken des 19. und des frühen 20. Jahrhunderts erinnert. Auch könnte man einwenden, dass die demonstrative Forderung nach einer dauerhaften amerikanischen Vorherrschaft zu einer Stärkung antiamerikanischer Tendenzen im eurasischen Raum führen könnte. Die Geschichte bietet genügend Beispiele dafür, dass Vorherrschaftsstreben in der Regel Gegenmachtbildung hervorruft. Damit würde genau das Gegenteil von dem erreicht, was Zbigniew Brzeziński für Amerika anstrebt.

Dennoch wäre es eine gefährliche Illusion zu glauben, Stabilität in Europa könne dauerhaft ohne die USA gewährleistet werden. Ebenso wenig ist dieses Ziel jedoch ohne Europa selbst zu verwirklichen. Gewiss wirft manche amerikanische Entscheidung der jüngsten Zeit die Frage auf, ob man Europa als gleichwertigen Partner akzeptiert, aber oft ist ein solches Verhalten auch die Ausfüllung eines von Europa verursachten Vakuums. Die Europäer sollten sich deshalb selbst immer wieder fragen, ob es wirklich »zu viel Amerika« oder nicht vielmehr »zu wenig Europa« gibt. Das Buch von Zbigniew Brzeziński ist auch ein Appell an die Europäer, sich über ihren Beitrag zur künftigen Weltordnung Klarheit zu verschaffen und entschlossen zu handeln. Sein Plädoyer, den Raum von Lissabon bis Wladiwostok als Einheit zu betrachten, sollten all jene bei uns beherzigen, die glauben, auch heute noch Europa in Grenzen denken zu können. Nichts wäre im Zeitalter der Globalisierung anachronistischer als eine Politik neuer Abgrenzung. Nur eine immer intensivere Zusammenarbeit zwischen den Staaten von Vancouver bis Wladiwostok kann auf Dauer Sicherheit, Wohlstand und Stabilität garantieren.

Das Buch von Zbigniew Brzeziński wird ohne Zweifel eine wichtige Rolle spielen bei der Diskussion über die Struktur einer künftigen dauerhaften und gerechten Weltordnung. Diese kann nur das Gebot der Dauerhaftigkeit und Gerechtigkeit erfüllen, wenn sie gegründet ist auf das gleichberechtigte Zusammenleben der Völker und auf die gleichberechtigte und globale Zusammenarbeit der Weltregionen. Beim Bau der neuen Weltordnung dürfen nicht die Fehler wiederholt werden, die in Gestalt nationalen Vormachtstrebens am Ende des 19. und in der ersten Hälfte des 20. Jahrhunderts von Europa ausgehend die Welt so stark erschüttert haben. Dabei wird die Beachtung der Menschenrechtsabkommen der Vereinten Nationen eine wichtige Rolle spielen.

Die Geschichte macht keine Pause, und sie ist auch nicht an ihrem Ende angelangt. Aus dem Buch von Zbigniew Brzeziński sprechen das Bewusstsein um die Größe der Herausforderungen, vor denen wir jetzt stehen, aber auch der Wille, sie geistig und politisch zu bewältigen. Man kann nicht sagen, dass diese Haltung bei uns sehr verbreitet wäre. Umso mehr sind dem anregenden Buch von Zbigniew Brzeziński in Deutschland viele aufmerksame Leser zu wünschen.

EINLEITUNG

Supermachtpolitik

Seit den Anfängen der kontinenteübergreifenden politischen Beziehungen vor etwa 500 Jahren ist Eurasien stets das Machtzentrum der Welt gewesen. Zu verschiedenen Zeiten drangen Völker, die diesen Erdteil bewohnten – meistens die an seiner westlichen, europäischen Peripherie ansässigen – in andere Weltgegenden vor und unterwarfen sie ihrer Herrschaft. Dabei gelangten einzelne eurasische Staaten in den Rang einer Weltmacht und in den Genuss entsprechender Privilegien.

Im letzten Jahrzehnt des 20. Jahrhunderts hat sich die Weltlage tiefgreifend verändert. Zum ersten Mal in der Geschichte trat ein außereurasischer Staat nicht nur als der Schiedsrichter eurasischer Machtverhältnisse, sondern als die überragende Weltmacht schlechthin hervor. Mit dem Scheitern und dem Zusammenbruch der Sowjetunion stieg ein Land der westlichen Hemisphäre, nämlich die Vereinigten Staaten, zur einzigen und im Grunde ersten wirklichen Weltmacht auf.

Eurasien hat jedoch dadurch seine geopolitische Bedeutung keineswegs verloren. In seiner westlichen Randzone – Europa – ballt sich noch immer ein Großteil der politischen und wirtschaftlichen Macht der Erde zusammen; der Osten des Kontinents – also Asien – ist seit einiger Zeit zu einem wichtigen Zentrum wirtschaftlichen Wachstums geworden und gewinnt zunehmend politischen Einfluss. Inwieweit die USA ihre globale Vormachtstellung geltend machen können, hängt aber davon ab, wie ein weltweit engagiertes Amerika mit den komplexen Machtverhältnissen auf dem eurasischen Kontinent fertig wird – und ob es dort das Aufkommen einer dominierenden, gegnerischen Macht verhindern kann.

Folglich muss die amerikanische Außenpolitik den geopolitischen Aspekt der neu entstandenen Lage im Auge behalten und ihren Einfluss in Eurasien so einsetzen, dass ein stabiles kontinentales Gleichgewicht mit den Vereinigten Staaten als politischem Schiedsrichter entsteht.

Eurasien ist somit das Schachbrett, auf dem sich auch in Zukunft der Kampf um die globale Vorherrschaft abspielen wird. Erst 1940 hatten sich zwei Aspiranten auf die Weltmacht, Adolf Hitler und Josef Stalin, ausdrücklich darauf verständigt (während der Geheimverhandlungen im November jenes Jahres), dass Amerika von Eurasien ferngehalten werden sollte. Jedem der beiden war klar, dass seine Weltmachtpläne vereitelt würden, sollte Amerika auf dem eurasischen Kontinent Fuß fassen. Beide waren sich einig in der Auffassung, dass Eurasien der Mittelpunkt der Welt sei und mithin derjenige, der Eurasien beherrsche, die Welt beherrsche. Ein halbes Jahrhundert später stellt sich die Frage neu: Wird Amerikas Dominanz in Eurasien von Dauer sein, und zu welchen Zwecken könnte sie genutzt werden?

Amerikanische Politik sollte letzten Endes von der Vision einer besseren Welt getragen sein: der Vision, im Einklang mit langfristigen Trends und den fundamentalen Interessen der Menschheit, eine auf wirksame Zusammenarbeit beruhende Weltgemeinschaft zu gestalten. Aber bis es so weit ist, lautet das Gebot, keinen eurasischen Herausforderer aufkommen zu lassen, der den eurasischen Kontinent unter seine Herrschaft bringen und damit auch für Amerika eine Bedrohung darstellen könnte. *Ziel dieses Buches ist es deshalb, im Hinblick auf Eurasien eine umfassende und in sich geschlossene Geostrategie zu entwerfen.*

Zbigniew Brzeziński
Washington, D.C.
im April 1997

1

EINE HEGEMONIE NEUEN TYPS

Hegemonie ist so alt wie die Menschheit. Die gegenwärtige globale Vorherrschaft der USA unterscheidet sich jedoch von allen früheren historischen Beispielen durch ihr plötzliches Zustandekommen, ihr weltweites Ausmaß sowie die Art und Weise, auf die sie ausgeübt wird. Bedingt durch die Dynamik internationaler Prozesse hat sich Amerika im Laufe eines einzigen Jahrhunderts von einem relativ isolierten Land der westlichen Hemisphäre in einen Staat von nie da gewesener Ausdehnung und beispielloser Macht verwandelt.

Der kurze Weg zur globalen Vorherrschaft

Der spanisch-amerikanische Krieg 1898 war der erste Eroberungskrieg, den die USA in Übersee führten. Er hatte einen Vorstoß amerikanischer Macht bis weit über Hawaii und die Philippinen hinaus in den pazifischen Raum zur Folge. Um die Jahrhundertwende entwickelten amerikanische Militärstrategen eifrig Theorien für eine Vorherrschaft auf zwei Weltmeeren, und die amerikanische Kriegsmarine machte sich daran, Britannien seine »die Meere beherrschende« Rolle streitig zu machen. Mit dem Bau des Panamakanals, der eine Vorherrschaft sowohl über den Atlantik als auch den Stillen Ozean erleichterte, bekräftigten die Vereinigten Staaten ihre Ansprüche auf einen Sonderstatus als alleiniger Sicherheitsgarant der westlichen Hemisphäre, den sie bereits Anfang des Jahrhunderts in der Monroe-Doktrin verkündet und in der Folgezeit mit Amerikas angeblich »offenkundigem Schicksal« gerechtfertigt hatten.

Das Fundament für Amerikas zunehmende geopolitische Ambitionen hatte die rasche Industrialisierung der nationalen Wirtschaft gelegt. Beim Ausbruch des Ersten Weltkriegs stellte die wachsende amerikanische Wirtschaftskraft bereits etwa ein Drittel des globalen Bruttosozialprodukts und hatte Großbritannien den Rang als führende Industriemacht abgelaufen. Begünstigt wurde diese beachtliche wirtschaftliche Dynamik durch eine experimentierfreudige und innovatorische Kultur. Amerikas politische Institutionen und seine freie Marktwirtschaft eröffneten ehrgeizigen und himmelstürmenden Erfindern beispiellose Möglichkeiten, da keine archaischen Privilegien und starren gesellschaftlichen Hierarchien sie daran hinderten, ihre persönlichen Träume zu verwirklichen. Kurzum, das kulturelle Klima in den USA war dem wirtschaftlichen Wachstum auf einzigartige Weise förderlich; darüber hinaus zog die nationale Kultur die begabtesten Menschen aus Europa an und ermöglichte dank ihrer integrativen Wirkung die Ausdehnung nationaler Macht.

Der Erste Weltkrieg bot erstmals die Gelegenheit für einen massiven Einsatz amerikanischer Militärmacht in Europa. Ein bis dahin ziemlich isolierter Staat beförderte prompt mehrere starke Truppenkontingente über den Atlantik – eine überseeische Militärexpedition, wie es sie in dieser Größenordnung und in diesem Umfang nie zuvor gegeben hatte – und tat damit kund, dass nun ein neuer Hauptakteur die internationale Bühne betrat. Nicht minder bedeutsam war, dass der Krieg die USA auch zu ihrer ersten größeren diplomatischen Bemühung bewog, bei der Suche nach einer Lösung der internationalen Probleme Europas amerikanische Prinzipien ins Spiel zu bringen. Woodrow Wilsons berühmter 14-Punkte-Plan symbolisierte gewissermaßen die Einschleusung amerikanischen idealistischen Gedankenguts in die europäische Geopolitik. (Eineinhalb Jahrzehnte vorher hatten die USA eine führende Rolle bei der Beilegung eines fernöstlichen Konflikts zwischen Russland und Japan gespielt und auch dadurch ihr zunehmend internationales Gewicht geltend gemacht.) Die

Verschmelzung von amerikanischem Idealismus mit amerikanischer Macht kam somit auf internationaler Ebene voll zum Tragen.

Genau genommen war jedoch der Erste Weltkrieg ein überwiegend europäischer Konflikt, kein Weltkrieg. Aber sein selbstzerstörerischer Charakter markierte den Anfang vom Ende der politischen, wirtschaftlichen und kulturellen Dominanz Europas gegenüber dem Rest der Welt. Während des Kriegs vermochte sich keine der europäischen Mächte entscheidend durchzusetzen – erst der Eintritt der aufsteigenden außereuropäischen Macht Amerika in den Konflikt hat den Ausgang des Kriegs nachhaltig beeinflusst. Danach sollte Europa zunehmend seine aktive Rolle einbüßen und zum Objekt der Weltpolitik werden.

Diese kurze Anwandlung globaler Führerschaft hatte allerdings kein ständiges Engagement der USA auf der internationalen Bühne zur Folge. Stattdessen zog sich Amerika schnell in einer selbstgenügsamen Mischung aus Isolationismus und Idealismus zurück. Obwohl Mitte der 1920er- und Anfang der 1930er-Jahre totalitäre Regime auf dem europäischen Kontinent an Boden gewannen, behielt Amerika, das inzwischen über eine schlagkräftige, auf zwei Weltmeeren präsente Flotte verfügte, die der britischen Kriegsmarine eindeutig überlegen war, seine unbeteiligte Haltung bei. Die Amerikaner zogen es vor, das Weltgeschehen aus der Zuschauerperspektive zu verfolgen.

Im Einklang mit dem nationalen Sicherheitskonzept, das auf der Auffassung gründete, Amerika sei eine kontinentale Insel, konzentrierte es sich strategisch auf den Küstenschutz. Aufgrund dieses engen nationalen Zuschnitts zeigte die amerikanische Politik wenig Interesse für internationale oder globale Faktoren. Die entscheidenden Akteure auf dem internationalen Parkett waren nach wie vor die europäischen Mächte und in immer stärkerem Maße Japan.

Das europäische Zeitalter der Weltgeschichte ging während des Zweiten Weltkriegs, der erstmals wirklich ein »Weltkrieg« war, definitiv zu Ende. Auf drei Kontinenten und zwei Weltmeeren gleichzeitig ausgefochten, trat sein globales Ausmaß auf geradezu sinnbildliche Weise zutage, als sich britische und japanische Soldaten Tausende Meilen von ihren Heimatländern entfernt an der Grenze zwischen Indien und Birma heftige Gefechte lieferten. Europa und Asien waren zu einem einzigen Schlachtfeld geworden.

Hätte der Krieg mit einem klaren Sieg des nationalsozialistischen Deutschlands geendet, so wäre möglicherweise eine einzige europäische Macht mit weltweitem Übergewicht daraus hervorgegangen. (Japans Sieg im Stillen Ozean hätte Nippon die beherrschende Rolle im Fernen Osten eingetragen, aber aller Wahrscheinlichkeit nach wäre es trotzdem eine nur regionale Hegemonialmacht geblieben.) Stattdessen wurde Deutschlands Niederlage zum größten Teil durch die beiden außereuropäischen Sieger, die Vereinigten Staaten und die Sowjetunion, besiegelt. Sie meldeten nun, nachdem Europas Weltmachtstreben gescheitert war, Ansprüche auf die globale Vorherrschaft an.

Die folgenden fünfzig Jahre standen im Zeichen des amerikanisch-sowjetischen Wettstreits um die globale Vormachtstellung. In mancherlei Hinsicht löste der Konflikt zwischen den Vereinigten Staaten und der Sowjetunion die Lieblingstheorien der Geopolitiker ein: Er stellte die führende Seemacht, die sowohl den Atlantik als auch den Pazifik beherrschte, der führenden Landmacht gegenüber, die auf dem eurasischen Kerngebiet die überragende Rolle spielte (der chinesisch-sowjetische Block umfasste einen Raum, der auffallend an die Ausdehnung des Mongolenreiches erinnerte). Die geopolitische Dimension hätte nicht klarer sein können: Nordamerika versus Eurasien, und auf dem Spiel stand die Welt. Der Sieger würde wirklich den Globus beherrschen.

Jeder der beiden Gegner warb weltweit für seine Ideologie, welche die notwendigen Anstrengungen in seinen Augen historisch rechtfertigte und ihn in seiner Überzeugung vom unvermeidlichen Sieg bestärkte. Die beiden Kontrahenten waren in ihrem Einflussbereich unangefochten – anders als die Anwärter auf globale Vorherrschaft im kaiserlichen Europa, von denen es keiner jemals schaffte, auch nur in Europa die eindeutige Vormachtstellung zu erlangen. Um seinen Einfluss auf die jeweiligen Vasallen und Tributpflichtigen zu festigen, setzten beide Kontrahenten ihre Weltanschauung auf eine Art und Weise ein, die an das Zeitalter der Glaubenskriege gemahnte.

Der globale geopolitische Rahmen verlieh im Verein mit dem Absolutheitsanspruch der miteinander konkurrierenden Dogmen dem Machtkampf eine beispiellose Intensität. Eine wirklich einzigartige Qualität erhielt dieser Wettstreit von einem zusätzlichen Faktor von weltpolitischer Tragweite. Das Aufkommen von Atomwaffen hatte zur Folge, dass ein direkter, herkömmlicher Krieg zwischen den beiden Hauptkontrahenten nicht nur deren gegenseitige Vernichtung bedeutet, sondern auch für einen erheblichen Teil der Menschheit tödliche Konsequenzen gehabt hätte. Die Heftigkeit des Konflikts nötigte daher den beiden Gegnern zugleich eine außerordentliche Selbstbeherrschung ab.

Geopolitisch wurde der Konflikt vor allem an den Rändern des eurasischen Kontinents ausgetragen. Der chinesisch-sowjetische Block hatte den größten Teil der eurasischen Landmasse unter Kontrolle, nicht jedoch ihre Randgebiete. Nordamerika gelang es, sich sowohl an den westlichen Küsten als auch an denen des Fernen Ostens festzusetzen. Die Verteidigung dieser kontinentalen Brückenköpfe (die an der westlichen »Front« durch die Berlin-Blockade und an der östlichen durch den Koreakrieg sinnfällig wurden) war somit der erste strategische Test in dem Ringen, das nachfolgend als Kalter Krieg in die Geschichte einging.

In dessen Endphase tauchte auf der eurasischen Landkarte eine dritte – südliche – Verteidigungs-»Front« auf (siehe Karte auf Seite 25). Der sowjetische Einmarsch in Afghanistan beschwor vonseiten der USA prompt eine zweigleisige Reaktion herauf: direkte Unterstützung des afghanischen Widerstands vor Ort, damit sich die sowjetische Armee festfahre, und eine massive Steigerung amerikanischer Militärpräsenz im Persischen Golf als Abschreckungsmaßnahme gegen jeden weiteren südwärts gerichteten Vorstoß sowjetischer Macht. Entsprechend ihrer Sicherheitsinteressen im Westen und Osten Eurasiens verpflichteten sich die Vereinigten Staaten zur Verteidigung der Golfregion.

Das von amerikanischer Seite erfolgreich betriebene Eindämmen der Bemühungen des eurasischen Blocks, den gesamten Kontinent unter seine Kontrolle zu bekommen – bis zum Schluss scheuten beide Seiten ein militärisches Aufeinandertreffen aus Angst vor einem nuklearen Krieg –, bewirkte, dass der Wettstreit schließlich mit nichtmilitärischen Mitteln entschieden wurde. Politische Energie, ideologische Flexibilität, wirtschaftliche Dynamik und kulturelle Attraktivität gaben letztlich den Ausschlag.

Während die von Amerika angeführte Koalition ihre Geschlossenheit bewahren konnte, brach der chinesisch-sowjetische Block in weniger als zwei Jahrzehnten auseinander. Dies war nicht zuletzt auf die gegenüber dem hierarchischen und dogmatischen – und zugleich brüchigen – Charakter des kommunistischen Lagers größere Flexibilität der demokratischen Koalition zurückzuführen. Auch dieser lagen gemeinsame Werte zugrunde, aber ohne programmatische Festlegung. Das kommunistische Lager indes bestand dogmatisch auf der Bewahrung der reinen Lehre, zu deren Auslegung nur eine einzige Zentrale befugt war. Amerikas wichtigste Vasallen waren außerdem deutlich schwächer als die USA, während die Sowjetunion China nicht auf unbestimmte Zeit als eine ihr untergeordnete Macht behandeln konnte. Maßgeblich für den Ausgang des Kalten Kriegs war ferner die Tatsache, dass sich die amerikanische Seite in ökonomischer und technologischer Hinsicht als wesentlich dynamischer erwies. Die Sowjetunion hingegen stagnierte allmählich und konnte weder mit dem Wirtschaftswachstum noch mit der Militärtechnik der Gegenseite effektiv Schritt halten. Der wirtschaftliche Niedergang wiederum leistete der ideologischen Demoralisierung Vorschub.

Tatsächlich verdeckten die sowjetische Militärmacht – und die Furcht, die sie im Westen auslöste – lange Zeit das eigentliche Ungleichgewicht zwischen den beiden Kontrahenten. Amerika war einfach viel reicher und technisch viel höher entwickelt, auf militärischem Gebiet flexibler und innovativer und von seiner Gesellschaftsform her kreativer und ansprechender. Indessen lähmten ideologische Zwänge das schöpferische Potenzial der Sowjetunion; sie ließen das System zunehmend erstarren, sodass seine Ökonomie immer unwirtschaftlicher und auf technischem Gebiet immer weniger konkurrenzfähig wurde. Solange kein beide Seiten vernichtender Krieg ausbrach, musste der sich hinziehende Wettstreit schließlich zugunsten Amerikas ausgehen.

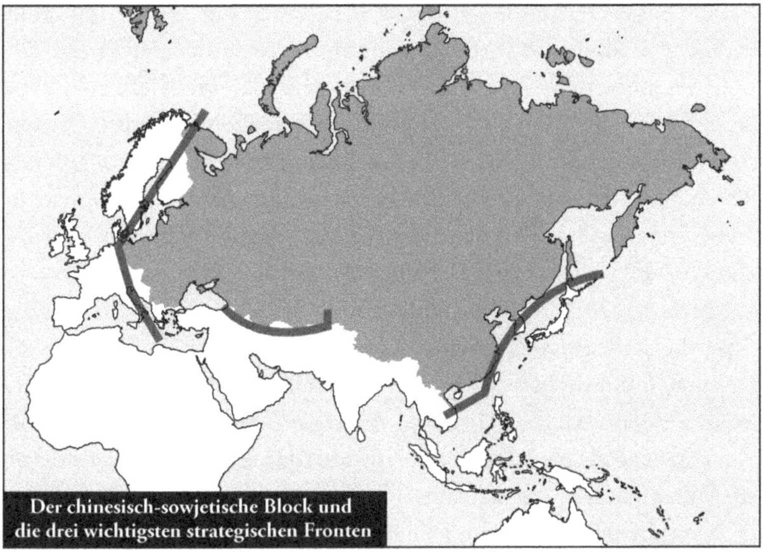

Der chinesisch-sowjetische Block und die drei wichtigsten strategischen Fronten

Der Ausgang war denn auch nicht unwesentlich von kulturellen Faktoren bestimmt. Im Großen und Ganzen machte sich die von Amerika angeführte Koalition viele Wesensmerkmale seiner politischen und sozialen Kultur zu eigen. Die beiden wichtigsten Verbündeten der USA am westlichen beziehungsweise östlichen Rand des eurasischen Kontinents, Deutschland und Japan, erholten sich wirtschaftlich und zollten allem Amerikanischen eine nahezu schrankenlose Bewunderung. Weit und breit sah man in den USA das Symbol und den Garanten für die Zukunft, eine Gesellschaft, die Bewunderung und nachgeahmt zu werden verdient.

Im Gegensatz dazu wurde Russland von den meisten seiner mitteleuropäischen Vasallen und mehr noch von seinem wichtigsten und immer anmaßender auftretenden östlichen Verbündeten China kulturell verachtet. Die Mitteleuropäer fühlten sich unter russischer Vorherrschaft von ihrer philosophischen und kulturellen Heimat, von Westeuropa und seiner christlich-abendländischen Tradition, isoliert. Schlimmer noch, sie sahen sich von einem Volk beherrscht, dem sich die Mitteleuropäer, oft zu Unrecht, kulturell überlegen fühlten.

Die Chinesen, für die der Name »Russland« das »Hungrige Land« bedeutet, hielten mit ihrer Verachtung nicht hinter dem Berg. Obwohl sie die von Moskau geltend gemachte Allgemeinverbindlichkeit des sowjetischen Modells anfänglich nur insgeheim bestritten hatten, stellten sie doch binnen eines Jahrzehnts nach der kommunistischen Revolution Moskaus ideologischen Führungsanspruch ganz entschieden infrage und scheuten sich nicht, ihre traditionelle Geringschätzung für die barbarischen Nachbarn im Norden offen zu äußern.

Am Ende lehnten in der Sowjetunion die 50 Prozent der Bevölkerung, die keine Russen waren, Moskaus Herrschaft ab. Im Zuge des allmählichen politischen Erwachens des nichtrussischen Bevölkerungsteils nahmen Ukrainer, Georgier, Armenier und Aserbaidschaner die Sowjetmacht als eine Form imperialistischer Fremdherrschaft durch ein Volk wahr, dem sie sich kulturell durchaus nicht unterlegen fühlten. In Zentralasien mögen nationale Bestrebungen weniger ausgeprägt gewesen sein, doch nach und nach wuchs bei den dortigen Völkern das Bewusstsein islamischer Identität, das durch das Wissen um die in anderen Weltteilen fortschreitende Entkolonialisierung verstärkt wurde.

Wie so viele Weltreiche vor ihr brach die Sowjetunion schließlich in sich zusammen und zerfiel: weniger als Opfer einer direkten militärischen Niederlage als der durch wirtschaftliche und gesellschaftliche Spannungen beschleunigten Desintegration. Die zutreffende Beobachtung eines Politologen bestätigt ihr Schicksal:

> »Weltreiche sind von Natur aus politisch instabil, weil untergeordnete Einheiten fast immer nach größerer Autonomie streben und Gegeneliten in solchen Einheiten fast jede sich bietende Gelegenheit nutzen, um größere Autonomie zu erlangen. In diesem Sinn *fallen* Weltreiche *nicht in sich zusammen*; sie *fallen auseinander*, zumeist sehr langsam, aber manchmal auch erstaunlich rasch.«[1]

---

1 Donald Puchala: »The History of the Future of International Relations«, *Ethics and International Affairs*, 8 (1994), S. 183

Die einzige Weltmacht

Der Zusammenbruch ihres Rivalen versetzte die Vereinigten Staaten in eine außergewöhnliche Lage. Sie wurden gleichzeitig die erste und die einzig wirkliche Weltmacht. Und doch erinnert Amerikas globale Vorherrschaft in mancherlei Weise an frühere Weltreiche, ungeachtet deren begrenzterer Ausdehnung. Diese Imperien gründeten ihre Macht auf eine Hierarchie von Vasallenstaaten, tributpflichtigen Provinzen, Protektoraten und Kolonien; die Völker jenseits der Grenzen betrachteten sie gemeinhin als Barbaren. Bis zu einem gewissen Grad lassen sich diese anachronistischen Begriffe durchaus auf einige Staaten anwenden, die sich gegenwärtig innerhalb des amerikanischen Orbits befinden. Wie in der Vergangenheit beruht auch die »imperiale« Macht Amerikas in hohem Maße auf der überlegenen Organisation und auf der Fähigkeit, riesige wirtschaftliche und technische Ressourcen umgehend für militärische Zwecke einzusetzen, auf dem nicht genauer bestimmbaren, aber erheblichen kulturellen Reiz des »American Way of Life« sowie auf der Dynamik und dem ihr innewohnenden Wettbewerbsgeist der Führungskräfte in Gesellschaft und Politik.

Auch früheren Weltreichen waren diese Merkmale eigen. Dazu fällt einem als Erstes Rom ein. In einem Zeitraum von ungefähr zweieinhalb Jahrhunderten weitete es sukzessive sein Gebiet nach Norden, dann nach Westen und Südosten aus und beherrschte die gesamte Küstenregion des Mittelmeers. Seine größte geographische Ausdehnung erreichte das Imperium um das Jahr 211 nach Christus (siehe Karte auf Seite 28). Das Römische Reich war ein zentralistisches Staatswesen mit einer autarken Wirtschaft. Durch ein hochentwickeltes System politischer und wirtschaftlicher Organisation übte es seine imperiale Macht besonnen und gezielt aus. Ein nach strategischen Gesichtspunkten angelegtes, von der Hauptstadt ausgehendes Netz von Straßen und Schifffahrtsrouten gestattete – im Falle einer größeren Bedrohung – eine rasche Umverlegung und Konzentration der in den verschiedenen Vasallenstaaten und tributpflichtigen Provinzen stationierten römischen Legionen.

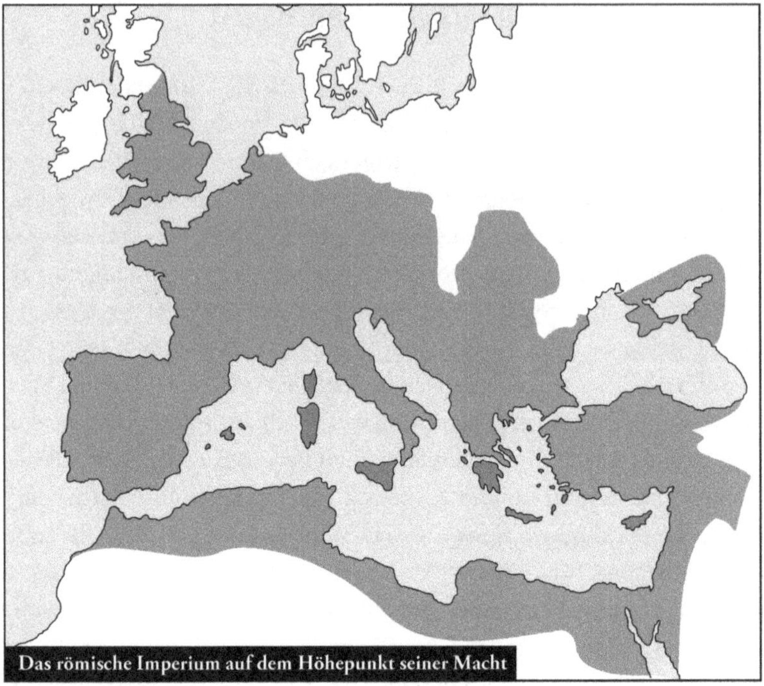

Das römische Imperium auf dem Höhepunkt seiner Macht

Auf dem Höhepunkt seiner Macht zählten die im Ausland eingesetzten römischen Legionen nicht weniger als 300 000 Mann, eine beachtliche Streitkraft, die dank römischer Überlegenheit in Taktik und Bewaffnung wie auch dank der Fähigkeit des Zentrums, seine Truppen relativ schnell umzugruppieren, noch tödlicher wurde. (Dies ist erstaunlich, wenn man bedenkt, dass die über wesentlich mehr Einwohner verfügende Supermacht Amerika 1996 die äußeren Bereiche ihrer Einflusssphäre durch 296 000 in Europa stationierte Berufssoldaten schützte.)

Roms imperiale Macht beruhte indessen auch auf einem wichtigen psychologischen Sachverhalt: »Civis Romanus sum« (Ich bin römischer Bürger) war gewissermaßen ein Ehrentitel, Grund, stolz zu sein, und für viele ein hohes Ziel. Schließlich selbst jenen gewährt, die keine gebürtigen Römer waren, war der Status des römischen

Bürgers Ausdruck kultureller Überlegenheit, die dem imperialen Sendungsbewusstsein als Rechtfertigung diente. Sie legitimierte nicht nur Roms Herrschaft, sondern nährte auch in den ihr Unterworfenen den Wunsch, in die Reichsstruktur aufgenommen und von ihr assimiliert zu werden. Somit stützte die von den Herrschern als selbstverständlich betrachtete und von den Beherrschten anerkannte kulturelle Überlegenheit die imperiale Macht.

Dieses überragende und im Wesentlichen unangefochtene Imperium hatte etwa 300 Jahre Bestand. Mit Ausnahme der Herausforderung durch das nahe Karthago und, am östlichen Rand, des Partherreichs war die Welt jenseits der römischen Grenzen weitgehend unzivilisiert, schlecht organisiert, zumeist nur zu sporadischen Angriffen fähig und kulturell klar unterlegen. Solange sich das Imperium seine innenpolitische Energie und Geschlossenheit bewahren konnte, erwuchs ihm von außen kein ernst zu nehmender Konkurrent um die Macht.

Der letzten Endes vollkommene Zerfall des Römischen Reichs ist im Wesentlichen auf drei Ursachen zurückzuführen. Erstens wurde das Reich zu groß, um von einem einzigen Zentrum aus regiert zu werden, und die Aufteilung in eine westliche und eine östliche Hälfte zerstörte automatisch die Monopolstellung seiner Macht. Zweitens brachte die längere Phase kaiserlicher Hybris gleichzeitig einen kulturellen Hedonismus hervor, der der politischen Elite nach und nach den Willen zu imperialer Größe nahm. Drittens untergrub auch die anhaltende Inflation die Fähigkeit des Systems, sich ohne soziale Opfer, zu denen die Bürger nicht mehr bereit waren, am Leben zu erhalten. Das Zusammenwirken von kulturellem Niedergang, politischer Teilung und Inflation machte Rom sogar gegenüber den Barbarenvölkern in seiner unmittelbaren Nachbarschaft wehrlos.

Nach heutigen Maßstäben war Rom keine wirkliche Weltmacht, sondern eine regionale Macht. Doch angesichts der Tatsache, dass damals kein Zusammenhang zwischen den verschiedenen Kontinenten der Erde bestand, war seine regionale Macht unabhängig und in sich geschlossen, ohne unmittelbare oder selbst ferne Gegner. Das Römische Reich war somit eine Welt für sich, und seine hochentwickelte politische Organisation und seine kulturelle Überlegenheit machten es zu einem Vorläufer späterer Herrschaftsgebilde von noch größerer geographischer Ausdehnung.

Trotzdem war das Römische Reich nicht einzigartig in seiner Zeit. Das Römische Reich und das Chinesische Reich entstanden nahezu in derselben Epoche, obwohl keines vom anderen wusste. Im Jahre 221 vor Christus (zur Zeit der Punischen Kriege zwischen Rom und Karthago), nachdem Qin die bestehenden sieben Staaten zum ersten Chinesischen Reich vereinigt hatte, war mit dem Bau der Großen Mauer in Nordchina begonnen worden, um das innere Königreich von der Welt der Barbaren jenseits der Grenze abzuriegeln. Das nachfolgende Han-Reich, das um 140 vor Christus hervorzutreten begann, war in seiner Ausdehnung und Organisation noch eindrucksvoller. Zu Beginn des christlichen Zeitalters waren nicht weniger als 57 Millionen Menschen seiner Herrschaft unterworfen. Diese riesige Bevölkerungszahl zeugte von einer außerordentlich effizienten Zentralgewalt, die von einer straff organisierten Strafbürokratie ausgeübt wurde. Das Einflussgebiet des Imperiums erstreckte sich bis zum heutigen Korea, in die Mongolei hinein, und umfasste einen Großteil des chinesischen Küstenbereichs. Ähnlich wie im Falle Roms zersetzten innere Missstände auch das Han-Reich, und schließlich beschleunigte die Aufteilung des Territoriums in drei unabhängige Königreiche im Jahre 220 nach Christus seinen Untergang.

In Chinas weiterer Geschichte wechselten Perioden der Wiedervereinigung und Ausdehnung mit solchen des Niedergangs und Zerfalls. Mehr als einmal gelang es China, unabhängige, von der Außenwelt abgeschlossene Reiche zu errichten, die mit keinem gut organisierten äußeren Gegner konfrontiert waren. Auf die Dreiteilung des Han-Reichs folgte im Jahre 589 neuerlich ein dem früheren Großreich vergleichbarer einheitlicher Staat. Die Zeit der größten Machtentfaltung erlebte China jedoch erst unter den Mandschus, insbesondere während der frühen Qing-Dynastie. Im 18. Jahrhundert entfaltete sich China noch einmal zu einem regelrechten Imperium, dessen Herrschaftszentrum von Vasallen und tributpflichtigen Staaten einschließ-

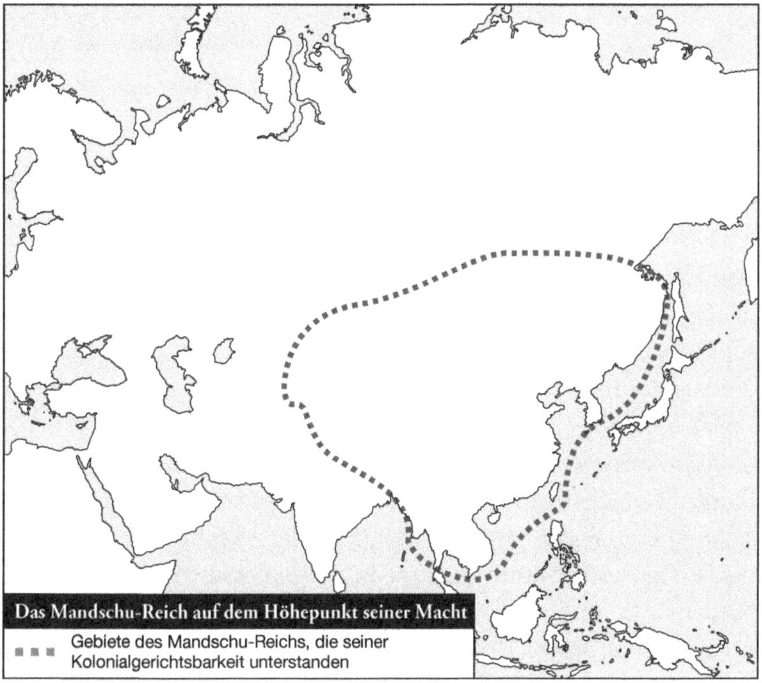

lich dem heutigen Korea, Indochina, Thailand, Birma und Nepal umgeben war. Chinas Macht erstreckte sich vom heutigen Fernen Osten Russlands über das gesamte südliche Sibirien bis zum Baikalsee und weiter bis in das derzeitige Kasachstan, von dort nach Süden bis zum Indischen Ozean und wieder ostwärts über Laos und Nordvietnam (siehe Karte auf dieser Seite).

Wie Rom verfügte auch dieses Imperium über eine differenzierte Ordnung des Finanz-, Wirtschafts- und Erziehungswesens sowie über ein System der Herrschaftssicherung, mit dessen Hilfe das riesige Territorium und die mehr als 300 Millionen Untertanen regiert wurden. Die Machtausübung lag in den Händen einer politischen Zentralgewalt, die über einen erstaunlich leistungsstarken Kurierdienst verfügte. Das gesamte Imperium war in vier strahlenförmig von Peking ausgehende Zonen eingeteilt, auf denen die Gebiete abgesteckt waren, die ein Kurier in einer Woche, in zwei, drei und vier Wochen erreichen konnte. Eine zentralisierte, professionell geschulte und durch Auswahlverfahren rekrutierte Bürokratie bildete die Hauptstütze der Einheit.

Gestärkt, legitimiert und erhalten wurde diese Einheit – ebenfalls wie im Falle Roms – durch ein tiefempfundenes und fest verankertes Bewusstsein kultureller Überlegenheit, das nicht zuletzt auf dem Konfuzianismus fußte. Die besondere Betonung von Harmonie, Hierarchie und Disziplin empfahl ihn geradezu als staatstragende Philosophie. China – das Himmlische Reich – galt seinen Untertanen als der Mittelpunkt des Universums, an dessen Rändern und jenseits derselben es nur noch Barbaren gab.

Chinese zu sein bedeutete, kultiviert zu sein, und verpflichtete die übrige Welt, China die gebührende Verehrung zu zollen. Dieses besondere Überlegenheitsgefühl kommt in der Antwort zum Ausdruck, die der Kaiser von China – sogar in der Phase des fortschreitenden Niedergangs im späten 18. Jahrhundert – Georg III. von England zukommen ließ, dessen Gesandte mit britischen Industrieprodukten als Zeichen britischer Gunstbezeugung China für Handelsbeziehungen hatten gewinnen wollen:

> »Wir, durch die Gnade des Himmels Kaiser, fordern den König von England auf, unsere Anklage zur Kenntnis zu nehmen: Das Himmlische Reich, das alles beherrscht, was zwischen vier Meeren liegt ... schätzt keine seltenen und kostbaren Dinge ... auch haben wir nicht den geringsten Bedarf an Manufakturen Eures Landes. ... Daher haben wir ... Euren Tributgesandten befohlen, sicher nach Hause zurückzukehren. Ihr, o König, sollt einfach in Einklang mit unseren Wünschen handeln, indem Ihr Euere Loyalität stärkt und ewigen Gehorsam schwört.«

Auch der Niedergang und Zusammenbruch der verschiedenen chinesischen Reiche ist in erster Linie auf innerstaatliche Faktoren zurückzuführen. Ebenso wie die Mongolen konnten sich später westliche »Barbaren« durchsetzen, weil innere Ermüdung, Sittenverfall, Hedonismus und der Mangel an wirtschaftlichen wie auch militärischen Ideen die Willenskraft der Chinesen schwächten und sie in Selbstgenügsamkeit erstarren ließen. Äußere Mächte nutzten Chinas Siechtum aus, Großbritannien im Opiumkrieg von 1839 bis 1842, Japan ein Jahrhundert später. Aus dieser Erfahrung resultierte das tiefe Gefühl kultureller Demütigung, das die Chinesen das ganze 20. Jahrhundert hindurch motiviert hat. Die Demütigung war für sie deshalb so schmerzlich, weil ihr fest verankertes Bewusstsein kultureller Überlegenheit mit der erniedrigenden politischen Wirklichkeit des nachkaiserlichen Chinas zusammenprallte.

Ähnlich wie das einstige Römische Reich würde man heutzutage das kaiserliche China als eine regionale Macht einstufen. Doch in seiner Blütezeit hatte China weltweit nicht seinesgleichen, da keine andere Macht imstande war, ihm seine Herrschaft streitig zu machen oder sich ihrer weiteren Ausdehnung gegen den Willen der Chinesen zu widersetzen. Das chinesische System war unabhängig und autark, gründete auf einer im Wesentlichen ethnisch homogenen Bevölkerung und zählte relativ wenig fremde Volksstämme in geographischer Randlage zu seinen Tributpflichtigen.

Aufgrund seines großen und beherrschenden ethnischen Kerns gelang China von Zeit zu Zeit immer wieder eine imperiale Restauration. In dieser Hinsicht unterschied es sich von anderen Großreichen, in denen zahlenmäßig kleine, aber vom Willen zur Macht getriebene Völker viel größeren, ethnisch fremden Bevölkerungen eine Zeit lang ihre Herrschaft aufzuzwingen vermochten. War jedoch einmal die Herrschaft solcher Reiche mit kleiner Kernbevölkerung untergraben, kam eine imperiale Restauration nicht mehr infrage.

Um eine etwas genauere Analogie zu unserem heutigen Verständnis zu finden, müssen wir uns dem erstaunlichen Phänomen des Mongolenreichs zuwenden. Es kam unter heftigen Kämpfen mit größeren und gut organisierten Gegnern zustande. Zu den Besiegten gehörten die Königreiche Polen und Ungarn, die Streitkräfte des

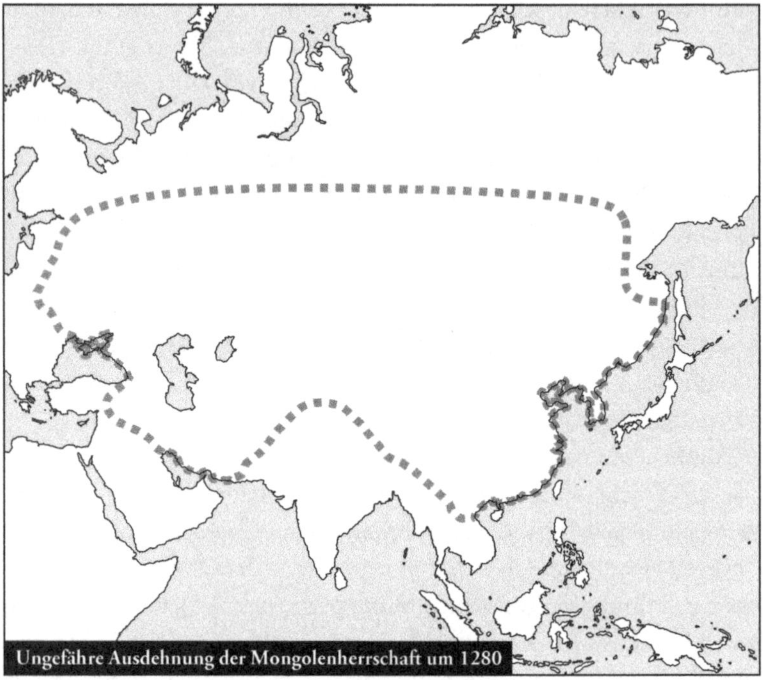

Ungefähre Ausdehnung der Mongolenherrschaft um 1280

Heiligen Römischen Reichs, die russischen Fürstentümer, das Abbasiden-Kalifat und später sogar die chinesische Song-Dynastie.

Nach dem Sieg über ihre regionalen Kontrahenten errichteten Dschingis Khan und seine Nachfolger eine zentral gesteuerte Herrschaft über das Gebiet, das spätere Geopolitiker als das Herzstück der Welt oder den Dreh- und Angelpunkt für globale Macht bezeichneten. Ihr euro-asiatisches Kontinentalreich erstreckte sich von den Küsten des Chinesischen Meeres bis nach Anatolien in Kleinasien und bis nach Mitteleuropa (siehe Karte auf dieser Seite). Erst in der stalinistischen Blütezeit des chinesisch-sowjetischen Blocks fand das Mongolenreich auf dem eurasischen Kontinent schließlich seine Entsprechung, soweit es die Reichweite der Zentralgewalt über angrenzendes Gebiet betrifft.

Die Großreiche der Römer, Chinesen und Mongolen waren die regionalen Vorläufer späterer Anwärter auf die Weltmacht. Wie bereits festgestellt, waren im Falle Roms und Chinas die imperialen Strukturen sowohl in politischer als auch in wirtschaftlicher Hinsicht hoch entwickelt, während die weit verbreitete Anerkennung der kulturellen Überlegenheit des Zentrums eine wichtige Rolle für den inneren Zusammenhalt spielte. Im Unterschied dazu erhielt das Mongolenreich seine politische Macht dadurch aufrecht, dass es sich unmittelbarer auf die militärische Eroberung verließ, der die Anpassung (ja, sogar Assimilation) an die örtlichen Gegebenheiten folgte.

Die imperiale Macht der Mongolen gründete zum größten Teil auf militärischer Vorherrschaft. Nachdem sie durch den brillanten und rücksichtslosen Einsatz überlegener Militärtaktiken, die eine bemerkenswerte Fähigkeit zu schneller Truppenbewegung und deren rechtzeitiger Konzentration verbanden, die Herrschaft über die eroberten Gebiete erlangt hatten, bildeten die Mongolen weder ein einheitliches Wirtschafts- oder Finanzsystem aus, noch leitete sich ihre Autorität von irgendeinem Überlegenheitsgefühl kultureller Art ab. Die Mongolenherrscher waren zahlenmäßig zu schwach, um eine sich selbst erneuernde Herrscherkaste zu bilden. Da den Mongolen ein klar definiertes Selbstbewusstsein in kultureller oder ethnischer Hinsicht fremd war, fehlte es ihrer Führungselite auch am nötigen Selbstvertrauen.

Folglich erwiesen sich die mongolischen Herrscher als recht anfällig für die allmähliche Assimilation an die oft höher zivilisierten Völker, die sie erobert hatten. So wurde zum Beispiel einer der Enkel Dschingis Khans, der im chinesischen Teil des Khan-Reichs Kaiser geworden war, ein glühender Verfechter des Konfuzianismus; ein anderer bekehrte sich in seiner Eigenschaft als Sultan von Persien zum Islam; und ein Dritter wurde der von der persischen Kultur geprägte Herrscher über den zentralasiatischen Raum.

Die Assimilation der Herrscher an die Beherrschten in Ermangelung einer eigenen politischen Kultur sowie die ungelöste Nachfolge des großen Khans und Reichsgründers führten schließlich zum Untergang des Imperiums. Das Mongolenreich war zu groß geworden, um von einer einzigen Zentrale aus regiert zu werden. Der Versuch, das Reich in mehrere unabhängige Gebiete zu teilen, um seinem Auseinanderfallen zu begegnen, hatte eine noch schnellere Assimilation an die örtlichen Gegebenheiten zur Folge und beschleunigte die Auflösung. Nachdem sie zwei Jahrhunderte, von 1206 bis 1405, bestanden hatte, verschwand die größte Landmacht der Welt spurlos von der historischen Bühne.

Danach wurde Europa sowohl zum Sitz globaler Macht als auch zum Brennpunkt der Kämpfe um globale Macht. Innerhalb von etwa drei Jahrhunderten erlangte das kleine nordwestliche Randgebiet des eurasischen Kontinents – durch den Vorstoß seiner Seemacht – erstmals wirklich globale Vorherrschaft, als europäische Macht sich bis in alle Kontinente der Erde erstreckte und sich dort behauptete. Beachtenswert ist, dass die Hegemonialstaaten Westeuropas, gemessen an den Zahlen der effektiv Unterworfenen, nicht sehr bevölkerungsreich waren. Noch zu Beginn des 20. Jahrhunderts standen außerhalb der westlichen Hemisphäre, die zwei Jahrhunderte zuvor ebenfalls unter westeuropäischer Herrschaft gestanden hatte und vorwiegend von europäischen Emigranten und ihren Nachkommen besiedelt war, nur China, Russland, das Osmanische Reich und Äthiopien nicht unter westeuropäischer Oberhoheit (siehe Karte auf Seite 37).

Westeuropäische Vorherrschaft bedeutete jedoch nicht den Aufstieg Westeuropas zur Weltmacht. Die weltweite Verbreitung seiner Zivilisation verhalf Europa zu seiner globalen Vormachtstellung, seine Macht auf dem Kontinent selbst war indes bruchstückhaft. Anders als die Eroberung des eurasischen Herzlandes durch die Mongolen oder das spätere Zarenreich war der europäische Imperialismus in Übersee das Ergebnis unablässiger transozeanischer Erkundung und der Expansion des Seehandels. Dieser Prozess ging zudem mit einem andauernden Ringen der führenden europäischen Staaten einher, und zwar nicht nur um die überseeischen Gebiete, sondern auch um die Hegemonie in Europa selbst. Geopolitisch betrachtet, war die globale Vormachtstellung Europas nicht aus der von einem einzelnen Staat in Europa ausgeübten Hegemonie abgeleitet.

Bis, grob gesagt, Mitte des 17. Jahrhunderts blieb Spanien die herausragende europäische Macht. Ende des 15. Jahrhunderts war es

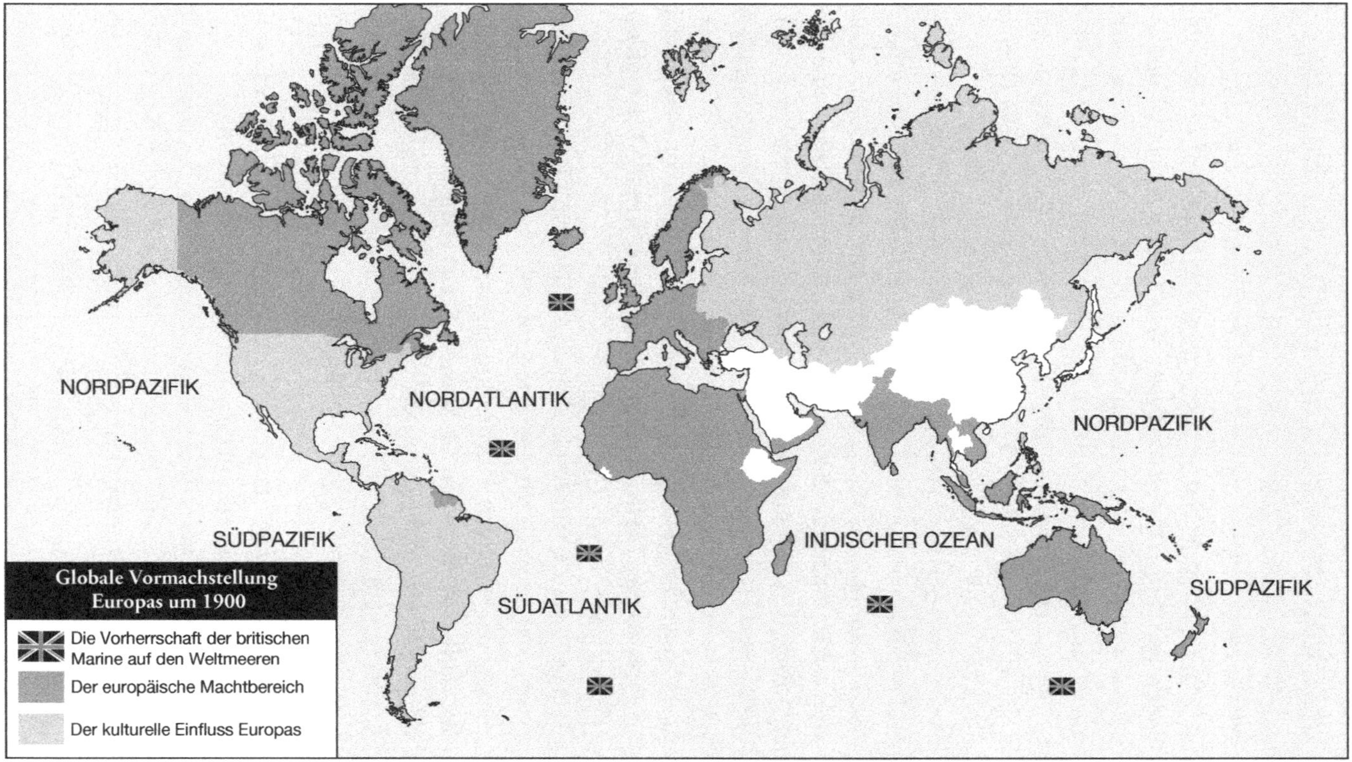
Globale Vormachtstellung Europas um 1900
Die Vorherrschaft der britischen Marine auf den Weltmeeren
Der europäische Machtbereich
Der kulturelle Einfluss Europas
NORDPAZIFIK
NORDATLANTIK
NORDPAZIFIK
SÜDPAZIFIK
SÜDATLANTIK
INDISCHER OZEAN
SÜDPAZIFIK

auch als bedeutende Kolonialmacht mit weltweiten Ambitionen hervorgetreten. Die Religion diente als verbindende Lehre und war Antrieb kaiserlichen Missionseifers. Daher bedurfte es eines päpstlichen Schiedsgerichts zwischen Spanien und seinem maritimen Nebenbuhler Portugal, um mit den Verträgen von Tordesillas (1494) und Saragossa (1529) eine offizielle Aufteilung der Welt in eine spanische und eine portugiesische Kolonialsphäre festzuschreiben. Konfrontiert mit Herausforderungen vonseiten der Engländer, Franzosen und Holländer, konnte Spanien weder in Westeuropa selbst noch in Übersee jemals eine echte Vormachtstellung behaupten.

Nach und nach büßte Spanien seine überragende Bedeutung ein, und Frankreich trat an seine Stelle. Bis 1815 war Frankreich die dominierende europäische Macht, obwohl seine europäischen Kontrahenten es auf dem Kontinent wie in Übersee ständig in Schach zu halten versuchten. Unter Napoleon war Frankreich nahe daran, ein echter europäischer Hegemonialstaat zu werden. Wäre es ihm gelungen, so hätte es vielleicht auch den Status einer beherrschenden Weltmacht erlangen können. Indessen stellte die Niederlage, die ihm eine Koalition europäischer Staaten beibrachte, das kontinentale Machtgleichgewicht wieder her.

Das gesamte 19. Jahrhundert hindurch übte Großbritannien weltweit die Seeherrschaft aus. Bis zum Ersten Weltkrieg war London das international wichtigste Finanz- und Handelszentrum, und die britische Marine »beherrschte die Meere«. Trotz seines Status als unbestrittene Kolonialmacht konnte das britische Empire ebenso wenig wie die früheren europäischen Anwärter auf globale Hegemonie Europa im Alleingang beherrschen. Stattdessen vertraute England auf eine komplizierte Diplomatie des Machtgleichgewichts und schließlich auf eine englisch-französische Entente, um eine Vorherrschaft Russlands respektive Deutschlands auf dem Kontinent zu verhindern.

Das britische Kolonialreich erwuchs aus einem Zusammenspiel von Entdeckungsdrang, Handelsinteresse und Eroberungswillen. Aber wie bei seinen römischen und chinesischen Vorläufern oder seinen französischen oder spanischen Kontrahenten beruhte ein Gutteil

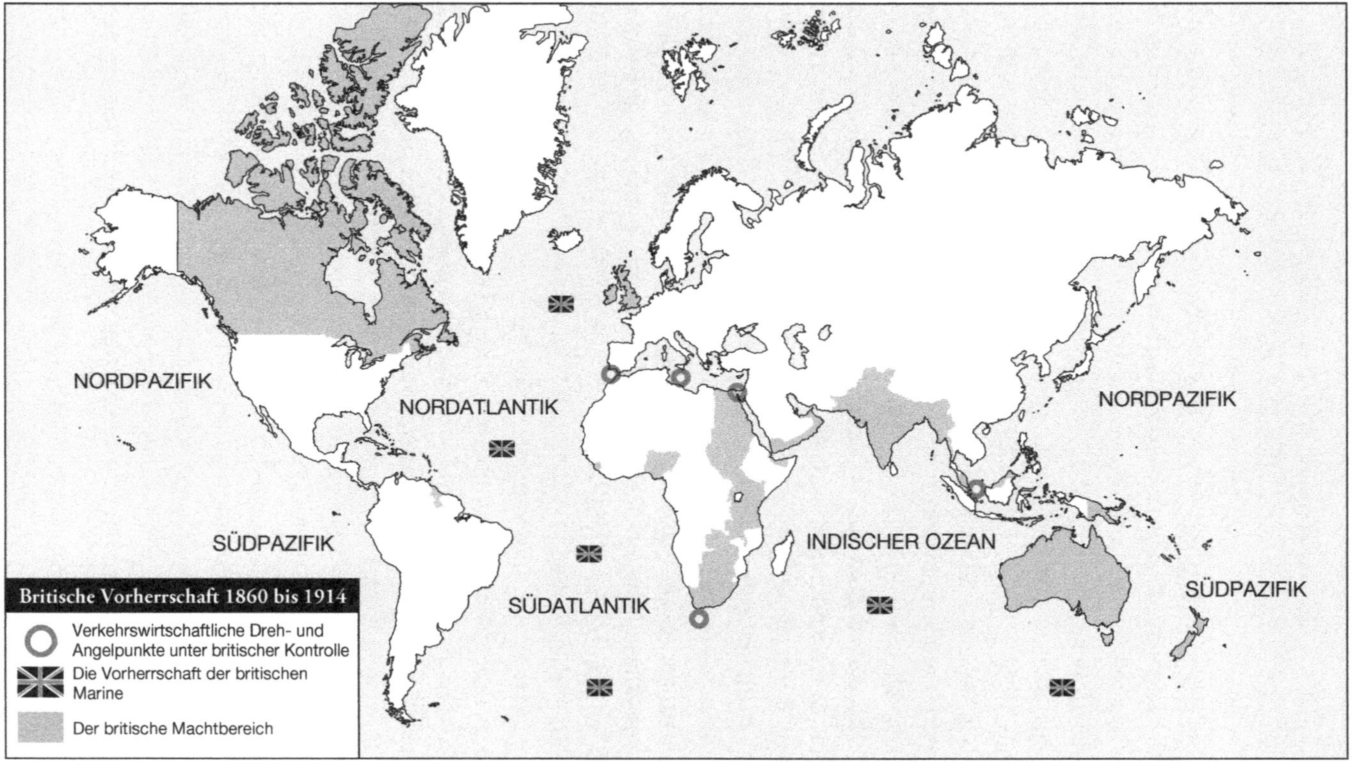

Britische Vorherrschaft 1860 bis 1914
Verkehrswirtschaftliche Dreh- und Angelpunkte unter britischer Kontrolle
Die Vorherrschaft der britischen Marine
Der britische Machtbereich
NORDPAZIFIK
NORDATLANTIK
SÜDPAZIFIK
SÜDATLANTIK
INDISCHER OZEAN
NORDPAZIFIK
SÜDPAZIFIK

seines Standvermögens auf dem Bewusstsein kultureller Überlegenheit. Es entsprang nicht allein der subjektiven Wahrnehmung einer arroganten Führungselite, sondern einer Einsicht, die viele nicht-britische Untertanen teilten. Um die Worte des ersten schwarzen Präsidenten Südafrikas, Nelson Mandela, zu zitieren: »Ich wurde in einer britischen Schule erzogen, und damals war England die Heimat des Besten, was die Welt zu bieten hatte. Ich habe den Einfluss, den England und die englische Geschichte und Kultur auf uns ausübten, nie verleugnet.« Da diese kulturelle Überlegenheit erfolgreich zur Geltung gebracht und stillschweigend anerkannt wurde, bedurfte es keiner großen Militärmacht, um die Autorität der englischen Krone aufrechtzuerhalten. Noch 1914 überwachten nur ein paar tausend britische Soldaten und Verwaltungsbeamte etwa elf Millionen Quadratmeilen und hielten fast 400 Millionen nicht-britische Untertanen im Zaum (siehe Karte auf Seite 39).

Kurzum, Rom übte seine Macht in erster Linie dank einer ausgezeichneten Militärorganisation und des Reizes seiner kulturellen Errungenschaften aus. China stützte sich auf eine leistungsfähige Verwaltung, um ein Reich zu regieren, das auf einer gemeinsamen ethnischen Identität gründete und dessen Herrschaft durch ein hochentwickeltes Bewusstsein kultureller Überlegenheit untermauert wurde. Das Mongolenreich basierte auf einer ausgefeilten, auf Eroberung abgestimmten Militärtaktik und einem Hang zur Assimilation. Die Briten (wie auch die Spanier, Niederländer und Franzosen) erlangten überragende Geltung, als sie in ihren überseeischen Handelsniederlassungen ihre Flagge hissten und ihre Macht durch eine überlegene Militärorganisation und ein anmaßendes Auftreten festigten. Aber keines dieser Reiche beherrschte die Welt. Nicht einmal Großbritannien war eine wirkliche Weltmacht. Es beherrschte Europa nicht, sondern hielt es lediglich im Gleichgewicht. Ein stabiles Europa war für die internationale Führungsrolle Großbritanniens von zentraler Bedeutung, und die Selbstzerstörung der Alten Welt markierte zwangsläufig das Ende der britischen Vormachtstellung.

Im Gegensatz dazu ist der Geltungsbereich der heutigen Weltmacht Amerika einzigartig. Nicht nur beherrschen die Vereinigten Staaten sämtliche Ozeane und Meere, sie verfügen mittlerweile auch über die militärischen Mittel, die Küsten mit Amphibienfahrzeugen unter Kontrolle zu halten, mit denen sie bis ins Innere eines Landes vorstoßen und ihrer Macht politisch Geltung verschaffen können. Amerikanische Armeeverbände stehen in den westlichen und östlichen Randgebieten des eurasischen Kontinents und kontrollieren außerdem den Persischen Golf. Wie die Karte auf Seite 43 zeigt, ist der gesamte Kontinent von amerikanischen Vasallen und tributpflichtigen Staaten übersät, von denen einige allzu gern noch fester an Washington gebunden wären.

Die Dynamik der amerikanischen Wirtschaft schafft die notwendige Voraussetzung für die Ausübung globaler Vorherrschaft. Unmittelbar nach dem Zweiten Weltkrieg war Amerika allen anderen Staaten ökonomisch weit überlegen, stellte es doch mehr als 50 Prozent des weltweiten Bruttosozialprodukts. Die wirtschaftliche Erholung Westeuropas und Japans und die in den folgenden Jahrzehnten zutage tretende ökonomische Dynamik Asiens schmälerten schließlich den in den ersten Nachkriegsjahren überproportional hohen Anteil der USA am globalen Bruttosozialprodukt. Trotzdem hatte sich dieser und, genauer gesagt, Amerikas Anteil an der Industrieproduktion nach dem Ende des Kalten Kriegs bei etwa 30 Prozent stabilisiert, auf einem Niveau, das in diesem Jahrhundert die meiste Zeit über die Norm gewesen war.

Wichtiger noch, die USA konnten ihren Vorsprung bei der Nutzung der neuesten naturwissenschaftlichen Erkenntnisse zu militärischen Zwecken behaupten, ja sogar noch vergrößern. Infolgedessen verfügen sie heute über einen in technischer Hinsicht beispiellosen Militärapparat, den einzigen mit einem weltweiten Aktionsradius. Die ganze Zeit über wahrte Amerika seinen starken Wettbewerbsvorteil in den auf wirtschaftlichem Gebiet ausschlaggebenden Informationstechniken. Seine Überlegenheit in diesen zukunftsträchtigen Wirtschaftsbereichen deutet darauf hin, dass es seine beherrschende Position auf technischem Sektor wahrscheinlich nicht so schnell einbüßen wird, zumal es in den ökonomisch entscheidenden Bereichen seinen Produktivitätsvorteil gegenüber den westeuropäischen und japanischen Konkurrenten halten oder sogar noch ausbauen kann.

Natürlich behagt Russland und China diese amerikanische Hegemonie ganz und gar nicht. Daraus machten die Vertreter beider Staaten Anfang des Jahres 1996 während eines Peking-Besuchs des russischen Präsidenten Boris Jelzin keinen Hehl. Überdies verfügen Russland und China über Atomwaffenarsenale, die vitale Interessen der USA bedrohen könnten. Das Dilemma der beiden ist allerdings, dass jeder von ihnen einen selbstmörderischen Atomkrieg auslösen, ihn aber vorerst und in absehbarer Zukunft nicht gewinnen kann. Da sie nicht in der Lage sind, Truppenbewegungen über weite Entfernungen hinweg zu organisieren, um anderen ihren politischen Willen aufzuzwingen, und sie den Vereinigten Staaten technisch weit hinterherhinken, fehlen ihnen schlicht und einfach die Mittel, weltweit politischen Einfluss auszuüben.

Kurz, *Amerika steht in den vier entscheidenden Domänen globaler Macht unangefochten da*: Seine weltweite Militärpräsenz hat nicht ihresgleichen, wirtschaftlich gesehen bleibt es *die* Lokomotive weltweiten Wachstums, selbst wenn Japan und Deutschland in einigen Bereichen eine Herausforderung darstellen mögen (wobei freilich keines der beiden Länder sich der anderen Merkmale einer Weltmacht erfreut); es hält seinen technischen Vorsprung in den bahnbrechenden Innovationsbereichen, und seine Kultur findet trotz einiger Missgriffe nach wie vor weltweit, vor allem bei der Jugend, unübertroffen Anklang. All das verleiht den Vereinigten Staaten von Amerika eine politische Schlagkraft, mit der es kein anderer Staat auch nur annähernd aufnehmen könnte. *Das Zusammenspiel dieser vier Kriterien ist es, was Amerika zu der einzigen globalen Supermacht im umfassenden Sinne macht.*

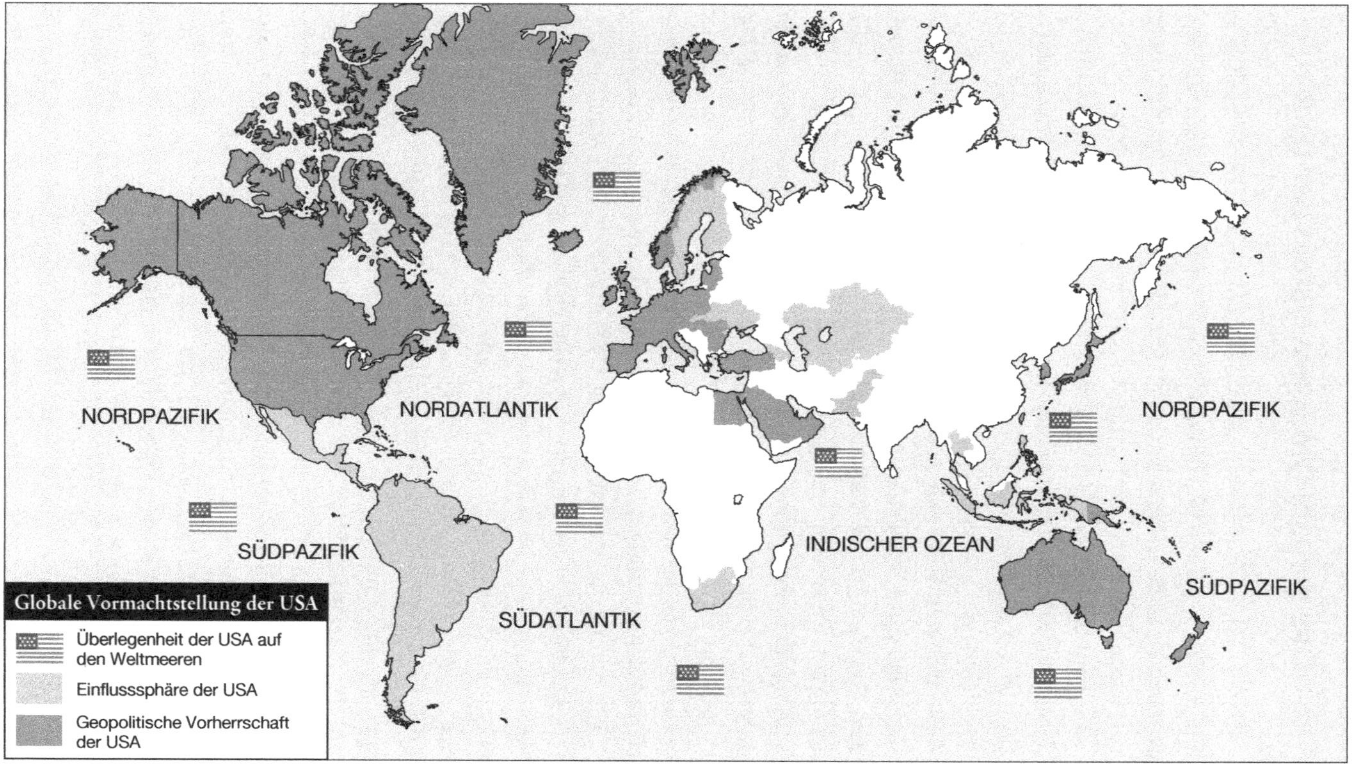
NORDPAZIFIK
NORDATLANTIK
NORDPAZIFIK
SÜDPAZIFIK
INDISCHER OZEAN
SÜDPAZIFIK
SÜDATLANTIK
Globale Vormachtstellung der USA
Überlegenheit der USA auf den Weltmeeren
Einflusssphäre der USA
Geopolitische Vorherrschaft der USA

Das globale Ordnungssystem der USA

Amerikas internationale Vorrangstellung beschwört unweigerlich Erinnerungen an ähnliche Herrschaftssysteme früherer Zeiten herauf, dennoch sind die Unterschiede gravierend. Sie gehen über die Frage der territorialen Ausdehnung hinaus. Der weltweite Einfluss der USA basiert auf einem globalen System unverwechselbar amerikanischen Zuschnitts, das ihre innenpolitischen Erfahrungen widerspiegelt. Für diese ist der pluralistische Charakter der amerikanischen Gesellschaft und Politik von zentraler Bedeutung.

Die früheren Imperien waren das Werk aristokratischer politischer Eliten und wurden in den meisten Fällen autoritär oder absolutistisch regiert. Das Gros ihrer Bevölkerungen war entweder politisch gleichgültig oder ließ sich – wie in der jüngeren Geschichte – von imperialistischen Stimmungen und Symbolen mitreißen. Das Streben nach nationalem Ruhm, »Die Bürde des Weißen Mannes«, die »Zivilisatorische Mission«, ganz zu schweigen von den Möglichkeiten der persönlicher Bereicherung, diente dazu, Unterstützung für imperialistische Abenteuer zu mobilisieren und hierarchische Machtstrukturen aufrechtzuerhalten.

Die öffentliche Meinung in den USA bezog zu der Frage, ob diese ihre Macht international geltend machen sollten, viel weniger eindeutig Stellung. Den Eintritt Amerikas in den Zweiten Weltkrieg unterstützte die Öffentlichkeit hauptsächlich wegen der Schockwirkung, die der japanische Angriff auf Pearl Harbor ausgelöst hatte. Das Engagement der USA im Kalten Krieg fand anfangs bei der Bevölkerung nur geringe Zustimmung, zu einem Meinungsumschwung kam es erst mit der Berlin-Blockade und dem nachfolgenden Koreakrieg. Auch dass die USA aus dem Kalten Krieg als die einzige Weltmacht hervorgingen, löste in der Öffentlichkeit keine übermäßige Schadenfreude aus; vielmehr wurde der Ruf nach einer begrenzteren Definition amerikanischer Verantwortlichkeiten im Ausland laut. Aus Meinungsumfragen in den Jahren 1995 und 1996 ging hervor, dass der großen Mehrheit ein »Teilen« der globalen Macht mit anderen Staaten lieber wäre als eine Monopolstellung der USA.

Aufgrund dieser innenpolitischen Faktoren stellt Amerikas globales Ordnungssystem stärker auf die Methode der Einbindung ab (wie im Fall der besiegten Gegner Deutschland und Japan und in jüngster Zeit sogar Russland) als die früheren Großmächte. Ebenso stark setzt es auf die indirekte Einflussnahme auf abhängige ausländische Eliten, derweil es aus der Anziehungskraft seiner demokratischen Prinzipien und Institutionen großen Nutzen zieht. Der massive, aber nicht greifbare Einfluss, den die USA durch die Beherrschung der weltweiten Kommunikationssysteme, der Unterhaltungsindustrie und der Massenkultur sowie durch die durchaus spürbare Schlagkraft seiner technischen Überlegenheit und seiner weltweiten Militärpräsenz ausüben, verstärkt dieses Vorgehen noch.

Die kulturelle Komponente der Weltmacht USA ist bisweilen unterschätzt worden; doch was immer man von ihren ästhetischen Qualitäten halten mag, Amerikas Massenkultur besitzt, besonders für die Jugendlichen in aller Welt, eine geradezu magnetische Anziehungskraft. Ihre Attraktion mag vom hedonistischen Lebensstil herrühren, den sie entwirft; ihr weltweit großer Anklang ist jedenfalls unbestritten. Amerikanische Fernsehprogramme und Filme decken etwa drei Viertel des Weltmarkts ab. Die amerikanische Popmusik ist ein ebenso beherrschendes Phänomen, während Amerikas Marotten, Essgewohnheiten, ja sogar seine Mode, zunehmend imitiert werden. Die Sprache des Internets ist Englisch, und ein überwältigender Teil des Computer-Schnickschnacks stammt ebenfalls aus den USA und bestimmt somit die Inhalte der globalen Kommunikation nicht unwesentlich. Und schließlich ist Amerika zu einem Mekka für diejenigen jungen Leute geworden, die nach einer anspruchsvollen Ausbildung streben. Annähernd eine halbe Million ausländischer Studenten drängt alljährlich in die USA, und viele der begabtesten kehren nie wieder nach Hause zurück. Absolventen amerikanischer Universitäten sind in den Regierungskabinetten aller Herren Länder vertreten.

Überall auf der Welt imitieren demokratische Politiker Führungsstil und Auftreten amerikanischer Vorbilder. Nicht nur John F. Kennedy fand im Ausland eifrige Nachahmer, auch neuere (und weniger gepriesene) Politiker der USA wurden zum Gegenstand sorgfältiger Studien und politischer Nachahmung. Politiker aus so unterschiedlichen Kulturkreisen wie Japan und England (beispielsweise der japanische Premierminister Mitte der 1990er-Jahre, Ryutaro Hashimoto, und der britische Premier Tony Blair – man beachte dabei das einem »Jimmy« Carter, »Bill« Clinton oder »Bob« Dole nachgebildete »Tony«) – halten es für angebracht, Bill Clintons verbindlich joviale Art, sein volksnahes Auftreten und seine PR-Techniken zu kopieren.

Die allgemein mit der politischen Tradition Amerikas verknüpften demokratischen Ideale intensivieren noch, was manche Leute als Amerikas »Kulturimperialismus« wahrnehmen. In einer Zeit, da die demokratische Regierungsform so weit verbreitet ist wie niemals zuvor, dient die politische Erfahrung der USA gern als Vorbild. Die Bedeutung, die immer mehr Staaten einer geschriebenen Verfassung und dem Vorrang der Legislative gegenüber dem politischen Zweckdenken beimessen, stützt sich auf die Stärke des amerikanischen Konstitutionalismus, wie trügerisch auch immer dies in der Praxis ist. Auch die in jüngster Zeit bei den ehemals kommunistischen Staaten zu beobachtende höhere Gewichtung des zivilen gegenüber dem militärischen Element (insbesondere als Vorbedingung für eine Mitgliedschaft in der NATO) ist vom für die USA charakteristischen Verhältnis zwischen Gesellschaft und Militär nachhaltig beeinflusst.

Der Reiz und der Einfluss, die von der amerikanischen Demokratie ausgehen, werden noch ergänzt durch die wachsende Zugkraft eines freien Unternehmertums, das auf unbeschränkten Welthandel und ungehinderten Wettbewerb setzt. Da der westeuropäische Wohlfahrtsstaat, einschließlich seiner deutschen Variante, die auf Mitbestimmung zwischen Unternehmern und Gewerkschaften abstellt, seinen wirtschaftlichen Schwung zu verlieren droht, vertreten immer mehr Europäer die Meinung, man müsse sich das stärker wettbewerbsorientierte und auch rücksichtslose amerikanische Wirtschaftsmodell zum Vorbild nehmen, wenn Europa nicht weiter zurückfallen solle. Selbst in Japan erkennt man allmählich, dass größere Eigenverantwortung im Wirtschaftsgebaren ein notwendiger Begleitumstand wirtschaftlichen Erfolges ist.

Der Nachdruck, den die USA auf Demokratie und wirtschaftliche Entwicklung legen, verbindet sich somit zu einer schlichten ideologischen Botschaft, die bei vielen Anklang findet: Das Streben nach persönlichem Erfolg vergrößert die Freiheit und schafft Wohlstand. Das ist der Nährboden einer unwiderstehlichen Mischung aus Idealismus und Egoismus. Individuelle Selbstverwirklichung gilt als ein gottgegebenes Recht, das gleichzeitig anderen zugutekommen kann, indem es ein Beispiel setzt und Wohlstand erzeugt. Diese Lehre zieht all jene unweigerlich in ihren Bann, die Energie, Ehrgeiz und eine hohe Wettbewerbsbereitschaft mitbringen.

Da der »American Way of Life« in aller Welt mehr und mehr Nachahmer findet, entsteht ein idealer Rahmen für die Ausübung der indirekten und scheinbar konsensbestimmten Hegemonie der Vereinigten Staaten. Und wie in der amerikanischen Innenpolitik bringt diese Hegemonie eine komplexe Struktur miteinander verketteter Institutionen und Verfahrensabläufe hervor, die Übereinstimmung herstellen und ein Ungleichgewicht an Macht und Einfluss verdecken sollen. Die globale Vorherrschaft Amerikas wird solchermaßen durch ein ausgetüfteltes System von Bündnissen und Koalitionen untermauert, das buchstäblich die ganze Welt umspannt.

Die Nordatlantische Allianz, die unter dem Kürzel NATO firmiert, bindet die produktivsten und einflussreichsten Staaten Europas an Amerika und verleiht den Vereinigten Staaten selbst in innereuropäischen Angelegenheiten eine wichtige Stimme. Die bilateralen politischen und militärischen Beziehungen binden die bedeutendste Wirtschaftsmacht Asiens an die USA, wobei Japan (zumindest vorerst) im Grunde genommen ein amerikanisches Protektorat bleibt. Darüber hinaus ist Amerika an den im Entstehen begriffenen transpazifischen multilateralen Organisationen wie dem Forum für asiatisch-pazifische Wirtschaftskooperation (APEC) beteiligt und nimmt auf diesem Weg großen Einfluss auf die Belange dieser Region. Da die westliche Hemisphäre generell gegenüber auswärtigen Einflüssen abgeschirmt ist, können die USA in den bestehenden multilateralen Organisationen die Hauptrolle spielen. Besondere Sicherheitsvorkehrungen im Persischen Golf, vor allem nach der kurzen Strafexpedition gegen den Irak im Jahre 1991, haben diese wirtschaftlich vitale Region in ein amerikanisches Militärgebiet verwandelt. Sogar der früher sowjetische Raum ist mit verschiedenen von Amerika finanziell geförderten Abkommen zur engeren Zusammenarbeit mit der NATO, zum Beispiel der Partnerschaft für den Frieden, verknüpft.

Als Teil des amerikanischen Systems muss außerdem das weltweite Netz von Sonderorganisationen, allen voran die »internationalen« Finanzinstitutionen, betrachtet werden. Offiziell vertreten der Internationale Währungsfonds (IWF) und die Weltbank »globale« Interessen und tragen weltweit Verantwortung. In Wirklichkeit werden sie jedoch von den USA dominiert, die sie mit der Konferenz von Bretton Woods im Jahre 1944 aus der Taufe hoben.

Anders als frühere Imperien ist dieses gewaltige und komplexe globale System nicht hierarchisch organisiert. Amerika steht im Mittelpunkt eines ineinandergreifenden Universums, in dem Macht durch dauerndes Verhandeln, im Dialog, durch Diffusion und im Streben nach offiziellem Konsens ausgeübt wird, selbst wenn diese Macht letztlich von einer einzigen Quelle, nämlich von Washington, D.C., ausgeht. Das ist auch der Ort, wo sich der Machtpoker abspielt, und zwar nach amerikanischen Regeln. Vielleicht das größte Kompliment, mit dem die Welt anerkennt, dass im Mittelpunkt amerikanischer globaler Hegemonie der demokratische Prozess steht, ist das Ausmaß, in dem fremde Länder in die amerikanische Innenpolitik verwickelt sind. Mit allen ihnen zu Gebote stehenden Mitteln bemühen sich ausländische Regierungen, diejenigen Amerikaner zu mobilisieren, mit denen sie eine besondere ethnische oder religiöse Identität verbindet. Die meisten ausländischen Regierungen setzen auch amerikanische Lobbyisten ein, um ihre Sache, vor allem im Kongress, voranzubringen, gar nicht zu reden von den etwa 1000 ausländischen Interessengruppen, die in Amerikas Hauptstadt registriert sind. Auch die ethnischen Gemeinschaften in den USA sind bestrebt, die Außenpolitik ihres Landes zu beeinflussen; hierbei stechen die jüdischen, griechischen und armenischen Lobbys als die am besten organisierten hervor.

Die Vormachtstellung Amerikas hat somit eine neue internationale Ordnung hervorgebracht, die viele Merkmale des amerikanischen Systems als solchem im Ausland nicht nur kopiert, sondern auch institutionalisiert:

- ein kollektives Sicherheitssystem einschließlich integrierter Kommando- und Streitkräftestrukturen (NATO, der Sicherheitsvertrag zwischen den USA und Japan usw.),
- eine regionale Wirtschaftskooperation im asiatisch-pazifischen Raum (APEC), ein nordamerikanisches Freihandelsankommen (NAFTA) und spezialisierte Institutionen für die weltweite Zusammenarbeit (die Weltbank, der Internationaler Währungsfonds IWF und die Welthandelsorganisation WTO),
- Verfahrensweisen, die auf konsensorientierte Entscheidungsfindung abzielen, selbst wenn die USA darin den Ton angeben,
- die Bevorzugung demokratischer Mitgliedschaft innerhalb der wichtigsten Bündnisse,
- eine rudimentäre weltweite Verfassungs- und Rechtsstruktur (angefangen mit dem Internationalen Gerichtshof IGH bis hin zu einem Sondertribunal für die Ahndung der Kriegsverbrechen in Bosnien).

Dieses System entstand bereits weitgehend in der Zeit des Kalten Kriegs als Teil der Bemühungen Amerikas, seinen Mitkonkurrenten um die globale Vorherrschaft, die damalige Sowjetunion, in Schach zu halten. Seiner weltweiten Anwendung stand daher nichts mehr im Wege, als der Gegner ins Taumeln geriet und Amerika als erste und einzige Weltmacht hervortrat. Treffend fasste der Politologe G. John Ikenberry die wesentlichen Züge dieses Systems wie folgt zusammen:

> »Es war hegemonial, insofern es um die Vereinigten Staaten zentriert war und politische Mechanismen und Organisationsprinzipien widerspiegelte, welche die Handschrift der USA trugen. Es war liberal, da es legitimiert und durch wechselseitige Beziehungen geprägt war. Die Europäer [man

könnte auch hinzufügen: die Japaner] konnten ihre gesellschaftlichen Strukturen und Volkswirtschaften wieder aufbauen und so integrieren, dass sie mit der amerikanischen Vorherrschaft im Einklang standen, ihnen aber auch genug Spielraum ließen, um mit ihren eigenen autonomen und halbautonomen politischen Systemen zu experimentieren. ... Die Entwicklung dieses komplexen Systems diente dazu, die Beziehungen der bedeutendsten westlichen Staaten zueinander zu »domestizieren«. Diese Staaten hatten sich immer wieder bekriegt, der entscheidende Punkt aber ist, dass Konflikte innerhalb einer fest verankerten, stabilen und immer besser gegliederten politischen Ordnung im Zaum gehalten wurden. ... Die Kriegsgefahr ist vom Tisch.«[2]

Gegenwärtig gibt es niemanden, der diese beispiellose globale Vormachtstellung der USA angreifen könnte. Aber wird sie auch in Zukunft unangefochten bleiben?

---

2 Aus seiner Studie »Creating Liberal Order: The Origins and Persistence of the Postwar Western Settlement«, University of Pennsylvania, Philadelphia, November 1995

2

DAS EURASISCHE SCHACHBRETT

Amerikas geopolitischer Hauptgewinn ist Eurasien. Ein halbes Jahrtausend lang haben europäische und asiatische Mächte und Völker im Ringen um die regionale Vorherrschaft und dem Streben nach Weltmacht die Weltgeschichte bestimmt. Nun gibt dort eine nicht-eurasische Macht den Ton an – und der Fortbestand der globalen Vormachtstellung Amerikas hängt unmittelbar davon ab, wie lange und wie effektiv es sich in Eurasien behaupten kann.

Auch diese politische Konstellation ist natürlich von begrenzter Dauer. Wie lange sie bestehen und was auf sie folgen wird, ist nicht nur für Amerikas Wohlergehen, sondern auch für den internationalen Frieden von entscheidender Bedeutung. Das plötzliche Hervortreten der ersten und einzigen Weltmacht hat eine Lage geschaffen, in der ein abruptes Ende ihrer Vorherrschaft – sei es, weil sich die USA aus der Weltpolitik zurückziehen, sei es, weil plötzlich ein erfolgreicher Gegner auftaucht – erhebliche internationale Instabilität auslösen würde. Die Folge wäre weltweite Anarchie. Der Politologe Samuel P. Huntington dürfte dann mit seiner kühnen Behauptung recht behalten:

> »Ohne die Vorherrschaft der USA wird es auf der Welt mehr Gewalt und Unordnung und weniger Demokratie und wirtschaftliches Wachstum geben, als es unter dem überragenden Einfluss der Vereinigten Staaten auf die Gestaltung der internationalen Politik der Fall ist. Die Fortdauer der amerikanischen Vorherrschaft ist sowohl für das Wohlergehen und die Sicherheit der Amerikaner als auch für die Zukunft

> von Freiheit, Demokratie, freier Marktwirtschaft und internationaler Ordnung in der Welt von zentraler Bedeutung.«[3]

In diesem Zusammenhang kommt es darauf an, wie Amerika mit Eurasien umgeht. Eurasien ist der größte Kontinent der Erde und geopolitisch entscheidend. Eine Macht, die Eurasien beherrscht, würde sich über zwei der drei höchstentwickelten und wirtschaftlich produktivsten Regionen erstrecken. Ein Blick auf die Landkarte genügt, um zu erkennen, dass die Kontrolle über Eurasien fast automatisch die über Afrika nach sich zöge und damit die westliche Hemisphäre und Ozeanien gegenüber dem zentralen Kontinent der Erde geopolitisch in eine Randlage brächte (siehe Karte auf Seite 53). Nahezu 75 Prozent der Weltbevölkerung leben in Eurasien, und in seinem Boden wie auch seinen Unternehmen steckt der größte Teil des materiellen Reichtums der Welt. Eurasien stellt 60 Prozent des globalen Bruttosozialprodukts und ungefähr drei Viertel der weltweit bekannten Energievorkommen (siehe Tabellen auf Seite 54).

Eurasien beherbergt auch die meisten der politisch maßgeblichen und dynamischen Staaten. Die nach den USA sechs größten Wirtschaftsnationen mit den höchsten Rüstungsausgaben liegen in Europa und Asien. Mit einer Ausnahme sind sämtliche Atommächte und alle Staaten, die über heimliche Nuklearwaffenpotenziale verfügen, in Eurasien zu Hause. Die beiden bevölkerungsreichsten Anwärter auf regionale Vormachtstellung und weltweiten Einfluss sind in Eurasien ansässig. Amerikas potenzielle Herausforderer auf politischem und/oder wirtschaftlichem Gebiet sind ausnahmslos eurasische Staaten. Als Ganzes genommen stellt das Machtpotenzial dieses Kontinents das der USA weit in den Schatten. Zum Glück für Amerika ist Eurasien zu groß, um eine politische Einheit zu bilden.

Eurasien ist mithin das Schachbrett, auf dem der Kampf um globale Vorherrschaft auch in Zukunft ausgetragen wird. Obzwar man Geo-

---

[3] Samuel P. Huntington, »Why International Primary Matters«, *International Security* (Spring 1993), S. 83

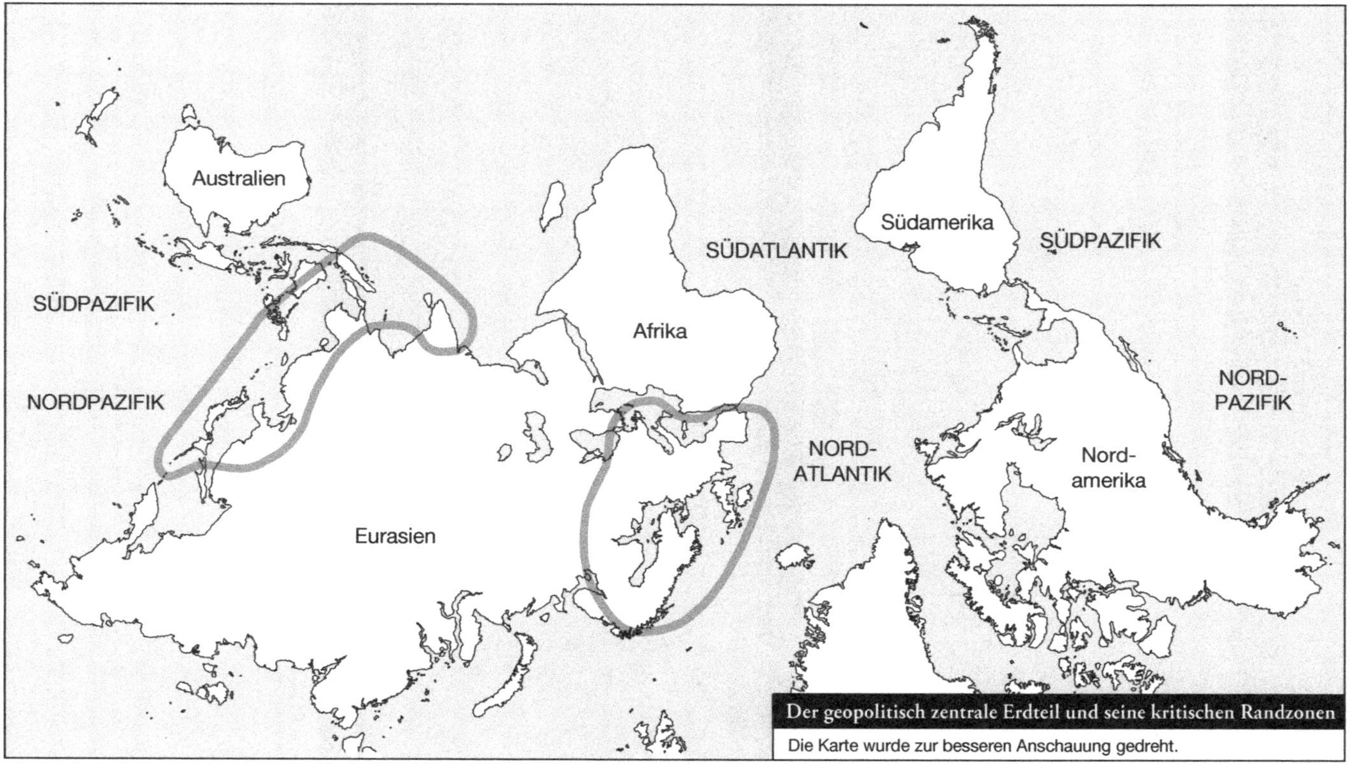

Der geopolitisch zentrale Erdteil und seine kritischen Randzonen

Die Karte wurde zur besseren Anschauung gedreht.

Eurasien im Vergleich

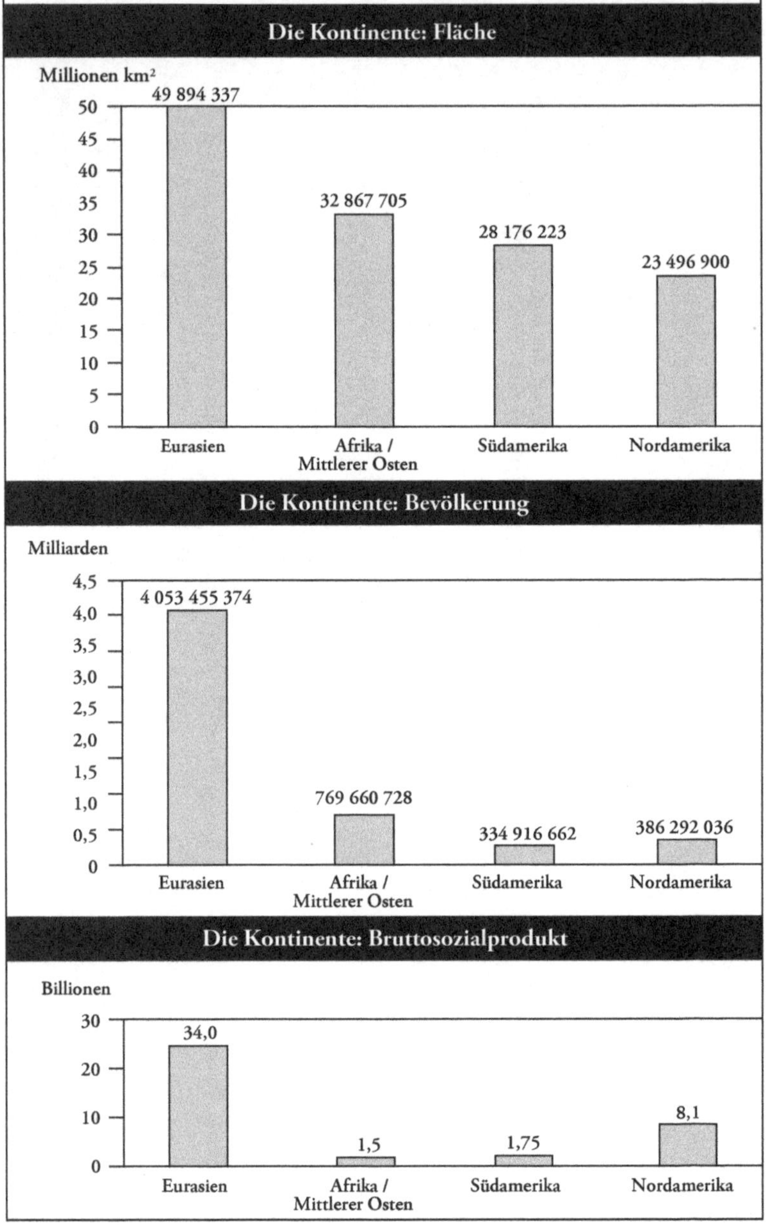

strategie – den strategischen Umgang mit geopolitischen Interessen – mit Schach vergleichen kann, tummeln sich auf diesem Schachbrett nicht nur zwei, sondern mehrere, unterschiedlich starke Spieler. Die wichtigsten Spieler operieren im Westen, im Osten, im Zentrum und im Süden des Schachbretts. Sowohl die westlichen als auch die östlichen Randgebiete sind dicht besiedelte Regionen, in denen sich auf relativ engem Raum mehrere mächtige Staaten drängen. Unmittelbar präsent ist die Macht der USA in der schmalen Zone an der westlichen Peripherie Eurasiens. Das fernöstliche Festland hat ein immer mächtiger und unabhängig werdender Spieler inne, der eine riesige Bevölkerung beherrscht, wohingegen das – auf eine Inselkette begrenzte – Territorium seines energiegeladenen Rivalen und die Hälfte einer kleinen fernöstlichen Halbinsel der US-Macht als Stützpunkte dienen.

Zwischen den westlichen und östlichen Randgebieten dehnt sich ein gewaltiger, dünn besiedelter, derzeit politisch instabiler und in organisatorischer Auflösung begriffener mittlerer Raum, der früher von einem mächtigen Konkurrenten der USA okkupiert wurde – einem Gegner, der sich einst dem Ziel verschrieben hatte, Amerika aus Eurasien herauszudrängen. Südlich von diesem großen zentraleurasischen Plateau liegt eine politisch anarchische, aber an Energievorräten reiche Region, die sowohl für die europäischen als auch die ostasiatischen Staaten sehr wichtig werden könnte und die im äußersten Süden einen bevölkerungsreichen Staat aufweist, der regionale Hegemonie anstrebt.

Auf diesem riesigen, merkwürdig geformten eurasischen Schachbrett, das sich von Lissabon bis Wladiwostok erstreckt, findet das »Spiel« statt. Wenn der mittlere Bereich immer stärker in den expandierenden Einflussbereich des Westens (wo Amerika das Übergewicht hat) gezogen werden kann, wenn die südliche Region nicht unter die Herrschaft eines einzigen Akteurs gerät und eine eventuelle Vereinigung der Länder in Fernost nicht die Vertreibung Amerikas von seinen Seebasen vor der ostasiatischen Küste nach sich zieht, dürften sich die USA behaupten können. Erteilen die Staaten im mittleren Raum dem Westen eine Abfuhr, schließen sich zu einer politischen

Einheit zusammen und erlangen die Kontrolle über den Süden oder gehen mit dem großen östlichen Mitspieler ein Bündnis ein, schwindet Amerikas Vorrangstellung in Eurasien dramatisch. Das Gleiche wäre der Fall, wenn sich die beiden großen östlichen Mitspieler irgendwie vereinigen sollten. Würden schließlich die europäischen Partner Amerika von seinen Stützpunkten an der westlichen Peripherie vertreiben, wäre das gleichzeitig das Ende seiner Beteiligung am Spiel auf dem eurasischen Schachbrett, auch wenn das wahrscheinlich hieße, dass der westliche Rand des Kontinents schließlich unter die Knute eines wieder zum Leben erwachten Mitspielers geriete, der den mittleren Raum beherrscht.

Die globale Hegemonie Amerikas reicht zugegebenermaßen weit, ist aber aufgrund von innen- wie außenpolitischen Zwängen nicht sehr tief verankert. Amerikanische Hegemonie besteht in der Ausübung von maßgeblichem Einfluss und, anders als bei den Weltreichen der Vergangenheit, in keiner direkten Herrschaft. Die schiere Größe und Vielfalt Eurasiens wie auch die Macht einiger seiner Staaten setzen dem amerikanischen Einfluss und dem Umfang der Kontrolle über den Gang der Dinge Grenzen. Dieser Megakontinent ist einfach zu groß, zu bevölkerungsreich, kulturell zu vielfältig und besteht aus zu vielen von jeher ehrgeizigen und politisch aktiven Staaten, um einer globalen Macht, und sei es der wirtschaftlich erfolgreichsten und politisch gewichtigsten, zu willfahren. Eine solche Sachlage verlangt geostrategisches Geschick, den vorsichtigen, sorgfältig ausgewählten und sehr besonnenen Einsatz amerikanischer Ressourcen auf dem riesigen eurasischen Schachbrett.

Da Amerika im eigenen Land strikt auf Demokratie hält, kann es sich im Ausland nicht autokratisch gebärden. Dies setzt der Anwendung von Gewalt von vornherein Grenzen, besonders seiner Fähigkeit zu militärischer Einschüchterung. Nie zuvor hat eine volksnahe Demokratie internationale Vormachtstellung erlangt. Aber das Streben nach Macht wird kein Volk zu Begeisterungsstürmen hinreißen, außer in Situationen, in denen nach allgemeinem Empfinden das nationale Wohlergehen bedroht oder gefährdet ist. Die für eine solche Anstrengung erforderliche ökonomische Selbstbeschränkung (das heißt die Verteidigungsausgaben) und Aufopferungsbereitschaft (auch Verluste unter Berufssoldaten) passen nicht ins demokratische Empfinden. Die Staatsform Demokratie ist einer imperialen Mobilmachung abträglich.

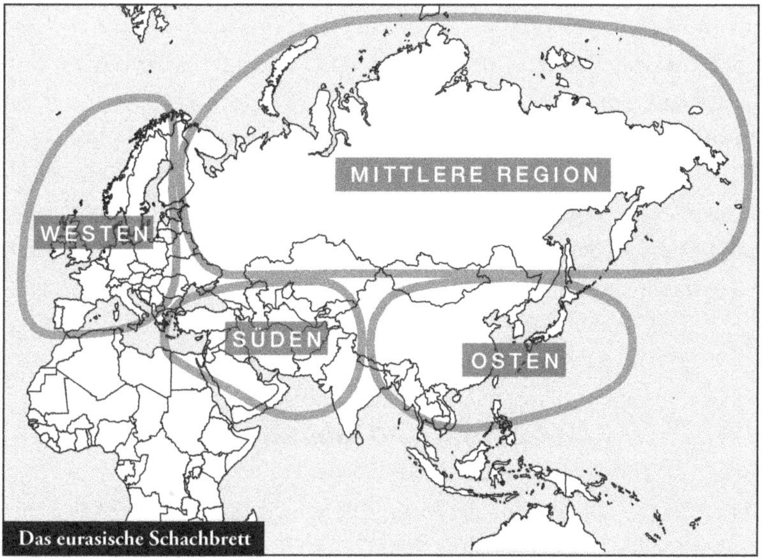

Das eurasische Schachbrett

Zudem schöpfen die meisten Amerikaner im Großen und Ganzen keine besondere Genugtuung aus dem neuen Status ihres Landes als einziger globaler Supermacht. Politisches »Triumphgeschrei« in Zusammenhang mit dem Sieg Amerikas im Kalten Krieg erzeugte eher kühle Resonanz, liberale Kommentatoren machten es sogar zur Zielscheibe eines gewissen Spotts. Mehr Anklang fanden zwei eher unterschiedliche Einschätzungen, der sich für Amerika aus seinem historischen Erfolg im Wettstreit mit der früheren Sowjetunion abzuleitenden Folgerungen: einerseits die Auffassung, das Ende des Kalten Kriegs rechtfertige eine bedeutende Verringerung des weltweiten Engagements der USA, ohne Rücksicht auf die Folgen für Amerikas Position und Ansehen in der Welt, andererseits die Meinung, nun sei die Zeit für eine echte multilaterale Zusammenarbeit gekommen und Amerika müsse sogar etwas von seiner Souveränität abgeben. Beide Denkrichtungen konnten sich auf treue Anhänger stützen.

Die Probleme, vor die sich die amerikanische Regierung gestellt sieht, werden zudem durch die veränderte Weltlage erschwert: Vor dem direkten Einsatz von Macht schreckt man heute mehr zurück als in der Vergangenheit. Angesichts der Atomwaffen hat der Krieg als Mittel der Politik oder auch nur als Drohung dramatisch an Sinn eingebüßt. Die wachsende wirtschaftliche Verflechtung der einzelnen Staaten untereinander nimmt wirtschaftlichen Sanktionen ihre politische Wirksamkeit. Somit sind politisches Taktieren, Diplomatie, Koalitionsbildung, Mitbestimmung und der wohlerwogene Einsatz eigener politischer Aktivposten zu wesentlichen Kriterien einer erfolgreichen Geostrategie auf dem eurasischen Schachbrett geworden.

Geopolitik und Geostrategie

Amerika kann seine globale Vormachtstellung nur eingedenk des zentralen Stellenwerts der politischen Geographie in der internationalen Politik zum Tragen bringen. Napoleon soll einmal gesagt haben, dass man über die Außenpolitik eines Landes Bescheid wisse, wenn man dessen geographische Lage kenne. Wir müssen unser Verständnis von der Bedeutung politischer Geographie jedoch an die neuen Machtverhältnisse anpassen.

In der Geschichte der internationalen Beziehungen stand zumeist die Frage der Gebietshoheit im Mittelpunkt politischer Konflikte. Ursache der meisten Kriege, die seit dem Aufstieg des Nationalismus ausgefochten wurden, war entweder übersteigerter Nationalismus über den Erwerb eines größeren Territoriums oder verletzter Nationalstolz über den Verlust »heiligen« Landes. Ohne Übertreibung lässt sich sagen, dass das Streben nach Gebietserweiterung der wichtigste Impuls für das aggressive Verhalten von Nationalstaaten war. Manche Reiche entstanden auch dadurch, dass man sich ganz behutsam entscheidender geographischer Vorteile versicherte, wie zum Beispiel Gibraltars, des Suez-Kanals oder Singapurs, die als verkehrswirtschaftliche Brückenköpfe dienten.

Am augenfälligsten wurde die Verknüpfung von Nationalismus und Territorialbesitz im nationalsozialistischen Deutschland und im kaiserlichen Japan. Der Versuch, das »Tausendjährige Reich« zu errichten, ging weit über das Ziel hinaus, alle deutschsprachigen Völker unter einem politischen Dach wiederzuvereinigen, und verfolgte auch den Zweck, sich die »Kornkammer« Ukraine sowie andere slawische Länder einzuverleiben, deren Bevölkerungen dem Deutschen Reich als billige Lohnsklaven dienen sollten. Ebenso waren die Japaner von der Vorstellung besessen, ihrem Reich um nationaler Machtentfaltung und internationalen Prestiges willen die Mandschurei und später das als Erdölproduzent wichtige Niederländisch-Ostindien einzugliedern. Desgleichen verstand man in Russland jahrhundertelang unter nationaler Größe die Fähigkeit zu Landerwerb, und selbst Ende des 20. Jahrhunderts rechtfertigt die russische Führung ihr Beharren auf der Oberhoheit über nichtrussische Völker wie die Tschetschenen, die im Umfeld einer lebenswichtigen Ölpipeline leben, mit der Behauptung, dies sei für Russlands Status als Großmacht unverzichtbar.

Nationalstaaten werden auch weiterhin die Bausteine der Weltordnung sein. Obwohl sich die internationale Politik nach dem Niedergang des Großmachtnationalismus und dem Verblassen der Ideologien versachlicht hat – und mit den Atomwaffen eine erhebliche Zurückhaltung im Einsatz von Gewalt einherging –, wird das Weltgeschehen weiterhin von Gebietsstreitigkeiten beherrscht, auch wenn diese gegenwärtig eher in zivilisierteren Bahnen verlaufen. Für die außenpolitischen Prioritäten eines Nationalstaats ist nach wie vor die geographische Lage bestimmend, und auch die Größe des jeweiligen Territoriums bleibt eines der Hauptkriterien von Status und Macht.

In jüngster Zeit allerdings hat die Frage des Territorialbesitzes für die meisten Nationalstaaten an Bedeutung verloren. Wo Gebietsstreitigkeiten noch immer die Außenpolitik einiger Staaten prägen, haben sie ihre Ursache weniger im Streben nach nationaler Größe durch territorialen Zugewinn als im Groll darüber, dass den ethnischen Brüdern das Recht auf Selbstbestimmung verweigert wird und sie sich nicht dem »Mutterland« anschließen dürfen. Hinzu kommt die Klage über angebliche Misshandlungen ethnischer Minderheiten im benachbarten Ausland.

Die nationalen Führungseliten gelangen zunehmend zu der Erkenntnis, dass für den internationalen Rang oder Einfluss eines Staates andere als territoriale Faktoren ausschlaggebender sind. Wirtschaftliches Können und seine Umsetzung in technische Innovation können ebenfalls Schlüsselkriterien von Macht sein, wie das Beispiel Japans überzeugend belegt. Nichtsdestoweniger gibt in der Regel immer noch die geographische Lage eines Staates dessen unmittelbare Prioritäten vor, und je größer seine militärische, wirtschaftliche und politische Macht ist, desto weiter reichen auch (über die direkten Nachbarn hinaus) seine vitalen geopolitischen Interessen, sein Einfluss und sein Engagement.

Bis vor Kurzem noch debattierten die führenden Geopolitiker über die Frage, ob Landmacht bedeutsamer sei als Seemacht und welche Region Eurasiens die Herrschaft über den gesamten Kontinent gewährleistet. Einer der prominentesten geopolitischen Theoretiker, Harold Mackinder, leistete Anfang dieses Jahrhunderts Pionierarbeit, als er nacheinander die Begriffe eurasische »Zentralregion» (die ganz Sibirien und einen Großteil Zentralasiens umfasste) und ostmitteleuropäisches »Herzland» prägte und jede dieser Regionen als Sprungbrett zur Erlangung der Herrschaft über den Kontinent bezeichnete. Zum Durchbruch verhalf er seiner Theorie mit dem berühmten Ausspruch:

> »Wer über Osteuropa herrscht, beherrscht das Herzland.
> Wer über das Herzland herrscht, beherrscht die Weltinsel.
> Wer über die Weltinsel herrscht, beherrscht die Welt.«

Auch einige führende deutsche Vertreter der politischen Geographie beriefen sich auf die Geopolitik, um Deutschlands »Drang nach Osten» zu rechtfertigen, vor allem Karl Haushofer, der Mackinders Theorie den strategischen Bedürfnissen Deutschlands anpasste. Ein stark vergröbertes Echo seiner Lehre konnte man aus Reden und Verlautbarungen Hitlers heraushören, in denen er den für das deutsche Volk notwendigen »Lebensraum» hervorhob. Andere europäische Gelehrte sagten bereits in der ersten Hälfte dieses Jahrhunderts voraus, dass sich das geopolitische Gravitationszentrum nach Osten verlagern und die Pazifikregion – insbesondere Amerika und Japan – wahrscheinlich die schwindende Vormachtstellung Europas übernehmen würde. Um dem vorzubeugen, sprach sich unter anderem der französische politische Geograph Albert Demangeon schon vor dem Ersten Weltkrieg für eine größere Einheit unter den Europäern aus.

Die geopolitische Frage lautet heute nicht mehr, von welchem Teil Eurasiens aus der ganze Kontinent beherrscht werden kann, und auch nicht, ob Landmacht wichtiger als Seemacht ist. In der Geopolitik geht es nicht mehr um regionale, sondern um globale Dimensionen, wobei eine Dominanz auf dem gesamten eurasischen Kontinent noch heute die Voraussetzung für globale Vormachtstellung ist. Die Vereinigten Staaten, also eine außereurasische Macht, genießen nun internationalen Vorrang; ihre Truppen sind an drei Randgebieten des eurasischen Kontinents präsent, von wo aus sie einen massiven Einfluss auf die im eurasischen Hinterland ansässigen Staaten ausüben. Aber das weltweit wichtigste Spielfeld – Eurasien – ist der Ort, auf dem Amerika irgendwann ein potenzieller Nebenbuhler um die Weltmacht erwachsen könnte. Eine amerikanische Geostrategie, welche die geopolitischen Interessen der USA in Eurasien langfristig sichern soll, wird sich somit als Erstes auf die Hauptakteure konzentrieren und eine entsprechende Einschätzung des Terrains vornehmen müssen.

Zwei grundlegende Schritte sind deshalb erforderlich:

- erstens, die geostrategisch dynamischen Staaten Eurasiens auszumachen, welche die internationale Kräfteverteilung möglicherweise entscheidend zu verändern imstande sind, sowie die zentralen außenpolitischen Ziele ihrer jeweiligen politischen Eliten zu entschlüsseln und die sich daraus wahrscheinlich ergebenden politischen Konsequenzen zu antizipieren; des Weiteren sind die geopolitisch kritischen eurasischen Staaten ins Auge zu fassen, die aufgrund ihrer geographischen Lage und/oder ihrer bloßen Existenz entweder auf die aktiveren geostrategischen Akteure oder auf die regionalen Gegebenheiten wie Katalysatoren wirken;

- zweitens, eine spezifische US-Politik zu formulieren, die in der Lage ist, die unter Punkt eins analysierten Verhältnisse auszubalancieren, mitzubestimmen und/oder unter Kontrolle zu bekommen, um unverzichtbare US-Interessen zu wahren und zu stärken und eine umfassendere Geostrategie zu entwerfen, die auf globaler Ebene den Zusammenhang zwischen den einzelnen Feldern der amerikanischen Politik herstellt.

Kurz, eurasische Geostrategie bedeutet für die Vereinigten Staaten den taktisch klugen und entschlossenen Umgang mit geostrategisch dynamischen Staaten und den behutsamen Umgang mit geopolitisch katalytischen Staaten entsprechend dem Doppelinteresse Amerikas an einer kurzfristigen Bewahrung seiner einzigartigen globalen Machtposition und an deren langfristiger Umwandlung in eine zunehmend institutionalisierte weltweite Zusammenarbeit. Bedient man sich einer Terminologie, die an das brutalere Zeitalter der alten Weltreiche gemahnt, so lauten die drei großen Imperative imperialer Geostrategie: Absprachen zwischen den Vasallen zu verhindern und ihre Abhängigkeit in Fragen der Sicherheit zu bewahren, die tributpflichtigen Staaten fügsam zu halten und zu schützen sowie dafür zu sorgen, dass die »Barbarenvölker« sich nicht zusammenschließen.

Geostrategische Akteure und geopolitische Dreh- und Angelpunkte

Geostrategische Akteure sind diejenigen Staaten, welche die Kapazität und den nationalen Willen besitzen, über ihre Grenzen hinaus Macht oder Einfluss auszuüben, um den geopolitischen Status quo in einem Amerikas Interessen berührenden Ausmaß zu verändern. Sie sind in geopolitischer Hinsicht potenziell und/oder tendenziell unberechenbar. Aus welchem Grund auch immer – ob im Streben nach nationaler Größe, zur Verwirklichung einer Ideologie, aus religiösem Sendungsbewusstsein oder um wirtschaftlicher Erweiterung willen – trachten einige Staaten tatsächlich nach regionaler Vorherrschaft oder nach Weltrang. Sie sind von tiefverwurzelten und vielschichtigen Motiven getrieben, die sich, um mit Robert Browning zu sprechen, am besten so erklären lassen: »... der Mensch soll nach mehr streben, als er erreichen kann, denn wozu gibt es einen Himmel?« Sie schätzen Amerikas Macht sorgfältig ab, ermitteln, inwieweit sich ihre Interessen mit denen Amerikas decken oder kollidieren, und entwerfen ihre eigenen, begrenzteren eurasischen Zielsetzungen manchmal in Absprache mit der Politik der Vereinigten Staaten, manchmal aber auch im Widerspruch zu ihr. Diesen solcherart motivierten eurasischen Staaten muss das besondere Augenmerk der USA gelten.

Geopolitische Dreh- und Angelpunkte wiederum sind Staaten, deren Bedeutung nicht aus ihrer Macht und Motivation resultiert, sondern sich vielmehr aus ihrer prekären geographischen Lage und aus den Folgen ergeben, die ihr Verhalten aufgrund ihrer potenziellen Verwundbarkeit bestimmen. Geopolitische Angelpunkte sind meistens durch ihre Geographie geprägt, der sie in einigen Fällen insoweit eine Sonderrolle verdanken, als sie entweder den Zugang zu geopolitisch wichtigen Gebieten festlegen oder einem geostrategisch bedeutsamen Akteur bestimmte Ressourcen verweigern können. In einigen Fällen mag ein geopolitischer Dreh- und Angelpunkt für einen dynamischen Staat oder sogar eine Region als Verteidigungsschild fungieren. Manchmal hat die schiere Existenz eines geopolitischen Angelpunkts für einen benachbarten geostrategischen Akteur erhebliche politische und kulturelle Folgen. Die wichtigsten geopolitischen Dreh- und Angelpunkte Eurasiens nach dem Ende des Kalten Kriegs zu bestimmen und sie zu schützen ist mithin ein weiterer entscheidender Gesichtspunkt in der globalen Geostrategie der USA.

Zu bedenken ist auch, dass zwar alle geostrategischen Akteure danach streben, in den Rang einflussreicher und mächtiger Länder aufzurücken, nicht aber alle wichtigen und mächtigen Länder automatisch geostrategische Akteure sind. Während man diese relativ leicht bestimmen kann, bedarf deshalb der Umstand, dass in der folgenden Liste einige zweifelsohne wichtige Länder nicht aufgenommen wurden, eingehender Begründung.

Unter den gegenwärtigen globalen Gegebenheiten lassen sich mindestens fünf geostrategische Hauptakteure und fünf geopolitische Dreh- und Angelpunkte (von denen zwei vielleicht zum Teil auch als Akteure infrage kommen) auf der neuen politischen Landkarte Eurasiens ermitteln. Frankreich, Deutschland, Russland, China und Indien sind Hauptakteure, während Großbritannien, Japan, Indonesien, obzwar zugegebenermaßen ebenfalls sehr wichtige Länder, die Bedingungen dafür nicht erfüllen. Die Ukraine, Aserbaidschan, Südkorea, die Türkei und der Iran stellen geopolitische Dreh- und Angelpunkte von entscheidender Bedeutung dar, wenngleich sowohl die Türkei als auch der Iran in einem gewissen Umfang – innerhalb ihrer begrenzteren Möglichkeiten – geostrategisch aktiv sind. Darauf wird in den folgenden Kapiteln näher einzugehen sein.

An dieser Stelle mag der Hinweis genügen, dass die wichtigsten und dynamischsten geostrategischen Akteure an Eurasiens westlicher Peripherie Frankreich und Deutschland heißen. Beide sind von der Vision eines geeinten Europas beseelt, obschon sie in der Frage, wie stark und in welcher Form ein solches Europa an Amerika gebunden sein sollte, unterschiedliche Auffassungen vertreten. Beide jedoch haben den Ehrgeiz, etwas Neues in Europa zu gestalten und somit den Status quo zu verändern. Vor allem Frankreich hat ein eigenes geostrategisches Konzept für Europa, das sich in einigen wesentlichen Punkten von den Vorstellungen der Vereinigten Staaten unterscheidet. Es neigt zu taktischen Schachzügen, mit denen es Russland gegen Amerika und Großbritannien gegen Deutschland auszuspielen versucht, obwohl es auf die deutsch-französische Partnerschaft angewiesen ist, um die eigene vergleichsweise schwache Position auszugleichen.

Überdies sind sowohl Frankreich als auch Deutschland mächtig und selbstbewusst genug, um innerhalb eines größeren regionalen Wirkungsbereichs ihren Einfluss geltend zu machen. Frankreich strebt nicht nur eine zentrale politische Rolle in einem geeinten Europa an, sondern sieht sich auch als Nukleus einer Gruppe von Mittelmeeranrainern und nordafrikanischen Staaten, die Probleme haben. Deutschland ist sich in zunehmendem Maße seines besonderen Status als wichtigster Staat Europas bewusst – als wirtschaftlicher Motor der Region und künftige Führungsmacht der Europäischen Union (EU). Gegenüber dem jüngst aus der sowjetischen Bevormundung entlassenen Mitteleuropa empfindet es eine besondere Verantwortung, die vage an frühere Vorstellungen von einem von Deutschland geführten Mitteleuropa erinnert. Zudem fühlen sich sowohl Frankreich als auch Deutschland dazu berufen, die europäischen Interessen in ihren Beziehungen mit Russland zu vertreten, und Deutschland hält wegen seiner geographischen Lage an der Option einer besonderen bilateralen Vereinbarung mit Russland fest.

Im Unterschied dazu ist Großbritannien kein geostrategischer Akteur. Es hat weniger Optionen, hegt keine ehrgeizige Vision von der Zukunft Europas und ist aufgrund seines relativen Niedergangs heute auch nicht mehr in der Lage, wie früher die Rolle eines Schiedsrichters in Europa zu spielen. Seine ambivalente Haltung gegenüber einer europäischen Einigung und sein Festhalten an einer verblassenden Sonderbeziehung zu Amerika haben Großbritannien bei den großen Entscheidungen über Europas Zukunft zusehends bedeutungslos werden lassen. London hat sich weitgehend aus dem europäischen Spiel verabschiedet.

Sir Roy Denman, früher ein hochrangiger britischer Beamter in der Europäischen Kommission, erinnert sich in seinen Memoiren, dass bereits bei der Konferenz von Messina 1955, die der Schaffung einer Europäischen Union vorausging, der offizielle Sprecher für Großbritannien gegenüber den versammelten Möchtegern-Architekten Europas rundweg behauptete:

> »Der zukünftige Vertrag, den Sie hier gerade erörtern, hat keine Chance, angenommen zu werden; sollte er Zustimmung finden, hätte er keine Chance, angewandt zu werden. Und wenn er angewandt werden würde, wäre er für England völlig unannehmbar. ... Auf Wiedersehen und viel Glück.«[4]

Mehr als vierzig Jahre, nachdem diese Äußerungen gefallen sind, beschreiben sie im Wesentlichen noch immer die britische Grundeinstellung gegenüber einem wirklich geeinten Europa. Großbritanniens Widerwille, an der für Januar 1999 angepeilten Wirtschafts- und Währungsunion teilzunehmen, spiegelt seine mangelnde Bereitschaft wider, das britische Schicksal mit dem Europas gleichzusetzen. Die Kernaussage dieser Haltung wurde Anfang der 1990er-Jahre in folgenden Punkten zusammengefasst:

- Großbritannien lehnt das Ziel einer politischen Vereinigung ab.
- Großbritannien tritt für ein auf Freihandel basierendes Modell wirtschaftlicher Integration ein.
- Großbritannien bevorzugt eine Außen- und Sicherheitspolitik und eine Verteidigungskoordination außerhalb des institutionellen Rahmens der Europäischen Gemeinschaft.
- Großbritannien hat seinen Einfluss in der EG optimal verstärkt.[5]

---

4 Roy Denman, *Missed Chances* (London: Cassell, 1996)

5 In Robert Skidelskys Beitrag über »Great Britain and the New Europe«, in David P. Calleo and Philip H. Gordon (Hrsg.), *From the Atlantic to the Urals* (Arlington, Va., 1992), S. 145

Natürlich bleibt Großbritannien für Amerika dennoch ein wichtiger Partner. Über das Commonwealth übt es weiterhin einen gewissen globalen Einfluss aus, aber es ist weder eine umtriebige Großmacht, noch wird es von einer ehrgeizigen Vision beflügelt. Es ist die wichtigste Stütze der USA, ein sehr loyaler Verbündeter, eine unerlässliche Militärbasis und ein enger Partner bei heiklen Geheimdienstaktivitäten. Seine Freundschaft muss gepflegt werden, doch seine Politik fordert keine dauernde Aufmerksamkeit. Es ist ein aus dem aktiven Dienst ausgeschiedener geostrategischer Akteur, der sich auf seinen prächtigen Lorbeeren ausruht und sich aus dem großen europäischen Abenteuer weitgehend heraushält, bei dem Frankreich und Deutschland die Fäden ziehen.

Die anderen europäischen Staaten mittlerer Größe, die in ihrer Mehrzahl Mitglieder der NATO und/oder der Europäischen Union sind, folgen entweder Amerikas Beispiel oder stellen sich still und heimlich hinter Deutschland oder Frankreich. Ihre Politik hat keinen weitreichenden Einfluss auf die Region, und sie befinden sich auch in keiner Position, in der sie ihre politische Orientierung grundlegend ändern könnten. Derzeit sind sie weder geostrategische Akteure noch geopolitische Dreh- und Angelpunkte. Dasselbe gilt für das wichtigste potenzielle NATO- und EU-Mitglied Mitteleuropas, nämlich für Polen. Es ist politisch und wirtschaftlich zu schwach, um als geostrategischer Akteur auftreten zu können, und es hat nur eine Wahl: in den Westen integriert zu werden. Zudem gewinnt Polen nach dem Untergang des alten Russischen Reichs und durch seine sich vertiefenden Bindungen zur Nordatlantischen Allianz und Europäischen Union eine historisch einmalige Sicherheit, während sich seine strategischen Möglichkeiten dadurch verringern.

Russland, dies braucht nicht eigens betont zu werden, bleibt ein geostrategischer Hauptakteur – trotz seiner derzeitigen Schwäche und seiner wahrscheinlich langwierigen Malaise. Seine bloße Gegenwart beeinträchtigt die seit Kurzem unabhängigen Staaten innerhalb des riesigen eurasischen Raums der früheren Sowjetunion ganz massiv. Es nährt ehrgeizige geopolitische Ziele, die es immer offener verkündet. Wenn es erst einmal seine alte Stärke wiedergewonnen hat, wird es auch auf seine westlichen und östlichen Nachbarn erheblichen Druck ausüben. Zudem steht Russland immer noch vor der geostrategischen Entscheidung, wie es sich künftig gegenüber den USA verhalten wird: als Freund oder als Feind? Es mag durchaus der Auffassung zuneigen, dass seine Chancen auf dem eurasischen Kontinent größer seien. Viel hängt von seiner innenpolitischen Entwicklung ab, und vor allem davon, ob Russland eine europäische Demokratie oder wieder ein eurasisches Imperium wird. Auf jeden Fall bleibt es eindeutig ein geostrategischer Akteur, auch wenn es einige seiner »Teile« sowie einige Schlüsselpositionen auf dem eurasischen Schachbrett inzwischen eingebüßt hat.

Ebenfalls unstrittig ist Chinas Stellung als Hauptakteur. China ist bereits eine bedeutende regionale Macht und strebt aufgrund seiner Geschichte als Großmacht und seiner Überzeugung, dass der chinesische Staat der Mittelpunkt der Welt sei, wahrscheinlich nach höheren Zielen. Die von seiner Führung getroffenen Entscheidungen beginnen sich bereits jetzt auf die geopolitische Machtverteilung in Asien auszuwirken, während sein wirtschaftlicher Aufschwung bestimmt mit noch größerer Macht und wachsenden Ambitionen einhergehen wird. Der Aufstieg eines »Großchina« wird die Taiwan-Frage wieder aufwerfen und für die amerikanische Position im Fernen Osten nicht folgenlos bleiben. Die Demontage der Sowjetunion hat an Chinas westlichem Rand eine Reihe von Staaten entstehen lassen, denen gegenüber die chinesischen Führer nicht gleichgültig sein können. Wenn China sich auf der internationalen Bühne stärker geltend macht, wird davon auch Russland betroffen sein.

An der östlichen Peripherie Eurasiens besteht eine paradoxe Situation: Japan ist fraglos eine internationale Großmacht, und das amerikanisch-japanische Bündnis hat man häufig – zu Recht – die wichtigste bilaterale Beziehung der USA genannt. Als eine der führenden Wirtschaftsnationen der Welt könnte Japan zweifellos enorme politische Macht ausüben. Dennoch handelt es nicht danach, da es keine regionale Vorherrschaft anstrebt, sondern stattdessen lieber unter amerikanischem Schutz agiert. Wie Großbritannien im Hinblick auf Europa, zieht es Japan vor, sich aus dem politischen Geschehen auf dem asiatischen Festland herauszuhalten, nicht zuletzt deshalb, weil viele Asiaten jedem japanischen Streben nach einer regional beherrschenden politischen Rolle nach wie vor mit Feindseligkeit begegnen.

Diese von Zurückhaltung und Selbstdisziplin geprägte Politik der Japaner verschafft wiederum den USA die Möglichkeit, in Fernost eine zentrale Rolle in Fragen der Sicherheit zu spielen. Japan ist somit kein geostrategischer Akteur, obwohl sein unverkennbares Potenzial, schnell einer zu werden – insbesondere dann, wenn entweder China oder Amerika ihre gegenwärtige Politik plötzlich ändern sollten –, den Vereinigten Staaten einen pfleglichen Umgang mit ihrem japanischen Verbündeten zur besonderen Pflicht macht. Nicht die japanische Außenpolitik muss Amerika im Auge behalten, sondern es muss vielmehr Japans Selbstbeherrschung sehr subtil kultivieren. Jeder merkliche Abbau in den amerikanisch-japanischen Beziehungen würde unmittelbar die Stabilität in der Region beeinträchtigen.

Leichter lässt sich begründen, weshalb Indonesien nicht zur Gruppe der dynamischen geostrategischen Akteure zählt. Indonesien ist zwar das wichtigste Land in Südostasien, vermag aber aufgrund seiner relativ unterentwickelten Wirtschaft, der innenpolitischen Unsicherheiten, des weit verstreuten Archipels und dessen Anfälligkeit für ethnische Konflikte, die durch die zentrale Rolle der chinesischen Minderheit im nationalen Finanzleben noch verschärft werden, in der Region nur beschränkt Einfluss auszuüben. Irgendwann könnte Indonesien zu einem wichtigen Hindernis für Chinas südwärts gerichtete Expansionsbestrebungen werden. Diesen Aspekt hatte bereits Australien erkannt, das einst einen indonesischen Expansionismus fürchtete, in letzter Zeit jedoch für eine engere australisch-indonesische Zusammenarbeit in Fragen der regionalen Sicherheit eintritt. Bevor Indonesien aber als ein in der Region dominierender Akteur betrachtet werden kann, muss es erst eine Phase der politischen Konsolidierung und des fortdauernden wirtschaftlichen Erfolgs durchlaufen.

Im Gegensatz dazu befindet sich Indien gerade in einem Prozess, sich als regionale Macht zu etablieren, und begreift sich potenziell als einen wichtigen Akteur auf der internationalen Bühne. Außerdem versteht es sich als Rivale Chinas. Indien mag darin seine langfristigen Möglichkeiten überschätzen, aber es ist unstreitig der mächtigste südasiatische Staat, gewissermaßen eine regionale Hegemonialmacht. Es ist zudem eine halboffizielle Atommacht. Mit diesem Rüstungspotenzial will es nicht nur Pakistan einschüchtern, sondern vor allem den nuklearen Arsenalen Chinas etwas Gleichwertiges entgegensetzen. Indien hat eine geostrategische Vision von seiner Rolle in der Region, sowohl gegenüber seinen Nachbarn als auch in Bezug auf den Indischen Ozean. Zum gegenwärtigen Zeitpunkt tangieren seine Ambitionen die amerikanischen Interessen in Eurasien nur am Rande, und so bietet Indien, als geostrategischer Akteur, keinen Anlass zu geopolitischen Bedenken – zumindest nicht im selben Maße wie Russland oder China.

Die Ukraine, ein neuer und wichtiger Raum auf dem eurasischen Schachbrett, ist ein geopolitischer Dreh- und Angelpunkt, weil ihre bloße Existenz als unabhängiger Staat zur Transformation Russlands beiträgt. Ohne die Ukraine ist Russland kein eurasisches Reich mehr. Es kann trotzdem nach einem imperialen Status streben, würde aber dann ein vorwiegend asiatisches Reich werden, das aller Wahrscheinlichkeit nach in lähmende Konflikte mit aufbegehrenden Zentralasiaten hineingezogen würde, die den Verlust ihrer erst kürzlich erlangten Eigenstaatlichkeit nicht hinnehmen und von den anderen islamischen Staaten im Süden Unterstützung erhalten würden. Auch China würde sich angesichts seines zunehmenden Interesses an den dortigen neuerdings unabhängigen Staaten voraussichtlich jeder Neuauflage einer russischen Vorherrschaft über Zentralasien widersetzen. Wenn Moskau allerdings die Herrschaft über die Ukraine mit ihren 52 Millionen Menschen, bedeutenden Bodenschätzen und dem Zugang zum Schwarzen Meer wiedergewinnen sollte, erlangte Russland automatisch die Mittel, ein mächtiges Europa und Asien umspannendes Reich zu werden. Verlöre die Ukraine ihre Unabhängigkeit, so hätte das unmittelbare Folgen für Mitteleuropa und würde Polen zu einem geopolitischen Angelpunkt an der Ostgrenze eines vereinten Europas werden lassen.

Auch das relativ kleine, dünn besiedelte Aserbaidschan ist mit seinen riesigen Energiequellen unter geopolitischem Aspekt nicht zu unterschätzen. Es ist gewissermaßen der Korken in der Flasche, welche die Schätze des Kaspischen Beckens und Zentralasiens enthält. Wenn Aserbaidschan gänzlich der Herrschaft Moskaus unterworfen wird, kann die Unabhängigkeit der zentralasiatischen Staaten bedeutungslos werden. Ist Aserbaidschans Unabhängigkeit erst einmal aufgehoben, können auch seine enormen Ölvorkommen der Kontrolle Moskaus unterworfen werden. Ein unabhängiges Aserbaidschan, das mit den Märkten des Westen durch Pipelines, die nicht durch russisch kontrolliertes Gebiet verlaufen, verbunden ist, wird außerdem für die hochentwickelten, auf Energie angewiesenen Volkswirtschaften ein Einfallstor zu den energiereichen zentralasiatischen Republiken sein. Fast wie im Fall der Ukraine ist auch die Zukunft Aserbaidschans und Zentralasiens für das Wohl und Wehe Russlands bestimmend.

Die Türkei und der Iran sind gerade dabei, sich den Rückzug russischer Macht zunutze zu machen und einen gewissen Einfluss in der Region um das Kaspische Meer und Zentralasien aufzubauen. Aus diesem Grund könnte man sie als geostrategische Akteure betrachten. Beide Staaten haben jedoch mit ernsten innenpolitischen Schwierigkeiten zu kämpfen, und ihre Möglichkeiten, in der Machtverteilung größere regionale Verschiebungen zu bewirken, sind begrenzt. Sie verstehen sich außerdem als Gegner und neigen daher dazu, sich gegenseitig Einfluss streitig zu machen. So war zum Beispiel in Aserbaidschan, wo die Türkei großen Einfluss gewonnen hat, die iranische Haltung (resultierend aus Sorge über einen möglichen nationalen Aufruhr der Aseris im Iran) für die Russen hilfreicher.

Sowohl die Türkei als auch der Iran sind freilich in erster Linie wichtige geopolitische Dreh- und Angelpunkte. Die Türkei stabilisiert das Gebiet ums Schwarze Meer, kontrolliert den Zugang von diesem zum Mittelmeer, bietet Russland im Kaukasus Paroli, bildet immer noch ein Gegengewicht zum islamischen Fundamentalismus und dient als der südliche Anker der NATO. Eine destabilisierte Türkei würde wahrscheinlich mehr Gewalt im südlichen Balkan entfesseln und es zugleich den Russen erleichtern, den seit Kurzem unabhängigen Staaten im Kaukasus erneut ihre Herrschaft aufzuzwingen. Trotz seiner zweideutigen Haltung gegenüber Aserbaidschan unterstützt der Iran die neue politische Vielfalt des mittelasiatischen Raums auf ähnlich stabilisierende Weise. Er beherrscht die östliche Küstenlinie des Persischen Golfs, während seine Unabhängigkeit, ungeachtet aller gegenwärtigen Feindseligkeiten gegenüber den Vereinigten Staaten, jeder langfristigen russischen Bedrohung der amerikanischen Interessen in der Golfregion einen Riegel vorschiebt.

Südkorea schließlich ist ein geopolitischer Dreh- und Angelpunkt in Fernost. Seine enge Bindung an die Vereinigten Staaten versetzt die Amerikaner in die Lage, ohne anmaßende Präsenz im Land selbst Japan abzuwehren und daran zu hindern, sich zu einer unabhängigen und größeren Militärmacht aufzuschwingen. Jede wichtige Veränderung im Status von Südkorea, sei es durch Vereinigung und/oder durch eine Verlagerung in eine sich ausdehnende chinesische Einflusssphäre, würde unweigerlich Amerikas Rolle im Fernen Osten und somit auch die Japans dramatisch verändern. Zudem wird Südkorea aufgrund seiner wachsenden Wirtschaftsmacht zu einem wichtigeren Raum sui generis, den unter Kontrolle zu bekommen zunehmend an Bedeutung gewinnt.

Die obige Aufstellung von geostrategischen Akteuren und geopolitischen Dreh- und Angelpunkten ist weder endgültig noch starr. Möglicherweise kommt der eine oder andere Staat irgendwann hinzu oder fällt weg. In mancherlei Hinsicht könnte man sicherlich Taiwan oder Thailand, Pakistan, vielleicht auch Kasachstan oder Usbekistan in die letztere Kategorie aufnehmen. Derzeit scheint dies jedoch in keinem der genannten Fälle zwingend. Würde sich am Status eines dieser Staaten etwas verändern, so stünden größere Ereignisse dahinter, die gewisse Verschiebungen in der Machtverteilung mit sich brächten, aber es ist fraglich, ob dies weitreichende Folgen katalytischer Art hätte. Losgelöst von China betrachtet, könnte die einzige Ausnahme das Taiwan-Problem darstellen. Doch problematisch würde es erst dann, wenn China den Vereinigten Staaten zum Trotz zur Eroberung der Insel massive Gewalt einsetzen sollte, weil dadurch die politische Glaubwürdigkeit der USA in Fernost ganz allgemein in Gefahr geriete. Die Wahrscheinlichkeit, dass dergleichen eintritt, scheint gering, dennoch muss man diesen Gesichtspunkt im Auge behalten, wenn man eine Politik der USA gegenüber China entwirft.

Ernste Entscheidungen und mögliche Herausforderungen

Stehen die Hauptakteure und wichtigsten Dreh- und Angelpunkte erst einmal fest, so kann man die großen Verlegenheiten, in denen sich die Politik der USA befindet, benennen und die wichtigsten Herausforderungen, vor die sie auf dem eurasischen Kontinent gestellt sein könnte, besser vorausberechnen. Bevor wir diese Probleme in den folgenden Kapiteln umfassender erörtern, kann man sie in fünf großen Fragenkomplexen zusammenfassen:

- Welches Europa sollte sich Amerika wünschen und mithin fördern?
- Welches Russland ist in Amerikas Interesse, und was kann Amerika dazu beitragen?
- Wie stehen die Aussichten, dass im Zentrum Eurasiens ein neuer Balkan entsteht, und was sollte Amerika tun, um die daraus entstehenden Risiken zu minimieren?
- Zu welcher Rolle in Fernost sollte man China ermutigen, und welche Folgerungen sind aus dem bisher Gesagten nicht nur für die Vereinigten Staaten, sondern auch für Japan abzuleiten?
- Welche neuen eurasischen Koalitionen sind denkbar, die den Interessen der USA überaus gefährlich werden könnten, und was muss getan werden, um sie auszuschließen?

Die Vereinigten Staaten haben immer ihr aufrichtiges Interesse an einem vereinten Europa bekundet. Seit den Tagen der Kennedy-Administration wurde gebetsmühlenhaft eine »gleichberechtigte Partnerschaft« beschworen. Das offizielle Washington wurde nicht müde, seinen Wunsch zu beteuern, Europa zu einer Einheit zusammenwachsen zu sehen, die mächtig genug wäre, um sich mit Amerika die Verantwortung wie auch die Lasten einer globalen Führungsrolle zu teilen.

Soweit die herrschende Sprachregelung zu diesem Thema. In der Praxis haben sich die Vereinigten Staaten weniger klar und eindeutig verhalten. Wünscht sich Washington wirklich ein Europa, das als ein gleichberechtigter Partner im Weltgeschehen auftritt, oder ist ihm ein ungleiches Bündnis im Grunde lieber? Sind die USA beispielsweise bereit, sich mit Europa die Führung im Nahen Osten zu teilen, einer Region, die nicht nur geographisch viel näher an Europa liegt als an Amerika, sondern in der einzelne europäische Staaten zudem seit Langem eigene Interessen verfolgen? In diesem Zusammenhang fällt einem sofort das Problem Israel ein. Auch die euroamerikanischen Meinungsverschiedenheiten über die Haltung gegenüber Iran und Irak wurden von den USA nicht als eine strittige Angelegenheit zwischen gleichgestellten Partnern, sondern als ein Fall von Insubordination behandelt.

Die mehrdeutige Haltung in der Frage nach dem Ausmaß amerikanischer Unterstützung für die europäische Einheit schloss auch das Problem mit ein, wie Europas Einheit definiert werden und welches Land, wenn überhaupt eines, in dem Einigungsprozess die Führung übernehmen sollte. Washington hat London nicht davon abgebracht, in den Verhandlungen über die europäische Integration einerseits Uneinigkeit zu stiften, obwohl es andererseits deutlich zu erkennen gab, dass es die deutsche Führungsrolle einer Frankreichs vorziehe. Angesichts des traditionellen Tenors der französischen Politik ist dies verständlich, hatte aber zur Folge, dass damit der gelegentliche Anschein einer taktischen Entente zwischen Engländern und Franzosen gefördert wurde, um Deutschland einen Strich durch die Rechnung zu ziehen, wie auch einen zeitweiligen Flirt Frankreichs mit Moskau, um die amerikanisch-deutsche Koalition wettzumachen.

Das Entstehen eines wirklich geeinten Europas – vor allem, wenn dies mit konstruktiver Unterstützung Amerikas geschehen sollte – wird bedeutsame Veränderungen in der Struktur und den Entscheidungsprozessen der NATO, des wichtigsten Verbindungsglieds zwischen Amerika und Europa, erforderlich machen. Die NATO bietet nicht nur den institutionellen Rahmen für die Ausübung amerikanischen Einflusses auf europäische Angelegenheiten, sondern auch die Grundlage für die politisch entscheidende Militärpräsenz der USA in Westeuropa. Im Zuge der europäischen Einigung wird jedoch diese Verteidigungsstruktur an die neue Wirklichkeit eines Bündnisses angepasst werden müssen, das auf einer mehr oder minder gleichberechtigten Partnerschaft beruht und eben nicht mehr eine Allianz ist, in der es, um traditionelle Begriffe zu gebrauchen, einen Hegemon und dessen Vasallen gibt. Trotz der bescheidenen Schritte, die 1996 unternommen wurden, um innerhalb der NATO die Rolle der Westeuropäischen Union (WEU), des Militärbündnisses der westeuropäischen Staaten, zu verbessern, ist dieses Problem bisher weitgehend umgangen worden. Eine wirkliche Entscheidung für ein vereintes Europa wird folglich eine weitreichende Neuordnung der NATO erzwingen, die unweigerlich die Vormachtstellung der USA innerhalb des Bündnisses schwächen wird.

Kurzum, eine langfristige amerikanische Geostrategie für Europa wird die Fragen der europäischen Einheit und echter Partnerschaft mit Europa mit aller Bestimmtheit angehen müssen. Ein Amerika, das ein geeintes und somit unabhängigeres Europa wirklich will, wird sich mit seinem ganzen Gewicht für diejenigen europäischen Kräfte einsetzen müssen, denen die politische und wirtschaftliche Integration Europas ein echtes Anliegen ist. Eine solche Strategie bedeutet aber auch, sich von den Relikten eines einstmals geheiligten Sonderverhältnisses zwischen den USA und dem Vereinigten Königreich zu verabschieden.

Eine Politik für ein geeintes Europa wird sich außerdem – wenn auch gemeinsam mit den Europäern – der hochsensiblen Frage nach

Europas geographischer Ausdehnung stellen müssen. Wie weit sollte sich die Europäische Union nach Osten erstrecken? Und sollten die Ostgrenzen der EU zugleich die östliche Frontlinie der NATO sein? Ersteres ist mehr eine europäische Entscheidung, wird sich aber unmittelbar auf eine NATO-Entscheidung auswirken. Diese allerdings betrifft auch die Vereinigten Staaten, und die Stimme der USA ist in der NATO noch immer maßgebend. Da zunehmend Konsens darüber besteht, dass die Nationen Mitteleuropas sowohl in die EU als auch in die NATO aufgenommen werden sollten, richtet sich die Aufmerksamkeit auf den zukünftigen Status der baltischen Republiken Estland, Lettland und Litauen und vielleicht bald auf den der Ukraine.

Dieses europäische Dilemma überschneidet sich weitgehend mit dem zweiten, bei dem es um Russland geht. Es ist leicht, auf die Frage nach Russlands Zukunft mit der Beteuerung zu antworten, dass man ein demokratisches, eng an Europa gebundenes Russland bevorzuge. Vermutlich brächte ein demokratisches Russland den von Amerika und Europa geteilten Werten mehr Sympathie entgegen und würde demgemäß auch mit größerer Wahrscheinlichkeit ein Juniorpartner bei der Gestaltung eines stabileren und kooperativeren Eurasien. Aber Russland hegt womöglich weitergehende Ambitionen und gibt sich nicht damit zufrieden, als Demokratie Anerkennung und Respekt zu erlangen. Innerhalb der russischen Außenamtsbehörde (die zum größten Teil aus früheren Sowjetbürokraten besteht) lebt und gedeiht ungebrochen ein tiefsitzendes Verlangen nach einer Sonderrolle in Eurasien, die folgerichtig mit einer neuerlichen Unterordnung der nun unabhängigen ehemaligen Sowjetrepubliken gegenüber Moskau einherginge.

In diesem Zusammenhang wittern einige einflussreiche Mitglieder der russischen Politbürokratie sogar hinter einer freundlichen Politik des Westens die Absicht, Russland seinen rechtmäßigen Anspruch auf Weltmachtstatus streitig zu machen, was zwei russische Geopolitiker folgendermaßen ausdrückten:

> »Die Vereinigten Staaten und die Länder der NATO sind dabei – obzwar unter größtmöglicher Rücksichtnahme auf

> Russlands Selbstachtung, aber nichtsdestoweniger entschieden und beständig –, die geopolitischen Grundlagen zu zerstören, die, zumindest theoretisch, Russland die Hoffnung lassen könnten, sich in der Weltpolitik den Status der Nummer zwei zu erwerben, den früher die Sowjetunion innehatte.«

Überdies wird Amerika unterstellt, es verfolge eine Politik, in der

> »die vom Westen betriebene Neuordnung des europäischen Raums im Grunde von dem Gedanken geleitet ist, in diesem Teil der Welt neue, relativ kleine und schwache Nationalstaaten durch deren mehr oder weniger enge Bindung an die NATO, die EU und dergleichen zu stützen«.[6]

Die zitierten Stellen beschreiben zutreffend, wenn auch nicht ohne eine gewisse Feindseligkeit, das Dilemma, mit dem es die Vereinigten Staaten zu tun haben. Wie weit sollte die Wirtschaftshilfe für Russland gehen – die das Land politisch und wirtschaftlich zwangsläufig stärkt –, und in welchem Maße sollte parallel dazu den neuerdings unabhängigen Staaten geholfen werden, ihre Unabhängigkeit zu verteidigen und zu festigen? Kann Russland gleichzeitig ein mächtiger Staat und eine Demokratie sein? Sollte es seine frühere Macht wiedererlangen, wird es dann nicht sein verloren gegangenes Reichsgebiet zurückgewinnen wollen, und kann es dann sowohl ein Weltreich als auch eine Demokratie sein?

Eine Politik der USA gegenüber den wichtigen geopolitischen Dreh- und Angelpunkten Ukraine und Aserbaidschan kann dieses Problem nicht umgehen, daher sieht sich Amerika, was das taktische

---

[6] A. Bogaturow und W. Kremenjuk (beide Hochschullehrer am Amerika-Kanada-Institut der Akademie der Wissenschaften) in »Current Relations and Prospects for Interaction Between Russia and the United States«, *Nszawissimaja Gaseta*, 28. Juni 1996

Gleichgewicht und die strategische Zielvorstellung angeht, in einer Zwickmühle. Russlands innenpolitische Erholung ist die wesentliche Voraussetzung für seine Demokratisierung und letztlich für seine Europäisierung. Aber jede Erholung seines imperialen Potenzials wäre beiden Zielen abträglich. Zudem könnte es über diese Fragen zu Meinungsverschiedenheiten zwischen den Vereinigten Staaten und einigen europäischen Staaten kommen, besonders bei einer Erweiterung von EU und NATO. Sollte Russland als Anwärter auf eine Mitgliedschaft in einer dieser beiden Strukturen in Betracht gezogen werden? Und was wäre dann mit der Ukraine? Bei einem Ausschluss Russlands könnte der dafür zu entrichtende Preis hoch sein – die Russen würden sich in ihren Vorurteilen und Ängsten bestätigt fühlen, eine Art von selbsterfüllender Prophezeiung griffe um sich –, aber eine Aufweichung der EU oder der NATO könnte sich nicht minder destabilisierend auswirken.

Eine weitere große Unsicherheit droht im geopolitisch im Fluss befindlichen zentraleurasischen Raum, die durch die potenzielle Verwundbarkeit der Dreh- und Angelpunkte Türkei und Iran noch verstärkt wird. Im auf der folgenden Karte eingezeichneten Gebiet von der Krim im Schwarzen Meer geradewegs entlang der neuen südlichen Grenzen Russlands nach Osten bis zur chinesischen Provinz Xinjiang, von da südlich zum Indischen Ozean hinab, weiter nach Westen bis zum Roten Meer, nach Norden zum östlichen Mittelmeer und zurück zur Halbinsel Krim leben an die 400 Millionen Menschen in etwa 25 Staaten, die fast allesamt sowohl ethnisch als auch in ihrem religiösen Bekenntnis heterogen und politisch weitgehend instabil sind. Einige dieser Staaten sind womöglich gerade dabei, sich Atomwaffen zu beschaffen.

In diesem von leicht entflammbaren Hassgefühlen zerrissenen und von miteinander konkurrierenden mächtigen Nachbarn umgebenen Raum werden sich vermutlich Kriege zwischen Nationalstaaten wie auch, was noch wahrscheinlicher ist, langwierige ethnische und religiöse Konflikte abspielen. Deren regionale Ausdehnung wird maßgeblich davon abhängen, ob Indien als Hemmnis wirkt oder ob es von der einen oder anderen Gelegenheit Gebrauch macht, Pakistan seinen Willen aufzuzwingen. Die innenpolitischen Spannungen der Türkei und des Iran werden sich wahrscheinlich zuspitzen und beide Staaten weitgehend um ihre stabilisierende Rolle bringen, die sie in dieser unruhigen Region zu spielen vermögen. Derartige Entwicklungen wiederum werden die Assimilierung der neuen zentralasiatischen Staaten an die internationale Gemeinschaft erschweren und auch die bisher vor allem von den USA gewährleistete Sicherheit der Golfregion nachhaltig beeinträchtigen. Hier jedenfalls könnten Amerika und die internationale Gemeinschaft mit einer Herausforderung konfrontiert werden, welche die gegenwärtige Krise im früheren Jugoslawien weit in den Schatten stellen wird.

Latente Gefahrenherde im Nahen und Mittleren Osten sowie in Zentralasien

* Gebiete mit Unruhen, Konflikten und gewaltsamen Auseinandersetzungen

Teil des Problems in dieser instabilen Region könnte eine Bedrohung der amerikanischen Vormachtstellung durch den islamischen Fundamentalismus werden. Unter Ausnutzung der religiösen Feindseligkeit gegenüber dem »American Way of Life« und des arabisch-israelischen Konflikts könnte der islamische Fundamentalismus einige prowestliche Regierungen im Nahen Osten unterminieren und schließlich amerikanische Interessen in der Region, besonders am Persischen Golf, gefährden. Ohne politischen Zusammenhalt und ohne die Rückendeckung eines wirklich mächtigen islamischen Staates fehlte es dem islamischen Fundamentalismus an einem geopolitischen Kern; deshalb würde die von ihm ausgehende Kampfansage sich wahrscheinlich eher in diffuser Gewalt Bahn brechen.

Ein geostrategisch grundlegendes Problem wirft Chinas Aufstieg zur Großmacht auf. Die beste Lösung wäre es, wenn man ein zur Demokratie findendes, marktwirtschaftlich organisiertes China in einen größeren Rahmen regionaler Zusammenarbeit einbinden könnte. Doch was ist, wenn China nicht demokratisch, dafür aber wirtschaftlich und militärisch immer mächtiger wird? Ein »Großchina« wird es wohl geben, ganz gleich, was seine Nachbarn sich wünschen oder ausrechnen, und alle Bemühungen, dies zu verhindern, könnten einen sich verschärfenden Konflikt mit China heraufbeschwören. Ein solcher Konflikt könnte die amerikanisch-japanischen Beziehungen belasten – denn es ist keineswegs sicher, ob Japan Amerikas Versuch, China Paroli zu bieten, mittragen würde – und Tokios Definition seiner Rolle in der Region mit womöglich revolutionären Konsequenzen ändern, ja, vielleicht sogar das Ende der amerikanischen Präsenz in Fernost einläuten würde.

Eine Übereinkunft mit China wird jedoch ihren Preis fordern. China als regionale Macht zu akzeptieren heißt mehr, als nur einem Schlagwort beizupflichten. Jede derartige regionale Vorherrschaft wird ein gewisses Gewicht haben müssen. Um es ganz deutlich zu formulieren: Wie groß sollte Chinas Bannkreis sein, und wohin sollte sich die chinesische Einflusssphäre erstrecken, die Amerika bereit wäre, als Teil einer Politik der Einbindung Chinas in die Weltpolitik zu akzeptieren? Welche der heute außerhalb seines politischen Radius liegenden Gebiete müssten möglicherweise dem Herrschaftsbereich des wieder auferstehenden Himmlischen Reichs zugestanden werden?

Vor diesem Hintergrund gewinnt das Festhalten Amerikas an seiner militärischen Präsenz in Südkorea besondere Bedeutung. Ohne sie ist der Fortbestand des amerikanisch-japanischen Verteidigungsabkommens in seiner gegenwärtigen Form schwer vorstellbar, denn Japan wäre dann zwangsläufig militärisch stärker auf sich gestellt. Hingegen dürfte jeder Schritt zu einer Wiedervereinigung Koreas die Grundlage für eine fortdauernde militärische Präsenz der USA in Südkorea stören. Ein wiedervereinigtes Korea könnte sich möglicherweise gegen eine Fortdauer des US-militärischen Schutzes entscheiden; und in der Tat könnte das der Preis sein, den China dafür verlangt, dass es seinen Einfluss für die Wiedervereinigung der Halbinsel geltend macht. Kurz, das Verhältnis der USA zu China wird unweigerlich unmittelbare Auswirkungen auf die trilaterale Sicherheitspartnerschaft zwischen den USA, Japan und Korea haben.

Schließlich sollte noch auf ein paar Eventualfälle zukünftiger politischer Ausrichtungen hingewiesen werden, die in den jeweiligen Kapiteln ausführlicher erörtert werden. In der Vergangenheit haben die Kämpfe einzelner Staaten um die regionale Vorherrschaft die internationale Politik weitgehend bestimmt. Von nun an steht Amerika vor der Frage, wie es mit regionalen Koalitionen fertig wird, die es aus Eurasien hinauswerfen wollen und damit seinen Status als Weltmacht bedrohen. Ob sich solche Koalitionen tatsächlich bilden, um die amerikanische Vormacht herauszufordern, wird allerdings in sehr hohem Maße davon abhängen, wie die USA auf die hier dargelegten Zwangslagen reagieren.

Das gefährlichste Szenario wäre möglicherweise eine große Koalition zwischen China, Russland und vielleicht dem Iran, ein nicht durch Ideologie, sondern durch die tiefsitzende Unzufriedenheit aller Beteiligten geeintes antihegemoniales Bündnis. Ein solches Bündnis würde in Größenordnung und Reichweite an die Herausforderung erinnern, die einst vom chinesisch-sowjetischen Block ausging, obgleich diesmal wahrscheinlich China die Führung übernähme und Russland sich dieser anschlösse. Um diese Eventualität, wie fern sie auch sein mag, abzuwenden, müssen die Vereinigten Staaten gleichzeitig an der westlichen, östlichen und südlichen Peripherie Eurasiens geostrategisches Geschick beweisen.

Eine geographisch begrenztere, womöglich aber noch folgenreichere Herausforderung könnte eine chinesisch-japanische Achse bedeuten, sollte Amerikas Stellung im Fernen Osten zusammenbrechen und sich Japans Weltsicht auf revolutionäre Weise ändern. Eine solche Achse verbände die Macht zweier außerordentlich produktiver Völker und könnte sich eine gewisse Form von »Asianismus« als eine beide Partner vereinigende antiamerikanische Lehre zunutze machen. Angesichts der beiderseitigen historischen Erfahrung scheint es jedoch unwahrscheinlich, dass China und Japan in absehbarer Zukunft miteinander ein Bündnis eingehen; allerdings sollte eine weitblickende amerikanische Politik in Fernost sehr wohl in der Lage sein, das Eintreten eines solchen Falls zu verhindern.

Nicht minder abseitig, aber nicht völlig auszuschließen ist die Möglichkeit einer großen europäischen Neuorientierung, die entweder eine deutsch-russische Absprache oder eine französisch-russische Entente zur Folge hätte. Für beide gibt es in der Geschichte eindeutige Präzedenzfälle, und zu einer von beiden könnte es kommen, wenn die europäische Einigung ins Stocken geriete und sich die Beziehungen zwischen Europa und Amerika ernsthaft verschlechtern sollten. Tatsächlich könnte man sich im letzteren Falle eine europäisch-russische Übereinkunft vorstellen, die Amerika vom Kontinent ausschlösse. Gegenwärtig scheinen alle diese Varianten unwahrscheinlich, andernfalls müssten sich nicht nur die Amerikaner in ihrer Europapolitik schwer vertun, sondern auch aufseiten der wichtigsten europäischen Staaten müsste eine dramatische Um- oder Neuorientierung erfolgen.

Was die Zukunft auch bringen mag, der Schluss liegt nahe, dass die amerikanische Vormachtstellung auf dem eurasischen Kontinent durch Turbulenzen und vielleicht zumindest sporadische Ausbrüche von Gewalt erschüttert werden wird. Sie könnte neuen Herausforderungen ausgesetzt sein, sei es von Anwärtern auf regionale Machtpositionen, sei es von neuen Konstellationen. Das gegenwärtig herrschende globale System der USA, in dem »die Kriegsgefahr vom Tisch ist«, bleibt aller Wahrscheinlichkeit nach nur in den Teilen der Welt stabil, in denen sich die von einer langfristigen Geostrategie gelenkte Vormachtstellung Amerikas auf vergleichbare und wesensverwandte soziopolitische Systeme stützt, die miteinander durch multilaterale, von Amerika dominierte Strukturen verbunden sind.

3

DER DEMOKRATISCHE BRÜCKENKOPF

Europa ist Amerikas natürlicher Verbündeter. Es teilt dieselben Werte und, im Wesentlichen, dasselbe religiöse Erbe; es ist demokratischen Prinzipien verpflichtet und die ursprüngliche Heimat der großen Mehrzahl der Amerikaner. Beim Versuch der Integration von ehemaligen Nationalstaaten in eine gemeinsame supranationale Wirtschafts- und schließlich auch politische Union weist Europa außerdem den Weg zu größeren Formen postnationaler Organisation, jenseits der engstirnigen Visionen und zerstörerischen Leidenschaften, die dem Zeitalter des Nationalismus sein Gepräge gaben. Es ist bereits die am multilateralsten organisierte Weltregion (siehe Tabelle auf Seite 87). Eine erfolgreich verlaufende politische Vereinigung würde etwa 400 Millionen Menschen unter einem demokratischen Dach zusammenschließen, die einen den Vereinigten Staaten vergleichbaren Lebensstandard genießen. Ein solches Europa müsste zwangsläufig eine Weltmacht werden.

Außerdem dient Europa als Sprungbrett für die fortschreitende Ausdehnung demokratischer Verhältnisse bis tief in den euroasiatischen Raum hinein. Europas Osterweiterung würde den Sieg der Demokratie in den 1990er-Jahren festigen. Auf politischer und wirtschaftlicher Ebene entspräche sie im Wesentlichen dem europäischen Zivilisationsgebiet des einstigen römisch-christlichen Europas, das durch das gemeinsame, christlich-abendländische Erbe Europas definiert wurde. Ein solches Europa hat es schon einmal gegeben, vor dem

Zeitalter der Nationalstaaten und der nachfolgenden Teilung des Kontinents in eine amerikanisch und eine sowjetisch dominierte Hälfte. Ein solches größeres Europa könnte eine magnetische Anziehung auf die weiter im Osten liegenden Staaten ausüben und mit der Ukraine, Weißrussland und Russland ein Beziehungsgeflecht aufbauen, sie zu einer immer engeren Zusammenarbeit bewegen und im gleichen Zuge für die gemeinsamen demokratischen Prinzipien gewinnen. Schließlich könnte ein solches Europa sogar ein Eckpfeiler einer unter amerikanischer Schirmherrschaft stehenden größeren eurasischen Sicherheits- und Kooperationsstruktur werden.

Vor allen Dingen aber ist Europa Amerikas unverzichtbarer geopolitischer Brückenkopf auf dem eurasischen Kontinent. Europa ist für die USA von enormem geostrategischem Interesse. Anders als die Bindungen an Japan verankert das Atlantische Bündnis den politischen Einfluss und die militärische Macht Amerikas unmittelbar auf dem eurasischen Festland. Beim derzeitigen Stand der amerikanisch-europäischen Beziehungen, da die verbündeten europäischen Nationen immer noch stark auf den Sicherheitsschild der USA angewiesen sind, erweitert sich mit jeder Ausdehnung des europäischen Geltungsbereichs automatisch auch die direkte Einflusssphäre der Vereinigten Staaten. Umgekehrt wäre ohne diese engen transatlantischen Bindungen Amerikas Vormachtstellung in Eurasien schnell dahin. Seine Kontrolle über den Atlantischen Ozean und die Fähigkeit, Einfluss und Macht tiefer in den euroasiatischen Raum hinein geltend zu machen, wären dann äußerst begrenzt.

Das Problem besteht jedoch darin, dass es ein rein europäisches »Europa« gar nicht gibt. Es ist eine Vision, eine Vorstellung und ein Ziel, aber noch nicht Wirklichkeit. Westeuropa ist bereits ein gemeinsamer Markt, aber weit davon entfernt, eine politische Einheit zu bilden. Ein politisches Europa muss erst noch entstehen. Die Krise in Bosnien bot hierfür einen traurigen Beweis, sofern es denn eines solchen bedurft hätte. Tatsache ist schlicht und einfach, dass Westeuropa und zunehmend auch Mitteleuropa weitgehend ein amerikanisches Protektorat bleiben, dessen alliierte Staaten an Vasallen und Tribut-

Die europäischen Organisationen bis 1995

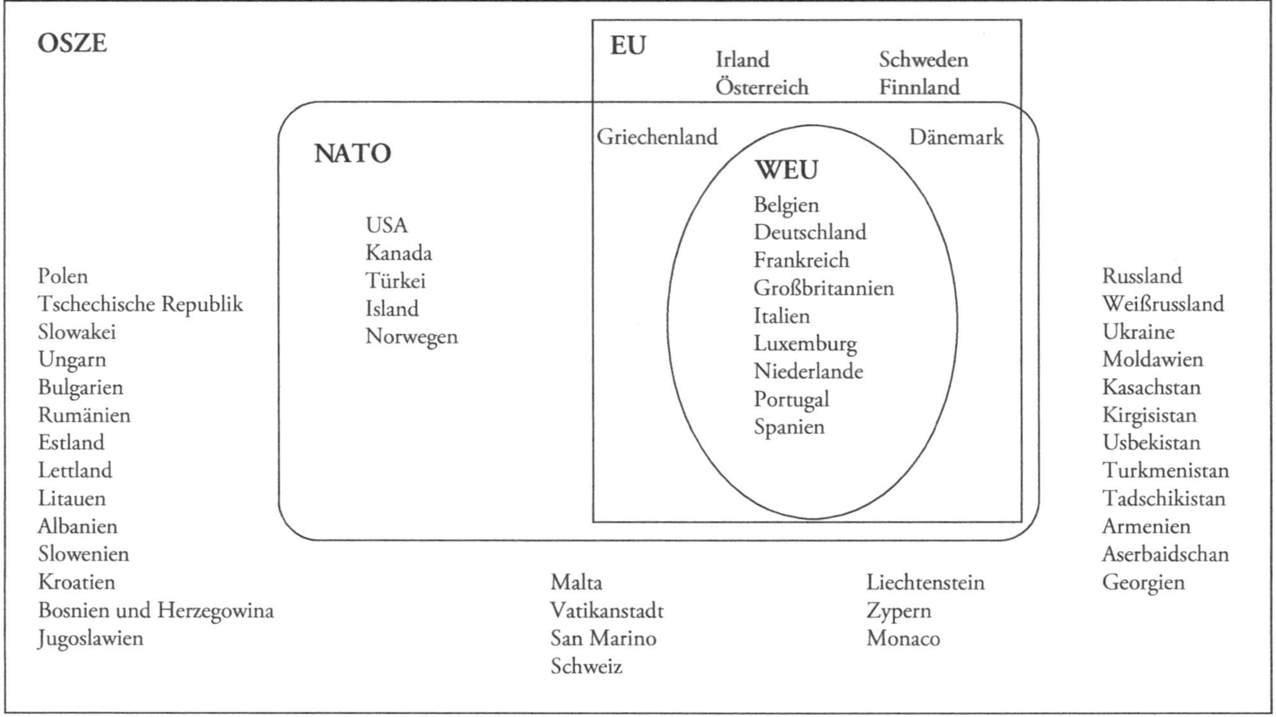

pflichtige von einst erinnern. Dies ist kein gesunder Zustand, weder für Amerika noch für die europäischen Nationen.

Das Ganze wird dadurch verschlimmert, dass in Europa ein Nachlassen innerer Vitalität bedenklich um sich greift. Neben der Legitimität des bestehenden sozioökonomischen Systems scheint sogar das oberflächliche Bewusstsein europäischer Identität verwundbar zu sein. In mehreren europäischen Staaten lassen sich eine Vertrauenskrise und ein Verlust kreativen Schwungs feststellen, die mit einer auf die größeren Probleme in der Welt isolationistisch und eskapistisch reagierenden inneren Einstellung einhergehen. Es ist nicht klar, ob die meisten Europäer überhaupt eine künftige Großmacht Europa wollen und ob sie bereit sind, das für ihr Zustandekommen Nötige zu tun. Selbst der noch in Resten bestehende, gegenwärtig recht schwache europäische Antiamerikanismus ist merkwürdig zynisch: Die Europäer beklagen die Hegemonie der USA, nehmen deren Schutz aber durchaus in Anspruch.

Die politische Dynamik zur europäischen Vereinigung ging einmal von drei wesentlichen Impulsen aus: der Erinnerung an die beiden zerstörerischen Weltkriege, dem Wunsch nach wirtschaftlicher Erholung und der Unsicherheit infolge der sowjetischen Bedrohung. Mitte der 1990er-Jahre waren diese Impulse verpufft. Die wirtschaftliche Erholung ist im Großen und Ganzen eingetreten; das eigentliche Problem, das Europa in zunehmendem Maße zu schaffen macht, ist ein extrem belastendes Sozialsystem, das die Wirtschaftskraft schwächt, während der leidenschaftliche Widerstand, den einzelne Interessengruppen jedweder Reform entgegensetzen, die politische Aufmerksamkeit Europas nach innen lenkt. Die sowjetische Bedrohung ist verschwunden, wohingegen das Anliegen einiger Europäer, sich von der amerikanischen Bevormundung zu befreien, nicht in ein unwiderstehliches Verlangen nach kontinentaler Einigung umgesetzt wurde.

Der Auftrieb zu einem geeinten Europa geht mehr und mehr von dem riesigen Behördenapparat aus, den die Europäische Gemeinschaft und ihre Nachfolgerin, die Europäische Union, hervorgebracht hat. Der Gedanke der Einheit erfreut sich bei der Bevölkerung noch immer bemerkenswert breiter Unterstützung, aber er ist eher lau, es fehlt ihm an Begeisterung und Sendungsbewusstsein. Im Allgemeinen macht das heutige Westeuropa den Eindruck einer Reihe von gequälten, unzusammenhängenden, bequemen und dennoch sozial unzufriedenen und bekümmerten Gesellschaften, die keine zukunftweisende Vision mehr haben. Die europäische Einigung ist zunehmend ein Prozess und kein Faktum.

Dennoch engagieren sich die politischen Eliten zweier führender europäischer Nationen weiterhin in ihrer großen Mehrheit für das Ziel, ein Europa zu gestalten und vertraglich festzulegen, das diesen Namen wirklich verdient. Sie sind die wichtigsten Architekten Europas. Aus ihrer Zusammenarbeit könnte ein seiner Vergangenheit und seinen Möglichkeiten würdiges Europa entstehen. Indes tritt jeder für eine etwas andere Vorstellung und Bauweise ein, und keiner der beiden ist stark genug, sich durchzusetzen.

Diese Sachlage sollte die Vereinigten Staaten zu einem entschiedenen Eingreifen veranlassen. Sie erzwingt geradezu ein Engagement Amerikas für Europas Einheit, denn der Einigungsprozess könnte sonst ins Stocken geraten und sich allmählich sogar wieder rückläufig entwickeln. Ehe sich die USA aber am Bau Europas beteiligen, müssen sie sich darüber im Klaren sein, welche Art Europa sie wollen und zu fördern bereit sind – einen gleichberechtigten oder einen Juniorpartner –, und wie weit Europäische Union und NATO reichen sollen. Es erfordert zudem einen behutsamen Umgang mit den beiden wichtigsten Architekten Europas.

Grandeur und Erlösung

Frankreich erhofft sich durch Europa seine Wiedergeburt, Deutschland seine Erlösung. Diese unterschiedlichen Motivationen helfen ein gutes Stück weit, die Ziele der alternativen deutschen und französischen Europa-Entwürfe zu erklären und zu bestimmen.

Für Frankreich ist Europa das Mittel, seine einstige Größe wiederzuerlangen. Schon vor dem Zweiten Weltkrieg machten sich ernst zu nehmende französische Politikwissenschaftler Sorgen über den fortschreitenden Verfall der zentralen Rolle Europas in der Weltpolitik. In den Jahrzehnten des Kalten Kriegs schlug diese Sorge in Groll über die »angelsächsische« Dominanz über den Westen um, ganz zu schweigen von der Verachtung für die damit einhergehende »Amerikanisierung« der westlichen Kultur. Die Schaffung eines authentischen Europas – mit den Worten Charles de Gaulles »vom Atlantik bis zum Ural« – sollte diesen beklagenswerten Zustand beheben. Und da in einem solchen Europa Paris die Führung übernehmen müsste, würde Frankreich zugleich jene Größe zurückgewinnen, welche die Franzosen immer noch für das besondere Los ihrer Nation halten.

Deutschland sieht im Engagement für Europa die Gründe für nationale Erlösung, während es sicherheitspolitisch auf eine enge Bindung an Amerika nicht verzichten kann. Folglich ist ein Europa, das seine Unabhängigkeit von Amerika stärker hervorkehrt, keine brauchbare Alternative. Für Deutschland bedeutet Erlösung + Sicherheit = Europa + Amerika. Diese Formel umreißt seine Haltung und Politik, macht es zugleich zu Europas Musterknaben und zum stärkeren Anhänger Amerikas in Europa.

Deutschland versteht sein glühendes Eintreten für Europa als historische Reinigung, als Wiederherstellung seiner moralischen und politischen Reputation. Indem es sich mit Europa entsühnt, stellt Deutschland seine Größe wieder her, während es zugleich eine Mission übernimmt, die nicht automatisch europäische Ressentiments und Ängste gegen die Deutschen mobilisiert. Verfolgen die Deutschen nämlich ihr eigenes nationales Interesse, so laufen sie Gefahr, die anderen Europäer vor den Kopf zu stoßen; fördern sie jedoch das gemeinsame Interesse Europas, trägt ihnen das die Unterstützung und den Respekt der anderen Europäer ein.

In den zentralen Fragen des Kalten Kriegs war Frankreich ein loyaler, engagierter und entschlossener Verbündeter. Es stand, wenn es darauf ankam, Seite an Seite mit Amerika. Ob während der beiden

Berlin-Blockaden oder während der Kubakrise, es gab keinen Zweifel an Frankreichs Festigkeit. Diese Unterstützung der NATO wurde jedoch durch das gleichzeitige Bestreben Frankreichs gedämpft, eine politische Identität eigener Art zu behaupten und sich im Wesentlichen seine Handlungsfreiheit zu bewahren, insbesondere in Belangen, die mit Frankreichs Status in der Welt oder der Zukunft Europas zu tun hatten.

Es hat etwas wahnhaft Obsessives, wie stark die französische Polit-Elite der Gedanke beschäftigt, dass Frankreich immer noch eine Weltmacht ist. Als Premierminister Alain Juppé im Mai 1995 vor der Nationalversammlung erklärte, dass »Frankreich seinen Ruf als Weltmacht behaupten kann und muss« (womit er nichts anderes sagte als seine Vorgänger), brach die Versammlung in spontanen Beifall aus. Mit seinem Beharren auf einer eigenen atomaren Abschreckung wollte Frankreich vor allem seine Handlungsfreiheit vergrößern und gleichzeitig Entscheidungen auf Leben und Tod, welche die Amerikaner in Sicherheitsfragen für die Allianz insgesamt trafen, beeinflussen können. Sich gegenüber der Sowjetunion zu profilieren, lag Frankreich fern, denn seine atomare Abschreckung war für die sowjetische Kriegsmaschinerie allenfalls von marginaler Bedeutung. Vielmehr meinte Paris, durch eigene Atomwaffen eine Rolle in den hochrangigsten und gefährlichsten Entscheidungsfindungsprozessen des Kalten Kriegs einnehmen zu können.

Nach französischer Überzeugung untermauerte der Besitz von Nuklearwaffen Frankreichs Anspruch, eine Weltmacht zu sein und eine Stimme zu haben, die weltweit Respekt genießt. Tatsächlich stärkte er Frankreichs Position als eines der fünf vetoberechtigten Mitglieder im UN-Sicherheitsrat, die ebenfalls Atommächte sind. Aus französischer Perspektive war die nukleare Abschreckung Großbritanniens nur der verlängerte Arm der amerikanischen Atommacht, vor allem da sich die Briten auf ihr besonderes Verhältnis zu den USA festlegten und sich bei den Bemühungen, ein unabhängiges Europa zu bauen, entsprechend zurückhielten. (Dass das französische Atomprogramm von heimlicher US-Hilfe deutlich profitierte, war in den Augen der

Franzosen für das strategische Kalkül der »Grande Nation« ohne Belang.) Eine eigene atomare Abschreckung festigte nach französischem Verständnis auch Frankreichs beherrschende Position als führende Macht auf dem europäischen Kontinent, die als einziger kontinentaleuropäischer Staat über Atomwaffen verfügt.

Einen weiteren Ausdruck fanden Frankreichs globale Ambitionen in den entschiedenen Anstrengungen der französischen Regierungen, in den meisten französischsprachigen Ländern Afrikas weiterhin als Sicherheitsmacht präsent zu sein. Trotz des nach langwierigen Kämpfen eingetretenen Verlusts von Vietnam und Algerien sowie der Preisgabe weiterer Kolonien haben diese Sicherheitsmission und die fortbestehende Kontrolle über verstreute Inseln im Pazifik (auf denen die umstrittenen französischen Atomtests stattfanden) die französische Elite in ihrer Überzeugung bestärkt, dass Frankreich eigentlich immer noch eine globale Rolle zu spielen habe, obwohl es im Grunde eine postimperiale europäische Macht mittlerer Ordnung ist.

All dies hat Frankreichs Anspruch auf die Insignien europäischer Führung aufrechterhalten und motiviert. Angesichts eines Großbritanniens, das sich selbst an den Rand manövrierte und im Wesentlichen ein Anhängsel der US-Macht ist, und eines Deutschlands, das während des Kalten Kriegs lange Zeit geteilt und durch seine jüngere Vergangenheit noch immer gehandicapt war, konnte Frankreich die europäische Idee aufgreifen, sich zu eigen machen und sie als gleichbedeutend mit seiner Vorstellung von sich selbst usurpieren. Das Land, das die Idee eines souveränen Nationalstaats erfunden und Nationalgefühl zu einer Art weltlichen Religion gemacht hatte, fand es somit ganz natürlich, sich selbst – mit derselben emotionalen Hingabe, die einst »La Patrie« galt – als die Verkörperung eines unabhängigen, aber geeinten Europas zu sehen. Die Größe eines von Paris geführten Europas fiele dann auf Frankreich selbst zurück.

Diese aus einem tiefen Bewusstsein historischer Bestimmung gespeiste und von einem ungemeinen Stolz auf die eigene Kultur bekräftigte besondere Berufung hat bedeutende politische Implikationen. Der geopolitische Raum, den Frankreich seiner Einflusssphäre vorbehalten – oder dessen Beherrschung durch einen mächtigeren Staat es zumindest verhindern – muss, lässt sich auf der Landkarte als Halbkreis einzeichnen. Er umfasst die Iberische Halbinsel, die nördlichen Küsten des westlichen Mittelmeers und Deutschland bis hin zum östlichen Mitteleuropa (siehe Karte auf dieser Seite). Das ist nicht nur der kleinste französische Sicherheitsradius, ihm gilt auch das größte politische Interesse Frankreichs. Nur wenn die Unterstützung der südeuropäischen Staaten gewährleistet und die Rückendeckung durch Deutschland garantiert sind, kann das Ziel, die Schaffung eines vereinigten und unabhängigen, von Frankreich geführten Europas, wirksam verfolgt werden. Und es liegt auf der Hand, dass innerhalb dieses geopolitischen Orbits der Umgang mit einem zunehmend mächtiger werdenden Deutschland am schwierigsten sein wird.

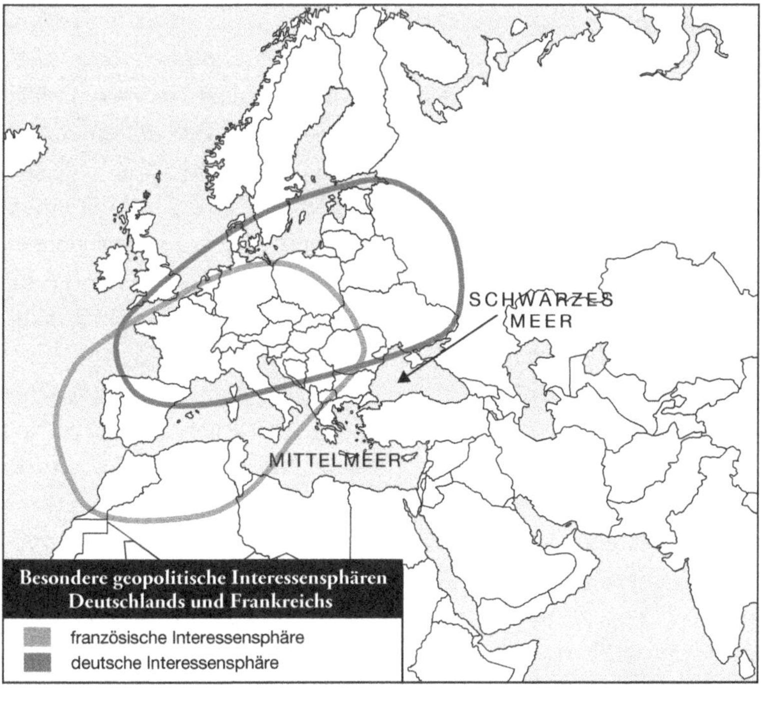

Besondere geopolitische Interessensphären Deutschlands und Frankreichs

Nach französischer Vorstellung kann das zentrale Ziel eines geeinten und unabhängigen Europas dadurch erreicht werden, dass die Vereinigung Europas unter französischer Führung mit dem allmählichen Abbau der amerikanischen Vorrangstellung auf dem Kontinent einhergeht. Wenn jedoch Frankreich Europas Zukunft gestalten soll, muss es Deutschland mit einbeziehen, zugleich aber an die Kette legen, während es Washington seine politische Führungsrolle in europäischen Angelegenheiten Schritt für Schritt abzunehmen sucht. Daraus ergeben sich für Frankreich zwei große Dilemmas: Wie lässt sich ein amerikanisches Sicherheitsengagement für Europa bewahren – das Frankreich weiterhin für unverzichtbar hält – und dabei die amerikanische Präsenz ständig reduzieren? Wie lässt sich die deutsch-französische Partnerschaft als ökonomisch-politischer Motor der europäischen Einigung erhalten und dabei eine deutsche Führung in Europa verhindern?

Wäre Frankreich eine wirkliche Weltmacht, so dürfte die Lösung dieser Zwiespalte in der Verfolgung seines zentralen Ziels nicht schwerfallen. Mit Ausnahme Deutschlands ist kein anderer europäischer Staat von einem solchen Ehrgeiz beseelt oder von einem solchen Sendungsbewusstsein getrieben. Selbst Deutschland ließe sich vielleicht dazu verleiten, eine französische Führungsrolle in einem vereinten, aber (von Amerika) unabhängigen Europa zu akzeptieren, doch nur, wenn es in Frankreich tatsächlich eine Weltmacht sähe, die Europa die Sicherheit verschaffen könnte, die es selbst nicht gewährleisten kann, wohl aber die USA.

Deutschland kennt indessen die wahren Grenzen französischer Macht. Frankreich ist wirtschaftlich viel schwächer als Deutschland und sein Militärapparat (wie der Golfkrieg 1991 gezeigt hat) nicht sehr leistungsfähig. Er reicht gerade aus, um Staatsstreiche in afrikanischen Satellitenstaaten niederzuschlagen, doch kann er weder Europa schützen noch fern von Europa nachhaltigen Einfluss ausüben. Frankreich ist nicht mehr und nicht weniger als eine europäische Macht mittleren Kalibers. Für die Schaffung eines gemeinsamen Europas war daher Deutschland bereit, Frankreichs Stolz versöhnlich zu stimmen; in der Frage der Sicherheit Europas war es hingegen nicht bereit, der Führung Frankreichs blindlings zu folgen. Es besteht weiterhin darauf, dass Amerika für Europas Sicherheit unverzichtbar sei.

Dieser für die hohe Selbsteinschätzung der Franzosen schmerzliche Tatbestand trat nach der deutschen Wiedervereinigung deutlicher zutage. Zuvor erweckte die deutsch-französische Versöhnung den Eindruck, als fahre die politische Führung Frankreichs ganz gut mit der deutschen Wirtschaftsdynamik. Dieser Eindruck wurde auch tatsächlich beiden Parteien gerecht. Der deutsch-französische Gleichklang milderte die traditionellen europäischen Ängste vor Deutschland und bestärkte die Franzosen in ihren Illusionen, weil der Eindruck entstand, die Gestaltung Europas finde unter der Führung Frankreichs und der Mitwirkung eines wirtschaftlich dynamischen Westdeutschlands statt.

Die deutsch-französische Versöhnung war, trotz ihrer Missverständnisse, eine positive Entwicklung für Europa, und ihre Bedeutung kann gar nicht hoch genug bewertet werden. Sie hat sich als eine entscheidende Grundlage für alle im schwierigen Prozess der Einigung bisher erzielten Fortschritte erwiesen. Insofern entsprach sie auch voll und ganz den Interessen der USA und stand im Einklang mit dem langjährigen Engagement der Amerikaner, eine transnationale Zusammenarbeit in Europa voranzubringen. Ein Scheitern der deutsch-französischen Kooperation wäre ein fataler Rückschlag für Europa und ein Desaster für die Position der Vereinigten Staaten in Europa.

Stillschweigende Unterstützung vonseiten der USA ermöglichte es Frankreich und Deutschland, den Prozess der europäischen Einigung voranzutreiben. Die deutsche Wiedervereinigung war für Frankreich ein zusätzlicher Ansporn, Deutschland in ein verbindliches Rahmenwerk einzugliedern. So legten sich am 6. Dezember 1990 der französische Präsident und der deutsche Kanzler auf das Ziel eines föderalen Europas (Europa der Bundesstaaten) fest, und zehn Tage später erteilte die Regierungskonferenz zur Politischen Union in Rom – ungeachtet britischer Vorbehalte – den zwölf Außenministern der europäischen Gemeinschaft den Auftrag, einen Vertragsentwurf für eine politische Union vorzubereiten.

Darüber hinaus veränderte Deutschlands Wiedervereinigung die tatsächlichen Parameter europäischer Politik erheblich. Für Russland wie für Frankreich bedeutete sie eine geopolitische Niederlage. Das vereinte Deutschland war nun nicht nur mehr der politische Juniorpartner Frankreichs, es wurde automatisch die unbestreitbar erste Macht in Westeuropa und – vor allem wegen seiner beträchtlichen Beitragszahlungen zur Unterstützung der wichtigsten internationalen Institutionen – sogar teilweise eine Weltmacht.[7] Die neue Realität bewirkte auf beiden Seiten eine gewisse Ernüchterung, denn Deutschland war jetzt, immer noch als Frankreichs Partner, aber nicht mehr als dessen Protegé, in der Lage und willens, seine Vision eines zukünftigen Europas zu artikulieren und voranzutreiben.

Da Frankreich nunmehr weniger politische Druckmittel in der Hand hatte, sah es sich zu verschiedenen Konsequenzen gezwungen. In irgendeiner Form musste es größeren Einfluss innerhalb der NATO gewinnen – von der es aus Protest außerdem seine relative Schwäche mit größeren diplomatischen Manövern kompensieren musste. Eine Rückkehr in die NATO könnte Frankreich mehr Einflussmöglichkeiten auf Amerika einräumen, gelegentliche Flirts mit Moskau oder London könnten sowohl auf Amerika als auch auf Deutschland von außen Druck erzeugen.

Infolgedessen kehrte Frankreich, eher aus taktischen Gründen denn aus Überzeugung, in die Kommandostruktur der NATO zurück. De facto beteiligte es sich bereits 1994 wieder aktiv an den politischen und militärischen Entscheidungsprozessen der NATO; seit Ende 1995 sind der französische Außen- und der Verteidigungsminister regelmäßig bei den Sitzungen des Verteidigungsbündnisses anwesend. Allerdings zu einem entsprechenden Preis: Nachdem sie erst einmal voll integriert waren, bekräftigten sie erneut ihre Entschlossenheit, die

---

7 Beispielsweise bestreitet Deutschland einen Anteil am Gesamtbudget der EU von 28,5 Prozent, der NATO von 22,8 Prozent und der UN von 8,93 Prozent; zudem ist es der größte Aktionär der Weltbank und der Europäischen Bank für Wiederaufbau und Entwicklung.

Struktur des Bündnisses zu reformieren, um auf mehr Gleichgewicht zwischen der amerikanischen Führung und den europäischen Teilnehmern hinzuwirken. Die Franzosen wünschten ein ausgeprägteres Profil und eine größere Rolle für eine kollektive europäische Komponente, wie der französische Außenminister Hervé de Charette in einer Rede vom 8. April 1996 darlegte: »Für Frankreich besteht das grundlegende Ziel [der Annäherung] darin, eine europäische Identität innerhalb des Bündnisses geltend zu machen, die operationell glaubwürdig und politisch sichtbar ist.«

Gleichzeitig scheute sich Paris keineswegs, seine traditionell guten Beziehungen zu Russland taktisch auszuschlachten, um die Amerikaner in ihrer Europapolitik unter Druck zu setzen und, wann immer zweckdienlich, die alte französisch-britische Entente wiederzubeleben, um Deutschlands wachsender Vormachtstellung in Europa zu begegnen. Der französische Außenminister war nahe daran, dies offen auszusprechen, als er im August 1996 erklärte, dass »Frankreich, wenn es eine internationale Rolle spielen will, bereit ist, von der Existenz eines starken Russlands zu profitieren sowie ihm zu helfen, sich wieder als Großmacht zu behaupten«, und damit den russischen Außenminister zu der Entgegnung veranlasste, dass »von allen Regierungschefs der Welt die Franzosen diejenigen sind, die in ihrem Verhältnis zu Russland noch am ehesten eine konstruktive Haltung einnehmen«.[8]

Frankreichs anfänglich lauwarme Unterstützung einer NATO-Osterweiterung – konkret, seine kaum unterdrückte Skepsis, ob sie überhaupt erstrebenswert sei – war somit teilweise eine Taktik, die ihm bei den Verhandlungen mit den Vereinigten Staaten mehr Druckmittel in die Hand geben sollte. Eben weil Amerika und Deutschland die Hauptbefürworter einer NATO-Erweiterung waren, gefiel sich Frankreich darin, Gelassenheit zu demonstrieren, widerstrebend zuzustimmen, Bedenken über die mögliche Auswirkung dieser Initiative auf Russland vorzutragen und sich als Europas verständnisvollster Ge-

---

[8] Zitiert in *Le Nouvel Observateur*, 12. August 1996

sprächspartner mit Moskau zu gerieren. Bei einigen Mitteleuropäern erweckten die Franzosen sogar den Eindruck, als hätten sie nichts gegen eine russische Einflusssphäre in Osteuropa. Die russische Karte hielt nicht nur Amerika in Schach und sandte eine nicht allzu verblümte Botschaft an die Adresse Deutschlands, sondern verstärkte auch den Druck auf die USA, die französischen Vorschläge für eine Reform der NATO wohlwollend zu betrachten.

Letztlich werden einer NATO-Erweiterung alle 16 Mitglieder zustimmen müssen. Paris wusste, dass seine Einwilligung für diese Einstimmigkeit ebenso unabdingbar war, wie Frankreichs Unterstützung gebraucht wurde, um Obstruktion vonseiten anderer Bündnismitglieder zu vermeiden. So machte es denn auch kein Hehl aus seiner Absicht, die Unterstützung einer NATO-Erweiterung davon abhängig zu machen, ob sich Amerika schließlich der französischen Entschlossenheit beugt, das Machtgleichgewicht innerhalb der Allianz und auch deren Grundstruktur zu verändern.

Ähnlich lau war zunächst Frankreichs Befürwortung einer Osterweiterung der Europäischen Union. Hier übernahm Deutschland, unterstützt von den USA, die Führung, allerdings in diesem Fall nicht mit demselben Engagement wie in der Frage der NATO-Erweiterung. Obwohl Frankreich in der NATO gern argumentierte, dass eine erweiterte EU eine passendere Dachorganisation für die früheren kommunistischen Staaten biete, meldete es, als Deutschland auf eine schnellere Erweiterung der EU nach Mitteleuropa hin drang, technische Bedenken an und forderte außerdem, dass die EU Europas ungeschützter mediterraner Südflanke die gleiche Aufmerksamkeit widme. (Diese Meinungsverschiedenheiten traten bereits beim deutsch-französischen Gipfel im November 1994 zutage.) Der Nachdruck, den die Franzosen auf den letzten Punkt legten, sicherte ihnen zudem die Unterstützung südeuropäischer NATO-Mitglieder zu und optimierte Frankreichs Verhandlungsposition insgesamt. Der Preis dafür war indes eine immer größer werdende Kluft zwischen den von Frankreich beziehungsweise Deutschland vertretenen geopolitischen Vorstellungen Europas, eine Kluft, die sich nur teilweise schloss, als

Frankreich in der zweiten Hälfte des Jahres 1996 dem Beitritt Polens zur NATO und zur EU mit Verspätung zustimmte.

Diese Kluft war angesichts des sich verändernden historischen Umfelds unvermeidlich. Seit dem Ende des Zweiten Weltkriegs hatte das demokratische Deutschland erkannt, dass diese deutsch-französische Aussöhnung die Voraussetzung für die Schaffung einer europäischen Gemeinschaft innerhalb der westlichen Hälfte des geteilten Europas war. Diese Versöhnung war nicht zuletzt für Deutschlands historische Rehabilitierung von zentraler Bedeutung. Von daher war die Akzeptanz der französischen Führungsrolle ein angemessener Preis. Gleichzeitig machte die fortdauernde sowjetische Bedrohung eines verwundbaren Westdeutschlands die Loyalität gegenüber Amerika zu einer überlebenswichtigen Voraussetzung – was selbst die Franzosen erkannten. Nach dem Zusammenbruch der Sowjetunion war für die Bildung eines größeren und geeinteren Europas eine Unterordnung unter Frankreich aber weder notwendig noch von Vorteil. Eine gleichberechtigte deutsch-französische Partnerschaft, in der das wiedervereinigte Deutschland nun tatsächlich der stärkere Partner war, war für Paris mehr als ein faires Geschäft; Frankreich würde Deutschlands Vorliebe für eine direkte Sicherheitsschiene zu seinem transatlantischen Verbündeten und Beschützer einfach hinnehmen müssen.

Mit dem Ende des Kalten Kriegs erhielt das Verhältnis zu den USA für Deutschland eine neue Bedeutung. In der Vergangenheit hatte es Deutschland vor einer äußeren, aber sehr unmittelbaren Bedrohung geschützt und war die notwendige Voraussetzung für die schließlich eingetretene Wiedervereinigung des Landes gewesen. Nach der Auflösung der Sowjetunion bot die Verbindung zu Amerika dem wiedervereinigten Deutschland den Schirm, unter dem es offener eine Führungsrolle in Mitteleuropa übernehmen konnte, ohne dadurch gleichzeitig seine Nachbarn zu bedrohen. Die Beziehung zu den USA stellte mehr als ein Zeugnis für gutes Benehmen aus: Sie versicherte den deutschen Nachbarn, dass ein enges Verhältnis zu Deutschland auch ein engeres Verhältnis zu Amerika bedeutete. All das erleichterte es Deutschland, eigene geopolitische Prioritäten unumwunden offenzulegen.

Deutschland – fest in Europa verankert und harmlos, aber durch die sichtbare militärische Präsenz der Amerikaner sicherer geworden – konnte nun die Integration des jüngst befreiten Mitteleuropas in europäische Strukturen vorantreiben. Es würde nicht mehr das alte Mitteleuropa des deutschen Imperialismus sein, sondern eine friedliebende Gemeinschaft wirtschaftlicher Erneuerung, die durch deutsche Investitionen und Handelsbeziehungen angespornt und von einem Deutschland ermuntert wird, das außerdem als Befürworter der schließlich auch offiziellen Einbindung des neuen Mitteleuropas in EU und NATO auftritt. Da die deutsch-französische Allianz für Deutschland die unverzichtbare Plattform darstellt, um eine entschiedenere Rolle in der Region zu spielen, braucht es keine Hemmungen mehr zu haben, sich im Bereich seines besonderen Interesses zu behaupten.

Auf der Europakarte könnte die Zone, die für Deutschland von besonderem Interesse ist, in der Form eines Rechtecks eingezeichnet werden, das im Westen natürlich Frankreich einschließt und im Osten die erst vor Kurzem in die Freiheit entlassenen postkommunistischen Staaten Mitteleuropas einschließlich der baltischen Republiken Estland, Lettland und Litauen, sowie Weißrusslands und der Ukraine umfasst, und sogar bis nach Russland hineinreicht. In vielerlei Hinsicht entspricht dieses Gebiet dem historischen Einflussbereich konstruktiver deutscher Kultur, den in pränationalistischer Zeit deutsche Städtegründer und bäuerliche Siedler im östlichen Mitteleuropa und in den heutigen baltischen Republiken geformt hatten, die sämtlich im Verlauf des Zweiten Weltkriegs vertrieben wurden. Wichtiger noch, die Bereiche, die für die Franzosen (wie oben erörtert) und die Deutschen von besonderem Belang sind, entsprechen, wenn man sie wie auf der vorhergehenden Karte gemeinsam betrachtet, den westlichen und östlichen Grenzen Europas, während die Überschneidungen zwischen beiden die entscheidende geopolitische Bedeutung der deutsch-französischen Beziehungen als unverzichtbaren Kern Europas unterstreichen.

Der entscheidende Durchbruch für ein selbstbewussteres Auftreten Deutschlands in Mitteleuropa wurde durch die während der 1990er-Jahre zustande gekommene deutsch-polnische Versöhnung erzielt. Trotz eines gewissen anfänglichen Widerstrebens erkannte das wiedervereinigte Deutschland (gedrängt von den USA) die Oder-Neiße-Linie als endgültige Grenze zu Polen an, und dieser Schritt beseitigte den einzigen substanziellen Vorbehalt Polens gegen engere Beziehungen zum deutschen Nachbarn. Nach einigen weiteren Gesten des guten Willens und der Vergebung auf beiden Seiten wandelte sich das Verhältnis durchschlagend. Der deutsch-polnische Handel explodierte förmlich (1995 überflügelte Polen Russland als Deutschlands größten Handelspartner im Osten), Deutschland trat am entschiedensten für eine Mitgliedschaft Polens in der EU und (zusammen mit den Vereinigten Staaten) für seine Aufnahme in die NATO ein. Ohne Übertreibung kann man behaupten, dass spätestens Mitte des Jahrzehnts die deutsch-polnische Versöhnung eine geopolitische Bedeutung in Mitteleuropa gewonnen hat, die den früheren Auswirkungen der deutsch-französischen Versöhnung auf Westeuropa durchaus entspricht.

Dank Polen konnte der deutsche Einfluss nach Norden – ins Baltikum – sowie nach Osten – bis in die Ukraine und Weißrussland – ausstrahlen. Der Geltungsbereich der deutsch-polnischen Aussöhnung wurde überdies dadurch etwas erweitert, dass man Polen bei wichtigen deutsch-französischen Gesprächen über die Zukunft Europas mit einbezog. Das sogenannte Weimarer Dreieck (nach der Stadt benannt, in der die ersten hochrangigen trilateralen deutsch-französisch-polnischen Konsultationen stattfanden, die seither regelmäßig wiederholt werden) schuf eine möglicherweise bedeutsame geopolitische Achse auf dem europäischen Kontinent, die etwa 180 Millionen Menschen aus drei Nationen mit einem hochentwickelten Nationalbewusstsein umfasst. Auf der einen Seite stärkte dies Deutschlands dominierende Rolle in Mitteleuropa noch weiter, die auf der anderen Seite durch die Teilnahme Frankreichs und Polens am dreiseitigen Dialog wiederum etwas ausbalanciert wurde.

Das unverkennbare deutsche Engagement für eine Osterweiterung der wichtigsten europäischen Institutionen hat die Akzeptanz einer deutschen Führung in Mitteleuropa – die bei den kleineren mitteleuropäischen Staaten noch stärker vorhanden ist – erleichtert. Mit seinem entschiedenen Einsatz übernahm Deutschland eine historische Mission, die von einigen recht tiefverwurzelten westeuropäischen Auffassungen erheblich abweicht, denen zufolge alles, was östlich von Deutschland und Österreich passiert, als für das eigentliche Europa ohne Belang erschien. Diese Meinung – im frühen 18. Jahrhundert von Lord Bolingbroke[9] geäußert, der erklärte, politische Gewalt im Osten sei für die Westeuropäer ohne Bedeutung – tauchte im Münchner Abkommen 1938 wieder auf; eine traurige Neuauflage erlebte sie in der Haltung der britischen und französischen Regierung während des Bosnien-Konflikts Mitte der 1990er-Jahre und ist unter der Oberfläche der laufenden Debatten über die Zukunft Europas immer noch virulent.

Im Unterschied dazu ging es in der deutschen Diskussion eigentlich nur darum, ob zuerst die NATO oder die EU erweitert werden sollte – der Verteidigungsminister bevorzugte Ersteres, der Außenminister sprach sich für Letzteres aus –, mit dem Ergebnis, dass Deutschland der unbestrittene Apostel eines größeren und geeinteren Europas wurde. Der deutsche Kanzler sprach vom Jahr 2000 als dem Zieldatum der ersten EU-Osterweiterung, und der deutsche Verteidigungsminister gehörte zu den ersten, die den 50. Jahrestag der NATO-Gründung als das passende symbolische Datum für eine Ausdehnung des Bündnisses nach Osten vorschlugen. Deutschlands Konzeption einer Zukunft Europas unterschied sich somit von der seiner wichtigsten europäischen Verbündeten; die Briten sprachen sich für ein größeres Europa aus, weil sie in einer Erweiterung ein Mittel sahen, die europäische Einheit zu verwässern; die Franzosen befürchteten, dass eine solche Erweiterung Deutschlands Rolle stär-

9 Vgl. seine *History of Europe, from the Pyrenean Peace to the Death of Louis XIV.*

ken würde, und plädierten daher für eine begrenztere Integration. Deutschland machte sich für beides stark und erlangte dadurch in Mitteleuropa ein ganz eigenes Ansehen.

Amerikas zentrales Ziel

Für die USA lautet die zentrale Frage: Wie baut man ein auf der deutsch-französischen Partnerschaft basierendes, lebensfähiges Europa, das mit Amerika verbunden bleibt und den Geltungsbereich des demokratischen Systems internationaler Zusammenarbeit erweitert, auf das ihre wirkungsvolle Wahrnehmung seiner globalen Vorrangstellung so sehr angewiesen ist? Es geht also nicht darum, die Wahl zwischen Deutschland oder Frankreich zu treffen. Ohne Deutschland wird es ebenso wenig ein Europa geben wie ohne Frankreich.

Aus den bisherigen Ausführungen ergeben sich drei Schlussfolgerungen:

1. Das Engagement der USA für die Sache der europäischen Einigung ist vonnöten, um die moralische und Sinnkrise, die Europas Lebenskraft geschwächt hat, wieder wettzumachen, um den weit verbreiteten Verdacht der Europäer, Amerika wolle letztendlich gar keine wirkliche europäische Einheit, zu entkräften und um dem europäischen Unterfangen die notwendige Dosis demokratischer Begeisterung einzuflößen. *Dies erfordert ein klares Bekenntnis Amerikas, Europa als seinen globalen Partner zu akzeptieren.*
2. Kurzfristig ist eine taktische Opposition gegen die französische Politik und eine Unterstützung der deutschen Führungsrolle gerechtfertigt; langfristig wird ein geeintes Europa zu einer klareren politischen und militärischen Identität finden müssen, wenn ein echtes Europa tatsächlich Wirklichkeit werden soll. *Dies erfordert eine gewisse Annäherung an den französischen Standpunkt hinsichtlich der Machtverteilung in den transatlantischen Institutionen.*

3. Weder Frankreich noch Deutschland sind stark genug, um Europa nach ihren Vorstellungen zu bauen oder mit Russland die strittigen Probleme zu lösen, die eine Festlegung der geographischen Reichweite Europas zwangsläufig aufwirft. *Dies erfordert ein energisches, konzentriertes und entschlossenes Einwirken Amerikas besonders auf die Deutschen, um die Ausdehnung Europas zu bestimmen und um mit – vor allem für Russland – derart heiklen Angelegenheiten wie dem etwaigen Status der baltischen Staaten und der Ukraine innerhalb des europäischen Staatenbundes fertig zu werden.*

Ein Blick auf die Karte der riesigen eurasischen Landmasse offenbart die geopolitische Bedeutung des europäischen Brückenkopfes für Amerika – und auch seine bescheidenen geographischen Ausmaße. Die Erhaltung dieses Brückenkopfs und seine Erweiterung zum Sprungbrett für die Demokratie sind für die Sicherheit Amerikas von unmittelbarer Relevanz. Die zwischen Amerikas weltweitem Interesse an Stabilität sowie der damit verbundenen Verbreitung demokratischer Prinzipien und der scheinbaren Gleichgültigkeit der Europäer gegenüber diesen Fragen (Frankreichs selbst proklamiertem Status als Weltmacht zum Trotz) bestehende Kluft muss überwunden werden; dies kann nur geschehen, wenn Europa mehr und mehr den Charakter eines Bundesstaates annimmt. Aufgrund der Zählebigkeit seiner verschiedenen nationalen Traditionen kann Europa kein Nationalstaat werden, wohl aber eine Einheit, die mit gemeinsamen politischen Institutionen im zunehmenden Maße allen gemeinsame demokratische Werte widerspiegelt. Indem sie deren allgemeine Verbreitung zu ihrem ureigenen Anliegen macht, übt sie eine magnetische Anziehungskraft auf all jene aus, die, zusammen mit ihr, den euroasiatischen Raum bevölkern.

Sich selbst überlassen, laufen die Europäer Gefahr, von ihren sozialen Problemen völlig vereinnahmt zu werden. Die wirtschaftliche Erholung Europas hat die langfristigen Kosten des scheinbaren Erfolgs verschleiert. Diese Kosten wirken sich ökonomisch und politisch schädigend aus. Die Krise der politischen Glaubwürdigkeit und des Wirtschaftswachstums, die Westeuropa zunehmend zu schaffen macht – und die es nicht zu überwinden vermag –, ist in der alle gesellschaftlichen Bereiche erfassenden Ausweitung des sozialstaatlichen Systems, das Eigenverantwortlichkeit kleinschreibt und Protektionismus und Engstirnigkeit begünstigt, tiefverwurzelt. Die Folge ist eine kulturelle Lethargie, eine Kombination von eskapistischem Hedonismus und geistiger Leere, die nationalistische Extremisten oder dogmatische Ideologen für ihre Zwecke ausnützen könnten.

Dieser Zustand könnte sich, wenn er andauerte, für die Demokratie und die europäische Idee als tödlich erweisen. Beide sind nämlich eng miteinander verbunden, denn die neuen Probleme Europas – sei es die Zuwanderung oder die wirtschaftlich-technische Wettbewerbsfähigkeit mit Amerika oder Asien, gar nicht zu reden von der Notwendigkeit einer politisch dauerhaften Reform der bestehenden sozioökonomischen Strukturen – können nur in einem zunehmend kontinentalen Kontext bewältigt werden. Ein Europa, das größer ist als die Summe seiner Teile – das heißt ein Europa, das seine Aufgabe in der Welt darin sieht, die Demokratie voranzubringen und den Menschenrechten immer breitere Geltung zu verschaffen –, verspricht mit höherer Wahrscheinlichkeit politischem Extremismus, engstirnigem Nationalismus oder gesellschaftlichem Hedonismus den Nährboden zu entziehen.

Es bedarf weder der Beschwörung alter Ängste vor einem Sonderabkommen zwischen Deutschland und Russland, noch muss man die Folgen eines taktischen Flirts der Franzosen mit den Russen übertreiben, um im Falle eines Scheiterns der immer noch andauernden Bemühungen um die europäische Einigung die geopolitische Stabilität Europas – und Amerikas Platz darin – gefährdet zu sehen. Ein solches Scheitern würde voraussichtlich die Neuauflage einiger recht traditioneller europäischer Winkelzüge nach sich ziehen. Russland oder Deutschland fänden dann gewiss Anlässe, ihrem geopolitischen Geltungsdrang freien Lauf zu lassen, als ob die neuere Geschichte Europas nicht genug lehrreiche Beispiele bereithielte und ein dauerhafter Erfolg in dieser Hinsicht wahrscheinlich ohnehin nicht zu erzielen wäre. In solch einem Fall würde zumindest Deutschland vermutlich seine *nationalen* Interessen bestimmter und deutlicher geltend machen.

Gegenwärtig sind die Interessen Deutschlands mit denen von EU und NATO deckungsgleich und sogar innerlich geläutert. Selbst die Sprecher des linksgerichteten Bündnis 90/Die Grünen haben eine Erweiterung von NATO und EU befürwortet. Doch sollte der Einigungs- und Erweiterungsprozess zum Stillstand kommen, spricht einiges dafür, dass die deutsche Vorstellung von einer europäischen Ordnung nationalistischere Züge annehmen würde, zum potenziellen Nachteil der Stabilität in Europa. Wolfgang Schäuble, der Fraktionsvorsitzende der Christlichen Demokraten im deutschen Bundestag und ein möglicher Nachfolger von Kanzler Kohl, brachte diese Auffassung mit der Feststellung zum Ausdruck, Deutschland sei nicht länger »das westliche Bollwerk gegen den Osten; wir sind in die Mitte Europas gerückt«, und er betonte, dass »Deutschland während des gesamten Mittelalters ... daran beteiligt war, *in Europa Ordnung zu schaffen*«.[10] Nach dieser Vorstellung wäre Mitteleuropa nicht allein eine Region, in der Deutschland wirtschaftlich das Übergewicht hat, sondern würde ein Gebiet unverhüllter deutscher politischer Vorherrschaft werden und damit die Basis für eine stärker unilateral ausgerichtete deutsche Politik gegenüber dem Osten und dem Westen.

Europa verlöre dann seine Funktion als eurasischer Brückenkopf für amerikanische Macht und als mögliches Sprungbrett für eine Ausdehnung des demokratischen Globalsystems in den eurasischen Kontinent hinein. Deswegen müssen die USA weiterhin tatkräftig und ohne Wenn und Aber für die europäische Einigung eintreten. Obwohl Amerika in der Phase des wirtschaftlichen Wiederaufbaus und innerhalb des Sicherheitsbündnisses die Europäer häufig seiner Unterstützung bei ihrer politischen Einigung versicherte und der internationalen Zusammenarbeit in Europa Rückendeckung gab, hat es zuweilen den Anschein erweckt, als führe es unangenehme wirtschaftliche und

---

10 *Politiken Sondag*, 2. August 1996 [Hervorhebungen durch den Verfasser]

politische Verhandlungen lieber auf bilateraler europäischer Ebene statt mit der Europäischen Union. Da die Amerikaner gelegentlich auf einem Mitspracherecht im europäischen Entscheidungsfindungsprozess bestanden, sahen sich die Europäer gern in ihrem alten Verdacht bestätigt, die USA begrüßten eine Zusammenarbeit unter den Europäern, solange diese dem amerikanischen Vorbild folgen, sträubten sich aber, wenn sie eigene europäische Politik formulieren. Dies ist die falsche Botschaft.

Amerikas Eintreten für die Einheit Europas – nachdrücklich in der gemeinsamen amerikanisch-europäischen Erklärung von Madrid im Dezember 1995 wiederholt – wird so lange hohl klingen, bis die USA nicht nur unumwunden ihre Bereitschaft bekunden, die Konsequenzen einer endgültigen europäischen Einigung zu akzeptieren, sondern auch danach handeln. Europa wäre dann kein gehätschelter, aber gleichwohl zweitrangiger Verbündeter mehr, sondern ein gleichwertiger Partner. Und echte Partnerschaft bedeutet, gemeinsam Entscheidungen zu treffen und auch Verantwortung zu tragen. Mit ihrem Eintreten für diese Sache würden die USA den transatlantischen Dialog beleben helfen und die Europäer dazu anspornen, sich ernsthafter auf die Rolle zu konzentrieren, die ein wirklich gewichtiges Europa in der Welt spielen könnte.

Es ist denkbar, dass eine geeinte und mächtige Europäische Union irgendwann einmal der politische Nebenbuhler der Vereinigten Staaten werden könnte. Auf wirtschaftlich-technischem Gebiet könnte sie zweifellos ein schwieriger Konkurrent werden, zudem könnten ihre geopolitischen Interessen im Nahen Osten und anderswo deutlich von denen der USA abweichen. Mit einem so mächtigen und politisch zielstrebigen Europa ist in absehbarer Zukunft allerdings nicht zu rechnen. Anders als die Vereinigten Staaten zum Zeitpunkt ihrer Gründung sind die europäischen Nationalstaaten historisch tiefverwurzelt, und die Begeisterung für ein transnationales Europa hat deutlich nachgelassen.

Die Alternativen für die nächsten ein, zwei Jahrzehnte sind entweder ein immer größeres und geeinteres Europa, das – wenn auch zögerlich und schubweise – das Ziel kontinentaler Einheit verfolgt; ein Europa in der Sackgasse, das über den gegenwärtigen Stand der Integration und geographischen Ausdehnung nicht hinauskommt, neben einem Mitteleuropa, das ein geopolitisches Niemandsland bleibt; oder, als wahrscheinliche Folge des Stillstands, ein nach und nach zerfallendes Europa, das seine alten Machtkämpfe wieder aufnimmt. Bei einer Stagnation der europäischen Einigung wird Deutschlands Selbstidentifikation mit Europa nahezu zwangsläufig schwinden und das deutsche Staatsinteresse folglich eine nationalere Handschrift tragen. Für Amerika ist die erste Möglichkeit eindeutig die beste, aber damit diese Option Wirklichkeit wird, bedarf es eines massiven Impulses vonseiten der USA.

An diesem Punkt der zögerlichen europäischen Einigung braucht sich Amerika nicht direkt in so heikle Debatten verwickeln zu lassen wie etwa über die Frage, ob die EU ihre außenpolitischen Entscheidungen durch Mehrheitsvotum treffen sollte (eine Position, die besonders von den Deutschen bevorzugt wird); ob das Europaparlament entscheidende gesetzgebende Gewalt annehmen und die Europäische Kommission in Brüssel tatsächlich die europäische Exekutive werden sollte; ob der Zeitplan für die Umsetzung des Abkommens über die europäische Wirtschafts- und Währungsunion gelockert wird, oder schließlich, ob Europa ein breit angelegter Staatenbund oder eine vielschichtige Einheit mit einem föderalen inneren Kern und einem etwas lockereren äußeren Rand sein sollte. Das sind Angelegenheiten, welche die Europäer untereinander ausdiskutieren müssen – und es ist mehr als wahrscheinlich, dass die Fortschritte in all diesen Streitfragen schwankend, von Pausen unterbrochen und schließlich nur durch komplizierte Kompromisse erzielt werden.

Nichtsdestoweniger sollte man vernünftigerweise davon ausgehen, dass die Europäische Währungsunion spätestens im Jahr 2000 in Kraft treten wird, vielleicht anfangs nur mit sechs bis zehn der gegenwärtig 15 EU-Mitglieder. Dies wird die wirtschaftliche Integration Europas beschleunigen und ihrer politischen Integration neuen Auftrieb geben. So entsteht stoßweise, mit einem integrierteren Kern und einem lockeren äußeren Umfeld, ein einiges Europa, das nach und nach ein wichtiger politischer Mitspieler auf dem eurasischen Schachbrett werden wird.

Amerika sollte keinesfalls den Eindruck vermitteln, es bevorzuge eine vagere, wenn auch breitere, europäische Assoziation, sondern durch Wort und Tat seine Bereitschaft bekunden, letztendlich mit der EU in Fragen der internationalen Politik und globalen Sicherheit partnerschaftlich umzugehen, anstatt sie als regionalen gemeinsamen Markt, dessen Mitgliedsstaaten mit den USA durch die NATO verbündet sind, zu behandeln. Um dieses Engagement glaubhafter zu machen und damit über die bloße Partnerschaftsrhetorik hinauszugehen, könnte mit der EU eine gemeinsame Planung neuer bilateraler transatlantischer Entscheidungsfindungsmechanismen zum Vorschlag gebracht und initiiert werden.

Das Gleiche gilt für die NATO als solche. Sie ist für die transatlantische Verbindung von entscheidender Bedeutung. In diesem Punkt besteht zwischen den USA und Europa uneingeschränkter Konsens. Ohne die NATO würde Europa nicht nur verwundbar werden, sondern fast augenblicklich auch politisch in seine Einzelstaaten zerfallen. Die NATO gewährleistet Sicherheit für Europa und gibt einen stabilen Rahmen für die Verfolgung der europäischen Einheit ab. Das macht die NATO für Europa historisch so unverzichtbar.

Im Zuge der allmählichen und zögerlichen europäischen Einigung werden die inneren Strukturen und Abläufe der NATO jedoch entsprechend geändert werden müssen. In dieser Frage haben die Franzosen recht. Man kann nicht eines Tages ein geeintes Europa haben und zugleich ein Verteidigungsbündnis beibehalten, das aus einer Supermacht plus 15 abhängigen Mächten besteht. Wenn Europa einmal eine echte politische Identität sui generis anzunehmen beginnt und die EU einige Funktionen einer supranationalen Regierung übernimmt, wird die NATO auf der Basis einer Eins-plus-eins- (USA + EU)-Formel verändert werden müssen.

Das wird nicht über Nacht und auf einen Schlag geschehen. Fortschritte in diese Richtung werden, um mich zu wiederholen, zögernd erfolgen. Diese Fortschritte müssen aber in den bestehenden Vereinbarungen der Allianz verankert werden, um das Bündnis dynamisch zu erhalten. Ein bedeutsamer Schritt in diese Richtung war die Entscheidung des Bündnisses im Jahr 1996, Raum für die Combined Joint Task Forces zu schaffen und dadurch die Möglichkeit von europäischen Militäraktionen ins Auge zu fassen, die ebenso auf der Logistik des Bündnisses basieren wie auf seiner Kommandostruktur, Kontrolle, Kommunikation und geheimdienstlichen Tätigkeit.

Auch ein Entgegenkommen der USA gegenüber Frankreichs Forderungen nach einer gewachsenen Rolle der Westeuropäischen Union innerhalb der NATO, besonders in der Befehlsstruktur und bei der Entscheidungsfindung, wäre ein echter Beitrag zur europäischen Einheit und geeignet, die Kluft zwischen amerikanischem und französischem Selbstverständnis etwas zu verringern.

Längerfristig wird die WEU möglicherweise einige EU-Mitgliedsstaaten umfassen, die aus verschiedenen geopolitischen oder historischen Gründen keine NATO-Mitgliedschaft anstreben. Als Anwärter könnten Finnland, Schweden, vielleicht sogar Österreich infrage kommen, die allesamt bereits bei der WEU Beobachterstatus besitzen.[11] Andere Staaten mögen eine Anbindung an die WEU als einen ersten Schritt zu einer NATO-Mitgliedschaft anstreben. Die WEU könnte auch irgendwann dem Programm Partnerschaft für den Frieden der NATO im Hinblick auf zukünftige Mitglieder der EU nacheifern wollen. All das würde helfen, ein verzweigteres Netz der Zusammenarbeit für die Sicherheit in Europa zu knüpfen, das

---

11 Zu beachten ist, dass einflussreiche Stimmen sowohl in Finnland als auch in Schweden bereits die Möglichkeit eines Anschlusses an die NATO diskutieren. Im Mai 1996 soll schwedischen Medienberichten zufolge der Oberbefehlshaber der finnischen Streitkräfte die Möglichkeit gewisser NATO-Einsätze auf skandinavischem Boden angesprochen haben, und im August 1996 sprach der Verteidigungsausschuss des schwedischen Parlaments die auf eine allmähliche Tendenz zu engerer Sicherheitskooperation mit der NATO hinweisende Empfehlung aus, Schweden solle sich der Westeuropäischen Rüstungsgruppe (WEAG) anschließen, zu der sonst nur NATO-Mitglieder gehören.

über den formalen Aktionsradius des transatlantischen Bündnisses hinausreicht.

In der Zwischenzeit, bis ein größeres und geeinteres Europa entsteht, werden die Vereinigten Staaten sowohl mit Frankreich als auch mit Deutschland eng an seiner Entstehung mitarbeiten müssen. Somit wird sich Amerika weiterhin im politischen Dilemma befinden, wie es Frankreich zu einer engeren politischen und militärischen Integration ins Atlantische Bündnis bewegen kann, ohne das deutsch-amerikanische Verhältnis zu belasten; und was Deutschland angeht, wie es sein Vertrauen in die deutsche Führungsrolle in einem atlantischen Europa nutzen kann, ohne in Frankreich und England sowie in anderen europäischen Ländern Besorgnis zu erwecken.

Eine größere nachweisliche Flexibilität vonseiten der USA in der zukünftigen Gestalt des Bündnisses verspräche, die französische Unterstützung für dessen Osterweiterung stärker zu mobilisieren. Langfristig würde eine NATO-Zone integrierter militärischer Sicherheit beiderseits von Deutschland dieses fester in einer multilateralen Struktur verankern, was für Frankreich durchaus von Bedeutung wäre. Darüber hinaus erhöhte die Erweiterung des Bündnisses die Wahrscheinlichkeit, dass das Weimarer Dreieck (bestehend aus Deutschland, Frankreich und Polen) ein subtiles Mittel werden könnte, die Führung Deutschlands in Europa etwas auszubalancieren. Obwohl Polen für seine Aufnahme in die NATO auf deutsche Unterstützung angewiesen ist (und Frankreich wegen seines Zögerns gegenüber einer solchen Erweiterung grollt), wird sich doch, wenn es erst einmal Bündnispartner ist, mit höherer Wahrscheinlichkeit eine gemeinsame französisch-polnische Perspektive eröffnen.

Auf keinen Fall sollte Washington aus den Augen verlieren, dass Frankreich in Angelegenheiten, die mit der Identität Europas oder den inneren Abläufen der NATO zu tun haben, nur kurzfristig ein Gegner ist. Wichtiger noch, es sollte stets daran denken, dass Frankreich ein maßgebender Partner bei der grundlegenden Aufgabe ist, ein demokratisches Deutschland auf Dauer fest in Europa einzubinden. Darin besteht die historische Rolle der deutsch-französischen Freundschaft, und die Osterweiterung der EU und der NATO sollte die Bedeutung dieses Verhältnisses als festen Kern Europas noch vergrößern. Schließlich ist Frankreich weder stark genug, um Amerika in den geostrategischen Grundlagen seiner Europapolitik zu behindern, noch hat es das Potenzial, selbst die führende Macht in Europa zu werden. Folglich kann man seine Eigenheiten und sogar Ausfälle tolerieren.

Von Belang ist außerdem die Feststellung, dass Frankreich eine konstruktive Rolle in Nordafrika und in den frankophonen afrikanischen Ländern spielt. Es ist der wichtigste Partner Marokkos und Tunesiens und übt in dieser Eigenschaft zugleich einen stabilisierenden Einfluss auf Algerien aus. Für ein solches Engagement Frankreichs gibt es einen triftigen innenpolitischen Grund: An die fünf Millionen Muslime leben derzeit in Frankreich. Somit hat es ein vitales Interesse an der Stabilität und friedlichen Entwicklung Nordafrikas. Dieses Interesse kommt Europas Sicherheit noch in anderer Hinsicht zugute. Ohne das französische Sendungsbewusstsein wäre die Südflanke Europas sehr viel instabiler, und die Zustände wären dort noch besorgniserregender. Das gesamte Südeuropa ist mehr und mehr von der sozialen und politischen Bedrohung betroffen, die von der instabilen Lage entlang der südlichen Mittelmeerküste ausgeht. Frankreichs intensives Interesse an dem, was am Mittelmeer geschieht, ist daher durchaus relevant für die Sicherheitsbelange der NATO, und diese Überlegung sollte Amerika in Betracht ziehen, wenn ihm Frankreichs überzogene Ansprüche auf eine besondere Führungsrolle gelegentlich zu schaffen machen.

Deutschland ist ein anderes Problem. Die beherrschende Position Deutschlands lässt sich nicht bestreiten, gleichwohl muss jede öffentliche Billigung der deutschen Führungsrolle in Europa wohlerwogen sein. Diese Führung mag für einige mitteleuropäische Staaten wie diejenigen, welche die deutsche Initiative zur Erweiterung der EU nach Osten begrüßen – nützlich und für die Westeuropäer tolerierbar sein, solange sie der Vormachtstellung der USA untergeordnet ist, aber auf lange Sicht kann das europäische Haus nicht darauf errichtet werden. Zu viele Erinnerungen sind noch lebendig, zu viele Ängste werden wahrscheinlich wieder aufkeimen. Ein von Berlin aus errichtetes und geführtes Europa ist schlechterdings undenkbar. Deshalb braucht Deutschland Frankreich, Europa die deutsch-französische Achse, und deshalb kann Amerika nicht zwischen Deutschland und Frankreich wählen.

Der entscheidende Punkt bei der NATO-Erweiterung ist, dass es sich um einen ganz und gar mit der Ausdehnung Europas selbst verbundenen Prozess handelt. Falls die Europäische Union eine unter geographischem Aspekt größere Gemeinschaft – mit einem stärker integrierten französisch-deutschen Führungskern und weniger integrierten äußeren Schichten – werden und ein solches Europa seine Sicherheit auf ein fortdauerndes Bündnis mit Amerika gründen soll, dann folgt daraus, dass sein geopolitisch exponiertester Sektor, nämlich Mitteleuropa, von der Teilhabe an der Sicherheit, die das übrige Europa durch die transatlantische Allianz genießt, nicht demonstrativ ausgeschlossen werden kann. Hierin sind sich die Vereinigten Staaten und Deutschland einig. Den Anstoß zu einer Erweiterung gaben auf beiden Seiten politische, historische und konstruktive Gründe. Er geht weder auf eine Animosität gegenüber Russland oder auf Angst vor diesem zurück noch auf den Wunsch, diesen Staat zu isolieren.

Amerika muss also in seinem Eintreten für eine Osterweiterung Europas besonders eng mit Deutschland zusammenarbeiten. Amerikanisch-deutsche Zusammenarbeit und gemeinsame Führung sind zu dieser Frage ganz wesentlich. Wenn die Vereinigten Staaten und Deutschland gemeinsam die anderen NATO-Verbündeten ermutigen, den Schritt gutzuheißen und entweder mit Russland, sollte es zu einem Kompromiss bereit sein (vgl. Kapitel 4), eine wirksame Übereinkunft aushandeln, oder ihre Entscheidung in der richtigen Überzeugung, dass die Gestaltung Europas nicht den Einwänden Moskaus untergeordnet werden kann, treffen, dann steht der Erweiterung nichts im Wege. Das erforderliche einstimmige Einverständnis sämtlicher NATO-Mitglieder wird nur unter amerikanisch-deutschem Druck zustande kommen, doch wird kein NATO-Mitglied seine Zustimmung verweigern können, wenn Amerika und Deutschland gemeinsam darauf dringen.

Letztlich steht bei diesem Bemühen Amerikas langjährige Rolle in Europa auf dem Spiel. Ein neues Europa nimmt bereits Gestalt an, und wenn dieses neue Europa geopolitisch ein Teil des »euro-atlantischen« Raums bleiben soll, ist die Erweiterung der NATO von entscheidender Bedeutung. Sollte die von den Vereinigten Staaten in die Wege geleitete NATO-Erweiterung ins Stocken geraten, wäre das das Ende einer umfassenden amerikanischen Politik für ganz Eurasien. Ein solches Scheitern würde die amerikanische Führungsrolle diskreditieren, es würde den Plan eines expandierenden Europas zunichtemachen, die Mitteleuropäer demoralisieren und möglicherweise die gegenwärtig schlummernden oder verkümmernden geopolitischen Gelüste Russlands in Mitteleuropa neu entzünden. Für den Westen wäre es eine selbst beigebrachte Wunde, welche die Aussichten auf einen echten europäischen Eckpfeiler in einer eurasischen Sicherheitsarchitektur zunichtemacht; und für Amerika wäre es nicht nur eine regionale, sondern auch eine globale Schlappe.

Entscheidend für eine fortschreitende Ausdehnung Europas muss die Aussage sein, dass keine Macht außerhalb des bestehenden transatlantischen Systems ein Vetorecht gegen die Teilnahme eines geeigneten europäischen Staates im europäischen System – und mithin in dessen transatlantischem Sicherheitssystem – hat und dass kein europäischer Staat, der die Voraussetzungen mitbringt, a priori von einer eventuellen Mitgliedschaft in EU oder NATO ausgeschlossen werden darf. Besonders die stark verwundbaren und zunehmend für einen Beitritt infrage kommenden baltischen Staaten Estland, Lettland und Litauen haben ein Anrecht darauf zu wissen, dass sie einmal vollberechtigte Mitglieder in beiden Organisationen werden können – und dass in der Zwischenzeit ihre Souveränität nicht bedroht werden kann, ohne die Interessen eines wachsenden Europas und seines amerikanischen Partners zu tangieren.

Im Endeffekt muss der Westen – vor allem Amerika und seine westeuropäischen Verbündeten – eine Antwort auf die von Václav Havel am 15. Mai 1996 in Aachen eloquent gestellte Anmerkung finden:

»Ich weiß, dass weder die Europäische Union noch die Nordatlantische Allianz über Nacht all jenen ihre Türen öffnen können, die sich ihnen anschließen möchten. Aber beide können – und sollten es tun, ehe es zu spät ist – ganz Europa als einer Sphäre gemeinsamer Werte die deutliche Gewissheit geben, dass es kein geschlossener Klub ist. *Sie sollten eine klare und detaillierte Politik der allmählichen Erweiterung formulieren, die nicht nur einen Zeitplan enthält, sondern auch die Logik dieses Zeitplans erklärt.*« [Hervorhebung durch den Verfasser]

Europas historischer Zeitplan

Obwohl sich derzeit noch nicht genau und endgültig sagen lässt, wo einmal seine Grenzen im Osten verlaufen werden, steht Europa im weitesten Sinne für eine gemeinsame, der christlichen Tradition verhaftete Zivilisation. Nach engerem, westlichem Verständnis geht es auf Rom und sein historisches Vermächtnis zurück. Aber Europas christliche Tradition umfasst auch Byzanz und seine russisch-orthodoxe Weiterentwicklung. Somit ist Europa, kulturell gesehen, mehr als das römisch-christliche Europa und dieses wiederum mehr als Westeuropa – auch wenn sich Letzteres in neuerer Zeit der Bezeichnung des Ganzen bemächtigte. Schon ein Blick auf die Karte auf Seite 117 macht klar, dass das, was gegenwärtig unter dem Begriff »Europa« firmiert, nicht das ganze Europa darstellt. Schlimmer noch, es weist eine Zone der Unsicherheit zwischen Europa und Russland auf, die eine Sogwirkung auf beide ausüben kann, was zwangsläufig zu Spannungen und Rivalitäten führen wird.

Ein (auf den westlichen Teil begrenztes) Europa Karls des Großen war während des Kalten Kriegs sinnvoll und eine Notwendigkeit. Heute aber ist es ein Unding, weil das entstehende vereinte Europa nicht allein auf einer gemeinsamen Zivilisation gründet, sondern auch eine bestimmte Lebensart und einen bestimmten Lebensstandard beinhaltet sowie eine politische Ordnung mit verbindlichen demokratischen Verfahren, die nicht mehr von ethnischen und territorialen Konflikten belastet sind. Dieses Europa bleibt in seiner gegenwärtigen Organisationsform und Ausdehnung weit hinter seinen tatsächlichen Möglichkeiten zurück. Mehrere politisch stabile Staaten Mitteleuropas mit höherem Entwicklungsstand und allesamt Teil der westlichen römisch-christlichen Tradition, namentlich die Tschechische Republik, Polen, Ungarn und vielleicht auch Slowenien, kommen für eine Mitgliedschaft in »Europa« und seiner transatlantischen Sicherheitspartnerschaft zweifellos infrage und sind lebhaft daran interessiert.

Unter den gegenwärtigen Umständen wird die NATO-Osterweiterung – vermutlich bis spätestens 1999 – aller Wahrscheinlichkeit nach Polen, die Tschechische Republik und Ungarn umfassen. Nach diesem ersten, aber bedeutsamen Schritt dürfte jede weitere Ausdehnung des Bündnisses entweder mit einer Erweiterung der EU zusammenfallen oder einer solchen folgen. Allerdings gestalten sowohl die Anzahl der Qualifizierungshürden als auch die Erfüllung der an eine Mitgliedschaft geknüpften Bedingungen das hierfür vorgesehene Prozedere wesentlich komplizierter (siehe Tabelle auf Seite 118). Daher ist mit den ersten Aufnahmen mitteleuropäischer Länder in die Europäische Union nicht vor dem Jahr 2002 zu rechnen. Dennoch werden sich sowohl die NATO als auch die EU, nachdem die ersten drei neuen NATO-Mitglieder auch der EU beigetreten sind, mit der Frage beschäftigen müssen, wie und wann die Mitgliedschaft auf die baltischen Republiken Estland, Lettland und Litauen sowie Slowenien, Rumänien, Bulgarien und die Slowakei und zuletzt vielleicht sogar auf die Ukraine ausgedehnt werden kann.

Es ist bemerkenswert, dass die Aussicht auf eine spätere Mitgliedschaft sich bereits jetzt konstruktiv auf die inneren Verhältnisse und das Verhalten der mitgliedswilligen Staaten auswirkt. Das Wissen darum, dass sich weder EU noch NATO mit zusätzlichen Konflikten zwischen ihren Mitgliedern, gleichgültig, ob es dabei um Minderheits-

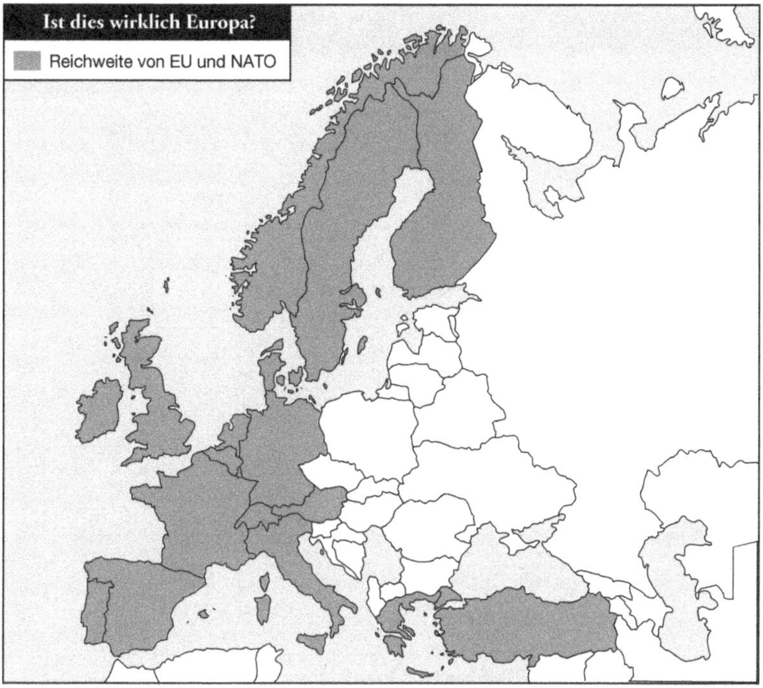

rechte oder Gebietsansprüche geht (Türkei gegenüber Griechenland ist schon mehr als genug), belasten möchte, hat bereits der Slowakei, Ungarn und Rumänien den nötigen Ansporn gegeben, Übereinkommen gemäß den vom Europarat aufgestellten Standards zu erzielen. Ähnlich verhält es sich mit dem allgemeineren Grundsatz, dass sich nur Demokratien für eine Mitgliedschaft qualifizieren können. Der Wunsch, nicht außen vor zu bleiben, bestärkt die neuen Demokratien, den von ihnen eingeschlagenen Weg weiterzugehen, und hat somit eine wichtige Funktion.

Ein unumstößliches Prinzip sollte jedenfalls sein, dass die politische Einheit und die Sicherheit Europas unteilbar sind. Ein wirklich geeintes Europa ohne einen gemeinsamen Sicherheitspakt mit den USA ist in der Praxis schwer vorstellbar. Daraus folgt, dass Staaten, die Beitrittsgespräche mit der EU aufnehmen wollen und dazu ein-

EU-Mitgliedschaft: Beitrittsantrag

Ein europäisches Land stellt beim Rat der Europäischen Union einen Antrag auf Mitgliedschaft.

↓

Der Rat ersucht die Europäische Kommission, eine Stellungname zu dem Antrag abzugeben.

↓

Die Kommission übermittelt dem Rat eine Stellungname zu dem Antrag.

↓

Der Rat entscheidet einstimmig, Beitrittsverhandlungen aufzunehmen.

↓

Auf Vorschlag der Kommission legt der Rat einstimmig die Haltung fest, welche die Union gegenüber dem Antragsteller bei den Beitrittsverhandlungen einnehmen soll.

↓

Die durch den Ratspräsidenten vertretene Union führt Beitrittsverhandlungen mit dem Antragsteller.

↓

Die Union und der Antragsteller einigen sich auf den Entwurf eines Beitrittsvertrags.

↓

Der Beitrittsvertrag wird dem Rat und dem Europäischen Parlament unterbreitet.

↓

Das Europäische Parlament stimmt dem Beitrittsvertrag mit absoluter Mehrheit zu.

↓

Der Rat billigt den Beitrittsvertrag einstimmig.

↓

Die Mitgliedstaaten und der Antragsteller unterzeichnen den Beitrittsvertrag.

↓

Die Mitgliedsstaaten und der Antragsteller ratifizieren den Beitrittsvertrag.

↓

Nach der Ratifizierung tritt der Beitrittsvertrag in Kraft.

Erstellt vom Center for Strategic and International Studies – EU-Poland Action Commision geladen werden, in Zukunft automatisch unter den Schutz der NATO gestellt werden sollten.

Infolgedessen wird der Prozess der EU-Erweiterung und der Ausdehnung des transatlantischen Sicherheitssystems wahrscheinlich in wohlüberlegten Etappen voranschreiten. Unter der Voraussetzung, dass Amerika und Westeuropa an ihrem Engagement festhalten, könnte ein theoretischer, aber vorsichtig realistischer Zeitplan für diese Etappen folgendermaßen aussehen:

1. Spätestens 1999 werden die ersten neuen Mitglieder aus Mitteleuropa in die NATO aufgenommen sein, wenn auch ihr Betritt zur EU vermutlich nicht vor 2002 oder 2003 erfolgen wird.
2. In der Zwischenzeit wird die EU-Beitrittsverhandlungen mit den baltischen Republiken Estland, Lettland und Litauen aufnehmen, und auch die NATO wird sich in der Frage einer Mitgliedschaft dieser Staaten und Rumäniens vorwärts bewegen, deren Beitritt mutmaßlich 2005 abgeschlossen sein dürfte. Irgendwann in diesem Stadium werden wohl die anderen Balkanstaaten die für Beitrittskandidaten erforderlichen Voraussetzungen ebenfalls erfüllen.
3. Der Beitritt der baltischen Republiken Estland, Lettland und Litauen könnte vielleicht auch Schweden und Finnland dazu bewegen, eine Mitgliedschaft in der NATO in Erwägung zu ziehen.
4. Irgendwann zwischen 2005 und 2010 sollte die Ukraine für ernsthafte Verhandlungen sowohl mit der EU als auch mit der NATO bereit sein, insbesondere, wenn das Land in der Zwischenzeit bedeutende Fortschritte bei seinen innenpolitischen Reformen vorzuweisen und sich deutlicher als ein mitteleuropäischer Staat ausgewiesen hat.

In der Zwischenzeit wird sich wahrscheinlich die deutsch-französisch-polnische Zusammenarbeit, vor allem im Bereich der Verteidigung, beträchtlich vertieft haben. Die Zusammenarbeit könnte der westliche Kern weiterer europäischer Sicherheitsvereinbarungen werden, die schließlich sogar Russland und die Ukraine einbeziehen möchten.

Angesichts des besonderen geopolitischen Interesses, das Deutschland und Polen an der Unabhängigkeit der Ukraine haben, ist auch durchaus denkbar, dass die Ukraine allmählich in das Sonderverhältnis zwischen Frankreich, Deutschland und Polen eingebunden wird. Bis zum Jahr 2010 könnte sich die 230 Millionen Menschen umfassende deutsch-französisch-polnisch-ukrainische Zusammenarbeit zu einer Partnerschaft entwickelt haben, die Europas geostrategische Tiefe verstärkt (siehe Karte auf Seite 121).

Es kommt nun sehr darauf an, ob sich das oben skizzierte Szenario friedlich entwickeln kann oder in den Sog zunehmender Spannungen mit Russland gerät. Den Russen sollte beständig versichert werden, dass ihnen die Tür zu Europa offen steht, ebenso wie die zu seiner späteren Beteiligung ihres Landes an einem erweiterten transatlantischen Sicherheitssystem und vielleicht in fernerer Zukunft an einer neuen transeurasischen Sicherheitsstruktur. Um diesen Beteuerungen Glaubwürdigkeit zu verleihen, sollten die Zusammenarbeit und der Austausch zwischen Russland und Europa auf allen Gebieten ganz bewusst gefördert werden. (Russlands Verhältnis zu Europa und die Rolle der Ukraine in diesem Zusammenhang sind im nächsten Kapitel ausführlicher dargelegt.)

Wenn Europas Einigung und seine Erweiterung nach Osten hin gelingen und Russland derweil demokratische Konsolidierung und Modernisierung seiner Gesellschaft zustande bringt, kann es irgendwann ebenfalls für eine echte Beziehung zu Europa infrage kommen. Das wiederum würde eine allmähliche Verschmelzung des transatlantischen Sicherheitssystems mit einem transkontinentalen eurasischen ermöglichen. In der Praxis jedoch wird sich die Frage einer formellen Mitgliedschaft Russlands für die nächste Zukunft nicht stellen – und das ist, wenn überhaupt, ein weiterer Grund, ihm nicht töricht die Türen zu verschließen.

Um zum Ende zu kommen: Nachdem das Europa von Jalta der Vergangenheit angehört, ist es von entscheidender Bedeutung, dass man das Europa des Versailler Vertrags nicht wieder aufleben lässt. Das Ende der europäischen Teilung sollte keinem Rückfall in ein Europa

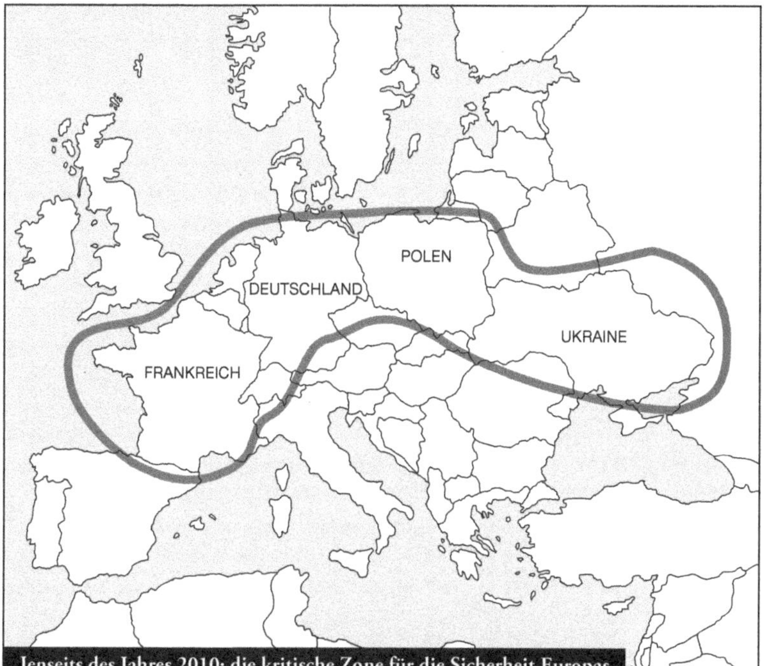

Jenseits des Jahres 2010: die kritische Zone für die Sicherheit Europas

streitsüchtiger Nationalstaaten Vorschub leisten, es sollte vielmehr der Ausgangspunkt für die Gestaltung eines größeren und zunehmend integrierteren Europas sein, das, gestützt auf eine erweiterte NATO und durch eine konstruktive Sicherheitspartnerschaft mit Russland, sicherer als bisher sein wird. Amerikas zentrales geostrategisches Ziel in Europa lässt sich also ganz einfach zusammenfassen: Durch eine glaubwürdigere transatlantische Partnerschaft muss der Brückenkopf der USA auf dem eurasischen Kontinent so gefestigt werden, dass ein wachsendes Europa ein brauchbares Sprungbrett werden kann, von dem aus sich eine internationale Ordnung der Demokratie und Zusammenarbeit nach Eurasien hinein ausbreiten lässt.

4

DAS SCHWARZE LOCH

Die Ende 1991 vollzogene Auflösung des gebietsmäßig größten Staates der Welt verursachte mitten in Eurasien ein »Schwarzes Loch«. Es war, als sei das »Herzland«, wie es die Geopolitiker genannt haben, plötzlich aus der Landkarte herausgerissen worden.

Diese neuartige und verwirrende geopolitische Lage stellt für Amerika einen ungemeinen Ansporn dar. Verständlicherweise muss die vorrangige Aufgabe sein, die Wahrscheinlichkeit zu verringern, dass ein zerbröckelnder, immer noch über ein mächtiges Atomwaffenarsenal verfügender Staat in politische Anarchie verfällt oder sich wieder in eine feindliche Diktatur verwandelt. Als langfristige Aufgabe jedoch bleibt das Problem zu lösen, wie man Russlands Demokratisierung und wirtschaftliche Erholung unterstützen und dabei das erneute Entstehen eines eurasischen Imperiums vermeiden kann, das Amerika an der Verwirklichung seines geostrategischen Ziels hindern könnte, ein größeres euroatlantisches System zu entwerfen, in das sich dann Russland dauerhaft und sicher einbeziehen lässt.

Russlands neuer geopolitischer Rahmen

Der Zusammenbruch der Sowjetunion war das letzte Stadium in der fortschreitenden Fragmentierung des riesigen chinesisch-sowjetischen kommunistischen Blocks, der von seinem Umfang her für kurze Zeit dem Reich Dschingis Khans entsprach und es mancherorts sogar übertraf. Aber der modernere transkontinentale eurasische Block war von sehr kurzer Dauer. Schon als Titos Jugoslawien abtrünnig wurde und Maos China der Moskauer Zentrale den Gehorsam verweigerte, deutete sich die Verwundbarkeit des kommunistischen Lagers gegenüber nationalistischen Bestrebungen an, die sich als stärker erwiesen als ideologische Bande. Der chinesisch-sowjetische Block bestand, grob gesagt, zehn, die Sowjetunion etwa siebzig Jahre.

Unter geopolitischem Aspekt noch bedeutsamer war jedoch der Ruin des jahrhundertelang von Moskau aus regierten Großrussischen Reichs. Der Zerfall dieses Reichs wurde durch das allgemeine sozioökonomische und politische Scheitern des Sowjetsystems beschleunigt – obwohl dessen Malaise fast bis zum bitteren Ende durch systematische Geheimhaltung und Selbstisolation zum Großteil verschleiert wurde. Daher war die Welt über die scheinbar rasante Selbstzerstörung der Sowjetunion fassungslos. Innerhalb zweier kurzer Wochen wurde im Dezember 1991 die Sowjetunion von den Oberhäuptern der russischen, ukrainischen und weißrussischen Republik zuerst trotzig für aufgelöst erklärt, dann formal durch eine losere Einheit – die sogenannte Gemeinschaft Unabhängiger Staaten (GUS) – ersetzt, die alle Sowjetrepubliken bis auf die baltischen Staaten Estland, Lettland und Litauen umfasste. Hierauf trat der sowjetische Präsident widerstrebend zurück, die Sowjetfahne wurde zum letzten Mal von der Spitze des Kremls eingeholt, und schließlich entstand die Russische Föderation – nun ein vorwiegend russischer Nationalstaat mit 150 Millionen Einwohnern – als De-facto-Nachfolger der früheren Sowjetunion, während die anderen Republiken, die weitere 150 Millionen Menschen stellten, in unterschiedlichem Maße ihre Souveränität als unabhängige Staaten geltend machten.

Der Zusammenbruch der Sowjetunion löste ein ungeheures geopolitisches Durcheinander aus. Binnen zwei Wochen musste das russische Volk – das, allgemein gesagt, über die drohende Auflösung der Sowjetunion noch weniger vorgewarnt war als die übrige Welt – plötzlich erkennen, dass es nicht mehr Herr über ein transkontinentales Reich war, sondern dass die Grenzen Russlands dorthin zurückverlegt worden waren, wo sie im Kaukasus um 1800, in Zentralasien um 1850 und – viel ärgerlicher und einschneidender – im Westen um 1600, kurz nach der Regierungszeit Zar Iwans des Schrecklichen, verlaufen waren. Der Verlust des Kaukasus gab den strategischen Ängsten vor einem wieder auflebenden türkischen Einfluss neue Nahrung, die Abspaltung Zentralasiens erzeugte angesichts der dort vorhandenen enormen Energiequellen und Bodenschätze ein Gefühl der Deprivation und schürte Ängste vor einer potenziellen islamischen Bedrohung, und die Unabhängigkeit der Ukraine stellte den russischen Anspruch, der von Gott auserkorene Bannerträger einer gemeinsamen panslawistischen Identität zu sein, geradezu im Kern infrage.

Der Raum, den jahrhundertelang das Zarenreich und ein Dreivierteljahrhundert lang die von Russland dominierte Sowjetunion eingenommen hatte, sollte nun von einem Dutzend Staaten gefüllt werden, die in der Mehrzahl (außer Russland) auf eine echte Souveränität kaum vorbereitet waren und größenmäßig zwischen der relativ großen Ukraine mit ihren 52 Millionen Einwohnern und Armenien mit einer Bevölkerung von 3,5 Millionen lagen. Ihre Existenzfähigkeit erschien fraglich, während man ebenso wenig vorhersagen konnte, ob Moskau gewillt sein würde, sich auf Dauer an die neue Realität anzupassen. Der historische Schock, den die Russen erlitten, wurde noch durch den Umstand vergrößert, dass an die 20 Millionen russischsprachiger Menschen nun Bürger ausländischer Staaten waren, deren Politik zunehmend von nationalen Eliten dominiert wird, die nach Jahrzehnten mehr oder weniger erzwungener Russifizierung entschlossen sind, die eigene Identität zur Geltung zu bringen.

Im eigentlichen Zentrum Eurasiens hinterließ der Zusammenbruch des russischen Imperiums ein Machtvakuum. Nicht nur in den seit Kurzem unabhängigen Staaten zeigten sich Anzeichen von Schwäche und Konfusion, auch in Russland selbst löste der Umbruch eine schwere Systemkrise vor allem deshalb aus, weil der politische Umschwung mit dem gleichzeitigen Versuch einherging, das alte sowjetische Gesellschafts- und Wirtschaftsmodell abzuschaffen. Russlands militärische Verwicklung in Tadschikistan, hinter der die Angst vor einer Machtübernahme durch muslimische Kräfte in diesem nunmehr unabhängigen Staat stand, und insbesondere die tragische, brutale und sowohl wirtschaftlich als auch politisch sehr kostspielige Intervention in Tschetschenien verschlimmerten das nationale Trauma noch. Am allerschmerzlichsten freilich war Russlands beträchtliche Einbuße an internationalem Prestige: Nun war die eine der beiden Supermächte in den Augen vieler kaum mehr als eine Regionalmacht in der Dritten Welt, obwohl sie noch immer ein bedeutendes, wenn auch zunehmend veraltetes Atomwaffenarsenal besitzt.

Unter dem Ausmaß der sozialen Krise verstärkte sich das geopolitische Vakuum zusätzlich. Ein Dreivierteljahrhundert kommunistischer Herrschaft hatte der russischen Bevölkerung beispiellose Opfer abverlangt. Millionen seiner begabtesten und erfindungsreichsten Menschen wurden ermordet oder kamen in den Gulags ums Leben. In diesem Jahrhundert hatte das Land obendrein die Verwüstungen des Ersten Weltkriegs, das Gemetzel in einem langwierigen Bürgerkrieg und die Grausamkeiten und Verluste des Zweiten Weltkriegs erdulden müssen. Das herrschende kommunistische Regime zwang dem Land eine erstickende doktrinäre Orthodoxie auf und isolierte es von der übrigen Welt. Seine gegenüber ökologischen Belangen völlig gleichgültige Wirtschaftspolitik hat sowohl die Umwelt als auch die Gesundheit der Menschen erheblich in Mitleidenschaft gezogen. Laut offizieller russischer Statistik kamen nur etwa 40 Prozent der Neugeborenen gesund zur Welt, und nach grober Schätzung ist ein Fünftel der russischen Erstklässler in seiner geistigen Entwicklung gehemmt. Die Lebenserwartung bei Männern war auf 57,3 Jahre gesunken, und die Sterblichkeitsrate überstieg die Geburtenquote. Die sozialen Bedingungen waren genau genommen typisch für ein Dritte-Welt-Land mittlerer Kategorie.

Die Schrecken und die Heimsuchungen, denen das russische Volk im Lauf dieses Jahrhunderts ausgesetzt war, lassen sich schwerlich überschätzen. Kaum eine russische Familie hatte die Möglichkeit, ein normales bürgerliches Leben zu führen. Man bedenke die sozialen Folgen der folgenden Ereignisse:

- Der russisch-japanische Krieg von 1905, der mit einer für Russland demütigenden Niederlage endete;
- die erste »proletarische Revolution« von 1905, die in den Städten in größerem Ausmaß Gewalt entzündete;
- der Erste Weltkrieg von 1914 bis 1917 mit Millionen von Opfern und massiver wirtschaftlicher Erschütterung;
- der Bürgerkrieg von 1918 bis 1921, der abermals etliche Millionen Menschenleben forderte und das Land verwüstete;
- der russisch-polnische Krieg von 1919 bis 1920, der mit Russlands Niederlage endete;
- die Einführung der Straflager in den frühen 1920er-Jahren einschließlich der Dezimierung der vorrevolutionären Eliten und deren Massenflucht aus Russland;
- die Industrialisierungs- und Kollektivierungsschübe Anfang und Mitte der 1930er-Jahre, in deren Gefolge verheerende Hungerkatastrophen in der Ukraine und Kasachstan Millionen Opfer forderten;
- die großen Säuberungen und der Terror in der zweiten Hälfte der 1930er-Jahre, bei denen Millionen von Menschen in Arbeitslager gesperrt, über eine Million erschossen wurden und mehrere Millionen an den Folgen von Misshandlung und Hunger starben;
- der Zweite Weltkrieg von 1941 bis 1945 mit seinem in die Millionen gehenden Blutzoll von Gefallenen und Zivilisten und der ungeheuren wirtschaftlichen Verheerung;
- die Neuauflage des stalinistischen Terrors in den späten 1940er-Jahren, bei denen es wieder zu Massenverhaftungen und zahlreichen Hinrichtungen kam;
- der jahrzehntelange Rüstungswettlauf mit den Vereinigten Staaten, der vom Ende der 1940er- bis Ende der 1980er-Jahre dauerte und zur Verarmung der Gesellschaft führte;
- die in wirtschaftlicher Hinsicht fatalen Anstrengungen während der 1970er- und 1980er-Jahre, den Einflussbereich der Sowjetmacht in die Karibik, den Nahen Osten und Afrika auszudehnen;
- der lähmende Krieg in Afghanistan von 1979 bis 1989;
- der plötzliche Zerfall der Sowjetunion und in seinem Gefolge bür-

gerkriegsähnliche Zustände, verzehrende Wirtschaftskrisen sowie der blutige und demütigende Krieg gegen Tschetschenien.

Nicht nur die innenpolitische Krise Russlands und sein Verlust an internationalem Ansehen waren, insbesondere für seine politische Elite, besorgniserregend und beunruhigend, die Turbulenzen hatten auch auf seine geopolitische Lage negative Auswirkungen. Die Auflösung der Sowjetunion hat die Grenzen Russlands nach Westen auf höchst einschneidende Weise verändert und sein geopolitisches Einflussgebiet beachtlich schrumpfen lassen. Seit dem 18. Jahrhundert hatten die baltischen Staaten Estland und Lettland unter russischer Oberhoheit gestanden; der Verlust der Hafenstädte Riga und Tallinn schränkte Russlands Zugang zur Ostsee erheblich ein und machte ihn von Winterfrösten abhängig. Obwohl sich Moskau eine politisch beherrschende Position im offiziell nunmehr unabhängigen, aber stark russifizierten Weißrussland zu bewahren vermochte, galt es keineswegs als sicher, dass die grassierenden nationalistischen Bestrebungen nicht schließlich auch dort die Oberhand gewinnen würden. Und jenseits der Grenzen der früheren Sowjetunion bedeutete der Zusammenbruch des Warschauer Pakts, dass die früheren Satellitenstaaten Mitteleuropas, allen voran Polen, rasch zur NATO und Europäischen Union hinstrebten.

Am beunruhigendsten war der Verlust der Ukraine. Das Auftreten eines unabhängigen ukrainischen Staates zwang nicht nur alle Russen, das Wesen ihrer eigenen politischen und ethnischen Identität neu zu überdenken, sondern stellte auch für den russischen Staat ein schwerwiegendes geopolitisches Hindernis dar. Da mehr als 300 Jahre russischer Reichsgeschichte plötzlich gegenstandslos wurden, bedeutete das den Verlust einer potenziell reichen industriellen und agrarischen Wirtschaft sowie von 52 Millionen Menschen, die den Russen ethnisch und religiös nahe genug standen, um Russland zu einem wirklich großen und selbstsicheren imperialen Staat zu machen. Die Unabhängigkeit der Ukraine beraubte Russland zudem seiner beherrschenden Position am Schwarzen Meer, wo Odessa das unersetzliche

Tor für den Handel mit dem Mittelmeerraum und der Welt jenseits davon war.

Unter geopolitischem Aspekt stellte der Abfall der Ukraine einen zentralen Verlust dar, denn er beschnitt Russlands geostrategische Optionen drastisch. Selbst ohne die baltischen Staaten und Polen könnte ein Russland, das die Kontrolle über die Ukraine behielte, noch immer die Führung eines selbstbewussten eurasischen Reichs anstreben, in dem Moskau die nicht-slawischen Völker im Süden und Südosten der ehemaligen Sowjetunion dominieren könnte. Aber ohne die Ukraine mit ihren 52 Millionen slawischen Brüdern und Schwestern droht jeder Versuch Moskaus, das eurasische Reich wiederaufzubauen, Russland in langwierige Konflikte mit den national und religiös motivierten Nichtslawen zu verwickeln, wobei der Krieg mit Tschetschenien vielleicht nur ein Vorgeschmack war. Angesichts der fallenden Geburtenrate in Russland und des enormen Geburtenzuwachses bei den Völkern Zentralasiens würde der Anteil an Europäern in einem neuen, ausschließlich auf russischer Macht gegründeten eurasischen Einheitsstaat ohne die Ukraine unweigerlich von Jahr zu Jahr schwinden und der asiatische Bevölkerungsteil zusehends überwiegen.

Der Wegfall der Ukraine wirkte auch als geopolitischer Katalysator. Politische Schritte der ukrainischen Führung – die ukrainische Unabhängigkeitserklärung im Dezember 1991, das Insistieren bei den kritischen Verhandlungen in Bela Vezha, dass die Sowjetunion durch eine losere Gemeinschaft unabhängiger Staaten ersetzt werden sollte, und vor allem die unerwartete, staatsstreichartige Unterstellung der auf ukrainischem Boden stationierten Einheiten der Sowjetarmee unter ukrainisches Kommando – verhinderten, dass sich unter dem neuen Namen GUS die alte UdSSR in etwas föderalerem Gewand verbarg. Die politische Selbstbestimmung der Ukraine machte Moskau fassungslos und setzte ein Beispiel, dem die anderen ehemaligen Sowjetrepubliken, wenn auch anfangs eher zögerlich, folgten.

Russlands Verlust seiner beherrschenden Position an der Ostsee fand sein Pendant am Schwarzen Meer, zum einen wegen der Unabhängigkeit der Ukraine, zum anderen, weil die jetzt unabhängigen kaukasischen Staaten – Georgien, Armenien und Aserbaidschan – die Möglichkeiten der Türkei verbesserten, ihren verloren gegangenen Einfluss in der Region aufs Neue geltend zu machen. Bis 1991 konnte die Sowjetmacht vom Schwarzen Meer aus ihre Kreuzer ins Mittelmeer entsenden. Mitte der 1990er-Jahre verfügte Russland nur noch über einen schmalen Küstenstreifen am Schwarzen Meer und war mit der Ukraine in einen ungelösten Streit über die Stützpunkterechte auf der Krim für die Reste der sowjetischen Schwarzmeerflotte verstrickt, während es mit offenkundiger Verärgerung zusah, wie NATO- und ukrainische Streitkräfte gemeinsam See- und Landemanöver durchführten und der türkische Einfluss in der Schwarzmeerregion wuchs. Außerdem verdächtigte Russland die Türkei, den tschetschenischen Widerstand mit Hilfslieferungen unterstützt zu haben.

Weiter nach Südosten hin führte die geopolitische Erschütterung einen ähnlich bedeutsamen Wandel im Status des Kaspischen Beckens und Zentralasiens herbei. Vor dem Zusammenbruch der Sowjetunion war das Kaspische Meer, mit Ausnahme eines kleinen Teils im Süden, der zum Iran gehörte, ein nahezu rein russisches Gewässer gewesen. Als nun ein unabhängiges und stark nationalistisches Aserbaidschan entstand – gestärkt durch den Zustrom geschäftstüchtiger Ölinvestoren aus dem Westen – und auch Kasachstan und Turkmenistan als unabhängige Staaten auftraten, meldeten plötzlich außer Russland weitere vier Länder Ansprüche auf die Reichtümer des Kaspischen Beckens an. Russland konnte nicht mehr selbstverständlich von der alleinigen Verfügungsgewalt über diese Bodenschätze ausgehen.

Mit der Unabhängigkeit der zentralasiatischen Staaten hatte sich Russlands südöstliche Grenze an einigen Stellen um mehr als eintausend Meilen nach Norden verschoben. Die neuen Staaten verfügten über riesige Mineral- und Erdölvorkommen, die ausländische Interessenten anlocken mussten. Es war fast unvermeidlich, dass neben den Eliten über kurz oder lang auch die Völker dieser Staaten nationalistischer wurden und sich vielleicht zunehmend zum Islam bekehrten. In Kasachstan, einem riesigen Land, das ungeheure Bodenschätze besitzt, aber nur knapp 20 Millionen Einwohner hat, zu nahezu gleichen

Verlust ideologischer Kontrolle
und imperialer Einflusssphären
Territorialer Verlust
Verlust an ideologischem Einfluss

Teilen Kasachen und Slawen, werden sich die Reibereien aufgrund nationaler und sprachlicher Unterschiede wahrscheinlich verstärken. Usbekistan – mit einer ethnisch viel homogeneren Bevölkerung von etwa 25 Millionen und politischen Führern, welche die geschichtlichen Ruhmestaten des Landes herausstreichen – hat den neuen, postkolonialen Status des Landes in immer stärkerem Maße geltend gemacht. Turkmenistan, durch Kasachstan von jedem direkten Kontakt mit Russland abgeschirmt, hat ganz unverhohlen neue Beziehungen zum Iran geknüpft, um für einen Zugang zu den Weltmärkten von der russischen Infrastruktur weniger abhängig zu sein.

Da sie von der Türkei, dem Iran, Pakistan und Saudi-Arabien unterstützt wurden, waren die zentralasiatischen Staaten entgegen russischen Hoffnungen nicht geneigt, ihre neue politische Souveränität auch nicht zugunsten einer vorteilhaften wirtschaftlichen Integration mit Russland zu tauschen. Eine gewisse Spannung und Feindseligkeit in ihrem Verhältnis zu Russland bleiben jedenfalls unausweichlich, während die schmerzlichen Vorgänge von Tschetschenien und Tadschikistan darauf hindeuten, dass etwas Schlimmeres nicht gänzlich ausgeschlossen werden kann. Für die Russen muss das Gespenst eines möglichen Konflikts mit den islamischen Staaten entlang der gesamten Südflanke Russlands (die zusammen mit der Türkei, dem Iran und Pakistan mehr als 300 Millionen Menschen aufbieten) Anlass zu ernster Besorgnis sein.

Und schließlich hatte es Russland zum Zeitpunkt, als sich sein Reich auflöste, auch in Fernost mit einer bedrohlichen neuen geopolitischen Lage zu tun, obzwar dort keine territorialen oder politischen Veränderungen stattgefunden haben. Über mehrere Jahrhunderte hinweg war China – zumindest auf politisch-militärischem Gebiet – schwächer und rückständiger gewesen als Russland. Kein Russe, dem die Zukunft seines Landes am Herzen liegt und der von den gravierenden Veränderungen dieses Jahrzehnts verstört ist, kann über die Tatsache hinwegsehen, dass sich China aufmacht, ein fortschrittlicherer, dynamischerer und erfolgreicherer Staat als Russland zu werden. Mit der enormen Tatkraft seiner 1,2 Milliarden Menschen schickt sich

Chinas Wirtschaftsmacht an, die historische Gleichung zwischen den beiden Ländern von Grund auf umzukehren, wobei die leeren Räume Sibiriens chinesische Siedler fast schon herbeiwinken.

Diese atemberaubenden neuen Gegebenheiten konnten für das russische Sicherheitsbewusstsein in der fernöstlichen Region wie auch für seine Interessen in Zentralasien nicht folgenlos bleiben. Im Vergleich zu dieser Entwicklung könnte womöglich schon bald der Verlust der Ukraine seine geopolitische Bedeutung verlieren. Wladimir Lukin, Russlands erster postkommunistischer Botschafter in den Vereinigten Staaten und späterer Vorsitzende des Außenpolitischen Ausschusses der Duma, hat die sich daraus ergebenden strategischen Folgerungen sehr gut zum Ausdruck gebracht:

> »In der Vergangenheit sah sich Russland als Vorhut Asiens, wenn auch gegenüber Europa im Rückstand. Aber seither hat sich Asien viel schneller entwickelt ... wir müssen erkennen, dass wir nicht mehr so sehr zwischen dem ›modernen Europa‹ und dem ›zurückgebliebenen Asien‹ stehen, sondern vielmehr eine merkwürdige Mittelstellung zwischen zwei ›Europas‹ einnehmen.«[12]

Kurzum: Russland, bis vor wenigen Jahren der Schmied eines großen Landreichs und Führer eines ideologischen Blocks von Satellitenstaaten, die sich bis ins Herz von Europa erstreckten und an einem Punkt sogar bis ins Südchinesische Meer, ist zu einem unruhigen Nationalstaat geworden, der geographisch gesehen keinen leichten Zugang zur Außenwelt hat und an seiner westlichen, südlichen und östlichen Flanke kräftezehrenden Konflikten mit seinen Nachbarn ausgesetzt ist. Nur die unbewohnbaren und unzugänglichen nördlichen Permafrostgebiete scheinen geopolitisch noch sicher.

---

12 In »Our Security Predicament«, *Foreign Policy* 88 (Herbst 1992), S. 60

Geostrategische Wunschvorstellungen

Eine Phase historischer und strategischer Konfusion war somit im postimperialen Russland unausweichlich. Der Zusammenbruch der Sowjetunion und der unerwartete Zerfall des Großrussischen Reichs stürzten Russland in eine mentale Krise und lösten eine weitreichende Debatte über ein neues, der gegenwärtigen historischen Lage entsprechendes Selbstverständnis aus. Plötzlich wurden öffentlich und privat Fragen diskutiert, die sich bislang nicht einmal die meisten größeren Nationen gestellt haben: Was ist Russland? Wo ist Russland? Was heißt es, Russe zu sein?

Diese Fragen sind nicht nur theoretischer Natur: Jede Antwort enthält eine wichtige geopolitische Aussage. Ist Russland ein Nationalstaat, der auf einer rein russischen Bevölkerung basiert, oder ist Russland per definitionem etwas mehr (wie Großbritannien mehr als England ist) und daher dazu ausersehen, ein Großreich zu sein? Wo verlaufen – historisch, strategisch und ethnisch gesehen – die eigentlichen Grenzen Russlands? Sollte die Unabhängigkeit der Ukraine unter diesen historischen, strategischen und ethnischen Aspekten als eine vorübergehende Verirrung betrachtet werden? (Viele Russen neigen dieser Ansicht zu.) Muss man, um Russe zu sein, ethnisch ein »Russkij« sein, oder kann einer auch nur im politischen Sinn ein Russe sein (das heißt ein »Rossijanin« – das Äquivalent zu einem »Briten«, aber nicht einem »Engländer«)? Jelzin und einige andere Russen haben beispielsweise (mit tragischen Konsequenzen) behauptet, die Tschetschenen könnten – ja, sollten – als Russen betrachtet werden.

Ein Jahr vor dem Ende der Sowjetunion beklagte sich ein russischer Nationalist, einer der wenigen, die das Ende kommen sahen, bitter und verzweifelt:

> »Wenn das schreckliche Desaster, das für das russische Volk undenkbar ist, doch eintritt und der Staat auseinandergerissen wird und das Volk, von seiner tausendjährigen Geschichte getäuscht, plötzlich alleine dasteht, weil diejenigen,

> die bis vor Kurzem seine Brüder waren, das sinkende Schiff verlassen haben und mitsamt ihren Habseligkeiten in ihre nationalen Rettungsboote verschwunden sind – tja, wo sollen wir denn hin? Nirgendwo. ...
>
> Russische Eigenstaatlichkeit, die der politische, ökonomische und geistige Ausdruck der russischen Idee ist, wird aufs Neue entstehen. Sie wird das Beste aus ihren 1000 Jahren Reichsgeschichte und den im Nu vergangenen siebzig Jahren Sowjetgeschichte zusammenraffen.«[13]

Aber wie? Die historische Krise des russischen Staates hat die Schwierigkeit, eine für das russische Volk akzeptable Antwort zu formulieren, die dennoch realistisch ist, noch selbst vergrößert. Fast seine ganze Geschichte hindurch war dieser Staat gleichzeitig ein Werkzeug territorialer Expansion und wirtschaftlicher Entwicklung. Es war außerdem ein Staat, der sich nicht als rein nationales Instrument in der westeuropäischen Tradition verstand, sondern als Vollstrecker einer besonderen supranationalen Mission, deren zugrundeliegende »Russische Idee« je nachdem religiös, geopolitisch oder ideologisch interpretiert wurde. Als der Staat im Wesentlichen auf das von Russen bevölkerte Gebiet zusammenschrumpfte, hatte diese Mission plötzlich ausgedient.

Verschärfend auf die Krise, in die der russische Staat (sein »Wesenskern« sozusagen) nach dem Ende der Sowjetunion stürzte, wirkte sich aus, dass Russland sich plötzlich nicht nur seines imperialen Sendungsbewusstseins beraubt sah, sondern zusätzlich von innenpolitischen Modernisierern (und deren Beratern aus dem Westen) gedrängt wurde, von seinem staatskapitalistischen Wirtschaftssystem Abschied zu nehmen, um die zwischen seiner gesellschaftlichen Rückständigkeit und den fortschrittlicheren Teilen Eurasiens gähnende Kluft zu überwinden. Dies erforderte eine geradezu revolutionäre Beschrän-

---

13 Alexander Prochanow, »Tragedy of Centralism«, *Literaturnaja Rossija*, Januar 1990, S. 4-5

kung der internationalen und innenpolitischen Rolle des russischen Staates. Es erschütterte selbst die anerkanntesten Muster des russischen Lebens zutiefst und trug dazu bei, dass sich innerhalb der politischen Elite ein Gefühl geopolitischer Desorientierung ausbreitete und Uneinigkeit stiftete.

Vor diesem verwirrenden Hintergrund löste die Frage »Wohin gehört Russland und was ist Russland?« – wie man sich denken kann – alle möglichen Antworten aus. Russlands Ausdehnung und Lage im Zentrum Eurasiens bringen es mit sich, dass seine politische Führungsschicht schon seit Langem in geopolitischen Kategorien denkt. Der erste Außenminister des postimperialen und postkommunistischen Russlands, Andrej Kosyrew, bestätigte diese Denkweise in einem seiner frühen Versuche, das Verhalten des neuen Russlands auf der internationalen Bühne zu bestimmen. Kaum einen Monat nach der Auflösung der Sowjetunion bemerkte er: »Wir geben jeden Anspruch, die Menschheit zu erlösen, auf und nehmen Kurs auf Pragmatismus .... wir haben schnell begriffen, dass Geopolitik ... an die Stelle der Ideologie tritt.«[14]

Generell kann man sagen, dass in Reaktion auf den Zusammenbruch der Sowjetunion drei umfassende und zum Teil sich überschneidende geostrategische Optionen aufgetaucht sind, deren jede letztlich mit Russlands Sorge um seinen Status gegenüber den USA zusammenhängt und jeweils einige interne Varianten enthält. Diese verschiedenen Denkschulen lassen sich wie folgt klassifizieren:

1. Diejenigen, für die »die voll entwickelte strategische Partnerschaft« mit Amerika Priorität hat, die einige ihrer Anhänger tatsächlich als Codewort für ein globales Kondominat verstanden;
2. diejenigen, für die Russlands vorrangiges Anliegen seine Beziehung zum »nahen Ausland« sein muss, wobei einige für eine Form von wirtschaftlicher Integration unter der Führung Moskaus eintreten, andere aber mit der schließlich doch möglichen Wiederherstellung eines gewissen Maßes an imperialer Gewalt liebäugeln, weil

14 Interview in *Rossijskaja Gaseta,* 12. Januar 1992

damit eine Macht entstünde, die Amerika und Europa besser Paroli bieten könnte; und schließlich

3. diejenigen, die ein Gegenbündnis anstrebt, also eine Art von eurasischer Anti-USA-Koalition, die das Übergewicht der Vereinigten Staaten in Eurasien verringern soll.

Obwohl die erste der genannten Optionen in Präsident Jelzins neuer Regierungsmannschaft anfangs eindeutig den Vorrang genoss, rückte kurz darauf die zweite in den Vordergrund; die dritte wurde etwas später, Mitte der 1990er-Jahre, in Reaktion auf das um sich greifende Gefühl laut, dass Russlands postsowjetische Geostrategie unklar und ein Fehlschlag war. Zufällig erwiesen sich alle drei als historisch ungeschickt, beruhten sie doch auf ziemlich trügerischen Einschätzungen der gegenwärtigen Macht Russlands, seiner internationalen Möglichkeiten und seiner außenpolitischen Interessen.

Jelzins anfängliche Haltung unmittelbar nach dem Zusammenbruch der Sowjetunion gipfelte in der alten, aber nie ganz erfolgreichen Auffassung der Westler-Konzeption im politischen Denken Russlands, demzufolge Russland zum Westen gehöre, Teil des Westens sei und in der eigenen innenpolitischen Entwicklung den Westen so weit wie möglich nachahmen solle. Jelzin und sein Außenminister traten für diese Auffassung ein, und der Präsident brandmarkte ganz explizit Russlands imperiales Erbe. In einer Rede am 19. Dezember 1990 in Kiew äußerte er in Worten, welche die Ukrainer und Tschetschenen später gegen ihn verwenden sollten, eloquent:

> »Russland strebt nicht danach, der Mittelpunkt eines neuen Reichs zu werden. ... Besser als andere ... weiß Russland um die Schädlichkeit einer solchen Rolle, weil es diese Rolle ja lange Zeit gespielt hat. Was hatte es davon? Sind die Russen etwa dadurch freiere Menschen geworden? Wohlhabender? Glücklicher? ... Die Geschichte hat uns gelehrt, dass einem Volk, das über andere herrscht, kein Glück beschieden sein kann.«

Die bewusst freundliche Haltung, die der Westen, insbesondere die Vereinigten Staaten, gegenüber der neuen russischen Führung einnahm, war für die postsowjetischen »Westler« im russischen Außenministerium eine Quelle der Ermutigung. Sie bestärkte sie in ihren proamerikanischen Neigungen und verdrehte ihren Verfechtern den Kopf. Die neuen Führer fühlten sich geschmeichelt, mit den politischen Repräsentanten der einzigen Supermacht der Welt auf Du und Du zu stehen, und gaben sich unkritisch der Selbsttäuschung hin, ebenfalls an der Spitze einer Supermacht zu stehen. Als die Amerikaner das Schlagwort von der »voll entwickelten strategischen Partnerschaft« zwischen Washington und Moskau in die Welt setzten, schien es den Russen, als sei damit ein neues demokratisches amerikanisch-russisches Kondominat – anstelle des vormaligen Konkurrenzkampfs – sanktioniert worden.

Da dieses Kondominium von seinem Geltungsbereich her global wäre, würde Russland zum Rechtsnachfolger der früheren Sowjetunion und zum De-facto-Partner in einer globalen Übereinkunft, die auf echter Gleichberechtigung beruhte. Wie die neuen russischen Machthaber nie müde wurden zu behaupten, hätte das bedeutet, dass die übrige Welt Russland als Amerika ebenbürtig anerkennen solle, und darüber hinaus, dass kein globales Problem ohne Russlands Beteiligung und/oder Erlaubnis angepackt oder gelöst werden könne. Obwohl sie nicht offen ausgesprochen wurde, nährte diese Illusion die Vorstellung, dass Mitteleuropa irgendwie eine Region von besonderer politischer Nähe zu Russland bliebe oder sogar bleiben wollte. Die Auflösung des Warschauer Pakts und des Comecon hätte, so dachte man, keine Hinwendung ihrer früheren Mitglieder zur NATO, ja nicht einmal zur EU, zur Folge.

In der Zwischenzeit würde die russische Regierung dank westlicher Hilfe in die Lage versetzt, innere Reformen in Angriff zu nehmen, im Zuge derer sich der Staat aus dem Wirtschaftsleben zurückzöge und die Konsolidierung demokratischer Institutionen zuließe. Russlands wirtschaftliche Erholung, sein besonderer Status als gleichberechtigter Partner Amerikas und seine Attraktivität würden die vor Kurzem unabhängig gewordenen GUS-Staaten – dankbar, dass das neue Russland sie nicht bedrohte, und sich der Vorteile einer Art Union mit Russland zunehmend bewusst – zur Beteiligung an einer immer engeren wirtschaftlichen und allmählich auch politischen Integration mit Russland ermutigen, die wiederum Russlands Geltungsbereich und Macht vergrößern würden.

Problematisch an diesem Ansatz war, dass er auf einer völlig unrealistischen Einschätzung sowohl der internationalen als auch der innenpolitischen Lage Russlands beruhte. Die Vorstellung von einer »voll entwickelten strategischen Partnerschaft« war ebenso schmeichelhaft wie irreführend. Amerika verspürte keinerlei Neigung, seine Weltmacht mit Russland zu teilen; es wäre auch völlig unrealistisch gewesen. Das neue Russland war einfach zu schwach, seine Wirtschaft in einem Dreivierteljahrhundert kommunistischer Herrschaft zu heruntergekommen und das Land gesellschaftlich zu rückständig, um ein wirklicher Partner im globalen Maßstab zu sein. In den Augen der amerikanischen Führung waren Deutschland, Japan und China mindestens ebenso wichtig und einflussreich. Überdies gingen in einigen der für die Vereinigten Staaten aus nationalem Interesse zentralen geostrategischen Fragen – in Europa, dem Nahen Osten und in Fernost – die amerikanischen und russischen Bestrebungen keineswegs in die gleiche Richtung. Nachdem dann, ganz unvermeidlich, die ersten Differenzen aufgetreten waren, musste die »voll entwickelte strategische Partnerschaft« angesichts des zwischen den USA und Russland bestehenden Ungleichgewichts in politischer Macht, Finanzkraft, technischem Innovationspotenzial und kultureller Attraktion hohl erscheinen – und bei immer mehr Russen verstärkte sich der Eindruck, als sei diese Formel bewusst dazu bestimmt, Russland hinters Licht zu führen.

Vielleicht hätte die Enttäuschung abgewendet werden können, wenn sich Amerika schon früher – während der amerikanisch-russischen Flitterwochen sozusagen – den Plan einer NATO-Erweiterung zu eigen gemacht und Russland gleichzeitig »ein Angebot, das es nicht ablehnen konnte«, gemacht hätte, nämlich ein besonderes Kooperationsverhältnis zwischen Russland und der NATO. Wären die Amerikaner von vornherein klar und entschieden für eine Erweiterung des Bündnisses eingetreten unter der Bedingung, dass Russland in irgendeiner Form in den Prozess mit eingebunden werden sollte, dann hätte die spätere Enttäuschung Moskaus über die »voll entwickelte strategische Partnerschaft« möglicherweise ebenso vermieden werden können wie die fortschreitende Schwächung des prowestlichen Lagers im Kreml.

Der richtige Zeitpunkt dafür wäre im zweiten Halbjahr 1993 gewesen, unmittelbar nachdem Jelzin im August Polens Interesse an einem Beitritt zur transatlantischen Allianz als mit »den Interessen Russlands« vereinbar gebilligt hatte. Stattdessen verfolgte die Clinton-Administration unverdrossen ihre »Russland-geht-vor«-Politik, die sich noch weitere zwei Jahre dahinquälte, in denen der Kreml seine Meinung änderte und gegenüber den inzwischen auftauchenden vagen Hinweisen auf die von den USA beabsichtigte NATO-Erweiterung eine zunehmend feindliche Haltung einnahm. Als Washington 1996 endlich beschloss, der NATO-Erweiterung in seiner auf die Gestaltung einer größeren und sichereren euroatlantischen Gemeinschaft abzielenden Politik Priorität einzuräumen, hatten sich die Russen bereits in eine starre Opposition verrannt. Folglich könnte man 1993 als das Jahr einer verpassten historischen Chance ansehen.

Wie man zugeben muss, waren nicht alle russischen Bedenken gegen eine NATO-Erweiterung aus der Luft gegriffen oder böswilliger Natur. Einige Gegner, besonders im russischen Militär, verharrten in der vom Kalten Krieg geprägten Einstellung und sahen in der NATO-Erweiterung keinen wesentlichen Bestandteil eines größer werdenden Europas, sondern vielmehr das Vorrücken einer von Amerika geführten, immer noch feindlichen Allianz gegen Russland. Manche Vertreter des russischen Außenministeriums – die meisten von ihnen frühere Kader – hielten an der langjährigen geostrategischen Überzeugung fest, dass Amerika in Eurasien nichts zu suchen habe und die NATO-Erweiterung weitgehend auf den Wunsch der Amerikaner zurückgehe, ihre Einflusssphäre zu vergrößern. Zum Teil speiste sich ihr Widerstand auch aus der Hoffnung, ein neutrales Mitteleuropa werde eines Tages in den geopolitischen Einflussbereich Moskaus zurückkehren, wenn Russland wirtschaftlich wieder auf die Beine gekommen sei.

Hingegen fürchteten viele russische Demokraten, dass Russland durch die Ausdehnung der NATO von Europa ausgeschlossen und politisch geächtet bleibe und einer Mitgliedschaft im institutionellen Rahmen europäischer Zivilisation für unwürdig erachtet werde. Ein Gefühl kultureller Unterlegenheit verstärkte die politischen Ängste und ließ die NATO-Erweiterung als Kulminationspunkt einer seit Langem vom Westen betriebenen Politik der Isolierung Russlands erscheinen, das schließlich ganz allein dastehen und seinen verschiedenen Feinden wehrlos ausgeliefert sein werde. Überdies begriffen nicht einmal die demokratischen Kreise Russlands, wie tief bei den Mitteleuropäern der Unmut über ein halbes Jahrhundert Moskauer Vorherrschaft saß und wie sehr sie Teil eines größeren euroatlantischen Systems werden wollten.

Alles in allem betrachtet, hätte wahrscheinlich weder die Enttäuschung noch die Schwächung des prowestlichen Lagers vermieden werden können. Die in sich gespaltene neue russische Elite mit einem Präsidenten und einem Außenminister an der Spitze, von denen keiner eine in sich stimmige geostrategische Führung darzubieten vermochte, war weder in der Lage, klar zu definieren, was Russland in Europa wollte, noch imstande, das Ausmaß der Misere Russlands realistisch einzuschätzen. Moskaus politisch so kampfbereite Demokraten konnten sich nicht zu der Aussage durchringen, dass ein demokratisches Russland nichts gegen die Erweiterung der demokratischen transatlantischen Gemeinschaft einzuwenden habe und sich ihr anschließen wolle. Verblendet von dem Wahn, mit den USA den Status als Weltmacht zu teilen, konnte sich die politische Elite Moskaus nur schwer mit der Tatsache abfinden, dass Russland sowohl im Gebiet der einstigen Sowjetunion selbst als auch im Hinblick auf die früheren Satellitenstaaten in Mitteleuropa keine privilegierte geopolitische Position mehr einnahm.

Diese Entwicklungen spielten den Nationalisten, die 1994 die Sprache wiederzufinden begannen, ebenso in die Hände wie den Militaristen, die mittlerweile Jelzins wichtigste innenpolitische Stützen geworden waren. Ihre zunehmend schrillen und gelegentlich drohenden Töne gegenüber den mitteleuropäischen Ländern bestärkten die früheren Satellitenstaaten nur umso mehr in ihrer Entschlossenheit, den sicheren Hafen der NATO zu erreichen.

Die Weigerung des Kreml, sich von allen Eroberungen Stalins loszusagen, vertiefte die Kluft zwischen Washington und Moskau weiter. Die öffentliche Meinung des Westens, vor allem in Skandinavien, aber auch in den Vereinigten Staaten, war besonders über die zwiespältige Haltung Russlands gegenüber den baltischen Republiken Estland, Lettland und Litauen beunruhigt. Selbst demokratische Führungspersönlichkeiten, welche die Unabhängigkeit dieser Länder anerkannten und nicht auf eine Mitgliedschaft in der GUS drängten, verlegten sich wiederholt auf Drohungen, um den russischen Bevölkerungsgruppen, die in der Stalin-Ära bewusst in diesen Ländern angesiedelt worden waren, eine Vorzugsbehandlung zu verschaffen. Eine weitere Verschlechterung erfuhr die Atmosphäre, als Moskau sich ostentativ weigerte, das geheime Zusatzabkommen zum Hitler-Stalin-Pakt von 1939, das der gewaltsamen Eingliederung dieser Republiken in die Sowjetunion den Weg geebnet hatte, für null und nichtig zu erklären. Noch fünf Jahre nach dem Zusammenbruch der UdSSR bestanden Kreml-Sprecher (in einer offiziellen Erklärung vom 10. September 1996) darauf, dass sich die baltischen Staaten im Jahr 1940 freiwillig der Sowjetunion »angeschlossen« hätten.

Die postsowjetischen Machthaber hatten anscheinend auch damit gerechnet, dass der Westen Russland dabei behilflich sein würde, sich im Raum der früheren UdSSR wieder als bestimmende Kraft zu etablieren oder es zumindest nicht daran hindern würde. Daher nahmen sie es dem Westen übel, dass er bereit war, die nun unabhängigen postsowjetischen Staaten bei der Konsolidierung ihrer Eigenstaatlichkeit zu unterstützen. Während sie einerseits warnten, »dass eine Konfrontation mit den Vereinigten Staaten ... vermieden werden sollte«, behaupteten ranghohe russische Analytiker der amerikanischen Außenpolitik (nicht ganz zu Unrecht), dass die USA »in ganz Eurasien eine Reorganisierung der zwischenstaatlichen Beziehungen anstrebten ... wobei es aber auf dem Kontinent keine einzige führende Macht, sondern viele mittlere, relativ stabile und mäßig starke gäbe, die aber als einzelne oder im Kollektiv den Vereinigten Staaten zwangsläufig unterlegen seien«.[15]

Von entscheidender Bedeutung war in dieser Hinsicht die Ukraine. In der seit spätestens 1994 zunehmenden Tendenz der USA, den amerikanisch-ukrainischen Beziehungen höchste Priorität beizumessen und der Ukraine ihre neue nationale Freiheit bewahren zu helfen, erblickten viele in Moskau – sogar die sogenannten »Westler« – eine gegen das vitale russische Interesse gerichtete Politik, die Ukraine schließlich wieder in den Schoß der Gemeinschaft zurückzuholen. Dass sich die Ukraine eines Tages irgendwie »wiedereingliedern« lasse, gehört nach wie vor zum Credo vieler Mitglieder der russischen Polit-Elite.[16] Der Zusammenprall war unvermeidlich: Der Umstand, dass Russland die Souveränität der Ukraine aus geopolitischen und historischen Gründen infrage stellte, stand gegen die amerikanische

---

15 A. Bogaturow und W. Kremenjuk (beide Hochschullehrer am Amerika-Kanada-Institut der Akademie der Wissenschaften), »Ihe Americans Themselves Will Never Stop«, *Nesawissimaja Gaseta*, 28. Juni 1996

16 So wurde zum Beispiel sogar Jelzins Spitzenberater Dmitrij Rjurikow von *Interfax* (20. November 1996) dergestalt zitiert, dass er die Ukraine für »ein vorübergehendes Phänomen halte«, während Moskaus *Obschtschaja Gaseta*. (10. Dezember 1996), berichtete, dass »in absehbarer Zeit Ereignisse in der östlichen Ukraine Moskau mit einem sehr schwierigen Problem konfrontieren könnten. Massenproteste aus Unzufriedenheit werden mit Appellen oder sogar Bitten an Russland, die Region zu übernehmen, einhergehen. Recht wenige Leute in Moskau wären bereit, solche Vorhaben zu unterstützen.« Die Forderungen Moskaus nach der Krim und Sewastopol haben die Bedenken des Westens wegen der russischen Absichten genauso wenig beschwichtigt wie provokative Aktionen wie die bewusste Einbeziehung von Sewastopol in die allabendlichen Wetterberichte des öffentlichen russischen Fernsehens für russische Städte Ende 1996.

Überzeugung, dass ein imperialistisches Russland kein demokratisches Russland sein könne.

Zudem gab es rein innenpolitische Gründe dafür, dass sich eine »voll entwickelte strategische Partnerschaft« zwischen zwei »Demokratien« als Illusion erwies. Russland war einfach zu rückständig und durch den Kommunismus zu heruntergewirtschaftet, um ein brauchbarer demokratischer Partner der Vereinigten Staaten zu sein. Über dieses Kernproblem konnte auch keine vollmundige Partnerschaftsrhetorik hinwegtäuschen. Auch hatte das postsowjetische Russland nur zum Teil mit seiner Vergangenheit gebrochen. Fast alle seine »demokratischen« Politiker – selbst die von der sowjetischen Vergangenheit gründlich desillusionierten – waren nicht nur das Produkt des Sowjetsystems, sondern hochrangige Mitglieder seiner Herrschaftselite gewesen. Sie kamen nicht wie in Polen oder der Tschechischen Republik aus Dissidentenkreisen. Die wichtigsten Institutionen der Sowjetunion bestanden – wenn auch geschwächt, demoralisiert und korrumpiert – fort. Das Lenin-Mausoleum, noch immer das historische Kernstück Moskaus, ist ein Sinnbild für den anhaltenden Einfluss der kommunistischen Vergangenheit. Man stelle sich vor, Deutschland wäre nach dem Ende des Nationalsozialismus von ehemaligen »Gauleitern«, die sich demokratischer Schlagworte befleißigten, regiert worden, und mitten in Berlin hätte ein Hitler-Denkmal gestanden!

Die wirtschaftliche Misere des Landes belastete die politisch schwache neue demokratische Regierung zusätzlich. Das Bedürfnis nach durchgreifenden Reformen – dem Rückzug des russischen Staates aus dem Wirtschaftsleben – rief überzogene Erwartungen an westliche, vor allem amerikanische Hilfe hervor. Obwohl diese Hilfe, besonders vonseiten Deutschlands und der USA, immer größere Ausmaße annahm, konnte sie selbst unter günstigsten Bedingungen keine schnelle wirtschaftliche Erholung bewirken. Die damit einhergehende soziale Unzufriedenheit war Wasser auf die Mühlen der enttäuschten Kritiker, die behaupteten, dass die Partnerschaft mit den Vereinigten Staaten eine Farce sei, allein den Amerikanern nütze und Russland schade.

Kurzum, in den Jahren, die auf den Zusammenbruch der Sowjetunion folgten, bestanden weder die subjektiven noch die objektiven Bedingungen für eine effektive globale Partnerschaft. Die demokratischen »Westler« wollten einfach zu viel und konnten zu wenig in die Waagschale werfen. Sie wünschten sich eine gleichberechtigte Partnerschaft oder, besser gesagt, ein Kondominat mit Amerika, relativ freie Hand innerhalb der GUS und ein geopolitisches Niemandsland in Mitteleuropa. Doch ihre ambivalente Einstellung zur sowjetischen Vergangenheit, ihre unrealistischen Weltmachtfantasien, die schwere Wirtschaftskrise und die mangelnde Unterstützung in weiten Kreisen der Gesellschaft hatten zur Folge, dass sie das stabile und wirklich demokratische Russland nicht vorweisen konnten, von dem die Konzeption einer gleichberechtigten Partnerschaft stillschweigend ausgegangen war. Bevor Russland nicht einen langwierigen Prozess politischer Reformen, einen ebenso langwierigen Prozess demokratischer Stabilisierung und einen noch längeren Prozess sozioökonomischer Modernisierung durchmachte und damit einhergehend einen Gesinnungswandel hinsichtlich der neuen politischen Gegebenheiten nicht nur in Mitteleuropa, sondern vor allem auch im vormaligen Russischen Reich vollzog, konnte eine echte Partnerschaft mit Amerika keine taugliche geopolitische Option werden.

Unter diesen Umständen überrascht es nicht, dass die Hauptkritik an der prowestlichen Orientierung aus den Kreisen kam, die in der vorrangigen Konzentration auf das »nahe Ausland« schon frühzeitig eine außenpolitische Alternative sahen. Ihr lag die These zugrunde, dass das Konzept der »Partnerschaft« ignoriere, was für Russland am wichtigsten sein sollte, nämlich seine Beziehungen zu den früheren Sowjetrepubliken. Die Kurzformel »nahes Ausland« stand somit für eine politische Richtung, der es in erster Linie darum ging, in dem einst von der Sowjetunion eingenommenen geopolitischen Raum wieder irgendeine Art von Staatenbund mit Moskau als Zentrum der Entscheidungsfindung aufzubauen. Unter dieser Prämisse bestand breite Übereinstimmung darüber, dass eine sich auf den Westen, speziell auf Amerika, konzentrierende Politik wenig eintrage und zu viel koste. Sie erleichtere es dem Westen nur, so wurde argumentiert, die durch den Zusammenbruch der Sowjetunion entstandenen Möglichkeiten auszunutzen.

Diese Denkrichtung bot jedoch ganz verschiedenen geopolitischen Vorstellungen Raum. Sie vereinigte neben den ökonomischen Funktionalisten und Deterministen (einschließlich einiger »Westler«), die glaubten, die GUS könnte sich zu einer von Moskau gelenkten Version der EU entwickeln, auch andere, die in der wirtschaftlichen Integration eines von mehreren Werkzeugen imperialer Restauration erblickten, die entweder unter dem Dach der GUS oder durch spezielle (1996 getroffene) Vereinbarungen zwischen Russland und Weißrussland oder Russland, Weißrussland und Kirgisistan wirksam werden könnten. Ebenfalls dazu gehörten slawophile Romantiker, die für eine aus Russland, der Ukraine und Weißrussland bestehende Slawische Union eintraten, und schließlich noch die Verfechter eines etwas mystischen Eurasismus als der endgültigen Definition der bleibenden historischen Mission Russlands.

Auf einen knappen Nenner gebracht, verbirgt sich hinter der Priorität des »nahen Auslands« die durchaus vernünftige Forderung, dass Russland sich zuallererst auf die Beziehungen zu den neuerdings unabhängigen Staaten konzentrieren müsse, zumal diese allesamt dank einer Sowjetpolitik, welche die ökonomischen Abhängigkeiten unter ihnen gefördert hatte, nach wie vor an Russland gebunden sind. Sie war sowohl ökonomisch als auch geopolitisch sinnvoll. Der »gemeinsame Wirtschaftsraum«, von dem die neuen russischen Führer so oft sprachen, war ein Faktum, über das die Führer der jetzt unabhängigen Staaten nicht einfach hinwegsehen konnten. Zusammenarbeit und sogar eine gewisse Integration waren eine ökonomische Notwendigkeit. So erschien es denn nicht nur normal, sondern auch geboten, gemeinsame GUS-Institutionen voranzubringen, um die durch den politischen Zerfall der Sowjetunion ausgelösten Störungen und Auflösungserscheinungen auf wirtschaftlichem Gebiet in den Griff zu bekommen.

In den Augen mancher Russen war daher die Förderung wirtschaftlicher Integration eine zweckmäßige, wirkungsvolle und politisch verantwortungsbewusste Reaktion. Oft stellte man im Zusammenhang mit der postsowjetischen Situation eine Analogie zur EU her. Eine Wiederherstellung des Imperiums wurde von den gemäßigteren Verfechtern einer wirtschaftlichen Integration ausdrücklich abgelehnt. So trat beispielsweise ein einflussreicher Bericht mit dem Titel »Eine Strategie für Russland«, den der Rat für Außen- und Verteidigungspolitik, eine Gruppe prominenter Persönlichkeiten und Regierungsbeamter, bereits im August 1992 herausgegeben hatte, sehr pointiert für eine postimperiale, aufgeklärte Integration als dem geeigneten Programm für den postsowjetischen »gemeinsamen Wirtschaftsraum« ein.

Die Betonung des »nahen Auslands« war jedoch nicht bloß eine politisch segensreiche Doktrin regionaler Wirtschaftskooperation. Ihr geopolitischer Inhalt hatte imperiale Untertöne. Selbst der relativ moderate Bericht von 1992 sprach von einem genesenen Russland, das schließlich eine strategische Partnerschaft mit dem Westen eingehen würde, in der Russland die »Regelung der Angelegenheiten in Osteuropa, Zentralasien und im Fernen Osten« zufallen sollte. Andere Befürworter dieser Priorität waren unverfrorener, sie sprachen ausdrücklich von Russlands »einzigartiger Rolle« im postsowjetischen Raum und beschuldigten den Westen, eine antirussische Politik zu betreiben, weil er der Ukraine und den anderen nunmehr unabhängigen Staaten Hilfe zuteilwerden lasse.

Ein typisches, aber keineswegs extremes Beispiel war die These, die Jewgenij Ambartsumow, der Vorsitzende des außenpolitischen Parlamentsausschusses und frühere Anwalt einer Priorität der »Partnerschaft« 1993 aufstellte: Offen behauptete er, das Gebiet der früheren Sowjetunion sei die geopolitische Einflusssphäre Russlands, in der kein anderer Staat etwas zu suchen habe. Im Januar 1994 schlug der bis dahin energische Verfechter einer prowestlichen Option, Russlands Außenminister Andrej Kosyrew, dieselben Töne an, als er erklärte, »Russland müsse seine militärische Präsenz in den Regionen erhalten, die seit Jahrhunderten sein Interessensgebiet gewesen sind«. Und am 8. April 1994 berichtete die *Iswestija*, Russland habe nicht weniger als 28 Militärbasen auf dem Boden der neuen unabhängigen

Staaten beibehalten können – und verbände man auf der Landkarte die russischen Militärstützpunkte im Oblast Kaliningrad, in Moldawien, auf der Krim, in Armenien, Tadschikistan und auf den Kurilen untereinander mit einer Linie, so ergäben sich ungefähr die Außengrenzen der früheren Sowjetunion, wie die Karte auf Seite 149 zeigt.

Im September 1995 gab Präsident Jelzin ein Kommuniqué über die russische Politik gegenüber der GUS heraus, das Russlands Ziele wie folgt festlegte:

> »Das Hauptziel der Politik Russlands gegenüber der GUS ist es, einen wirtschaftlich und politisch integrierten Staatenbund zu schaffen, der in der Lage ist, seinen angestammten Platz in der Weltgemeinschaft zu behaupten, ... um Russland als die führende Kraft in dem Gefüge neuer zwischenstaatlicher politischer und wirtschaftlicher Beziehungen auf dem Territorium der früheren Sowjetunion zu konsolidieren.«

Man beachte den Nachdruck, der auf den politischen Aspekt des Bemühens, auf die darin erwähnte Körperschaft gelegt wird, die ihren Platz in der Weltgemeinschaft behauptet, und auf Russlands dominierende Rolle innerhalb dieser neuen Körperschaft. Ganz in diesem Sinne bestand Moskau darauf, dass auch die politischen und militärischen Beziehungen zwischen Russland und der vor Kurzem ins Leben gerufenen GUS verstärkt würden: dass ein militärisches Oberkommando geschaffen werde; dass die Streitkräfte der GUS-Staaten durch einen formellen Vertrag verbunden würden; dass die Außengrenzen der GUS zentraler (sprich: Moskauer) Kontrolle unterworfen werden; dass russische Streitkräfte bei jedweden friedenserhaltenden Maßnahmen innerhalb der GUS die entscheidende Rolle spielen sollten und dass die GUS eine gemeinsame Außenpolitik entwerfen sollte, deren wichtigste Institutionen in Moskau anzusiedeln seien (und nicht Minsk, wie 1991 ursprünglich vereinbart), wobei der russische Präsident den Vorsitz bei den GUS-Gipfeltreffen innehaben sollte.

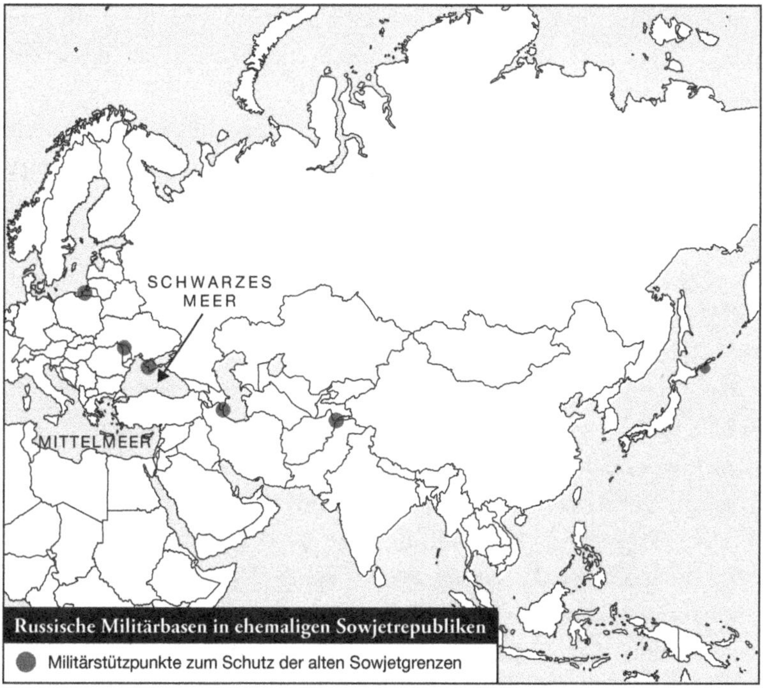

Das war noch nicht alles. Das Dokument vom September 1995 gab außerdem bekannt, dass

> »die Ausstrahlung russischer Radio- und Fernsehsendungen im nahen Ausland garantiert, die Verbreitung der russischen Presse in der Region unterstützt und die nationalen Kader für die GUS von Russland ausgebildet werden sollten.
>
> Besonderes Augenmerk sollte darauf gerichtet werden, die Position Russlands als wichtigstes Ausbildungszentrum auf dem Gebiet der früheren Sowjetunion wiederherzustellen, und dabei stets darauf zu achten, dass die junge Generation in den GUS-Staaten im Geiste freundlicher Beziehungen zu Russland erzogen wird«.

Die russische Duma ging Anfang 1996 sogar so weit, die Auflösung der Sowjetunion für ungültig zu erklären. Im Frühjahr desselben Jahres unterzeichnete Russland zwei Abkommen für eine engere wirtschaftliche und politische Integration Russlands mit den bereitwilligeren GUS-Staaten. Das eine, mit großem Pomp und Trara unterzeichnete Abkommen stellte im Effekt eine Union zwischen Russland und Weißrussland innerhalb einer neuen »Gemeinschaft Souveräner Republiken« (die russische Abkürzung »SSR« erinnerte dabei auffällig an das »SSSR« der Sowjetunion) sicher, und die andere, von Russland, Kasachstan, Weißrussland und Kirgisistan unterzeichnete Übereinkunft postulierte langfristig die Schaffung einer »Gemeinschaft integrierter Staaten«. Beide Initiativen deuteten darauf hin, dass Russland der Integrationsprozess innerhalb der GUS zu langsam voranging und es entschlossen war, ihn unverdrossen voranzutreiben.

Dem Nachdruck, mit dem auf eine Verbesserung der zentralen Mechanismen der GUS hingearbeitet wurde, lagen also durchaus objektive wirtschaftliche Gegebenheiten zugrunde, doch war eine starke Dosis subjektiver imperialer Entschlossenheit darin unverkennbar. Keine der beiden Komponenten aber lieferte eine philosophischere oder auch nur geopolitische Antwort auf die quälende Frage: »Was ist Russland? Worin bestehen seine wahre Mission und sein rechtmäßiger Geltungsbereich?«

Genau dieses Vakuum versuchte der ebenfalls auf das »nahe Ausland« konzentrierte Eurasismus auszufüllen, der immer mehr Anklang fand. Diese eher kulturphilosophische, ja sogar mystisch gefärbte Gruppierung ging von der Prämisse aus, Russland sei geopolitisch und kulturell weder so recht ein europäisches noch ein asiatisches Land, und postulierte für es eine eigene, eurasische Identität. Diese Identität besteht im Vermächtnis der glorreichen Vergangenheit Russlands, das einst über die riesige Landmasse zwischen Mitteleuropa und den Küsten des Stillen Ozeans gebot, dem Vermächtnis eines Reichs, das Moskau durch permanente Expansion nach Osten in vier Jahrhunderten zusammengeschmiedet hatte. Im Zuge dieser Expansion wurden viele nicht-russische und nicht-europäische Völker

Russland assimiliert sowie politisch und kulturell die Grundlagen für einen einzigartigen eurasischen Menschenschlag geschaffen.

Der Eurasismus als Weltanschauung entstand nicht erst in der postsowjetischen Ära. Zum ersten Mal machte er im 19. Jahrhundert von sich reden, gewann aber im 20. Jahrhundert als eine klare Alternative zum Sowjetkommunismus und als Reaktion auf die angebliche Dekadenz des Westens an Einfluss. Russische Emigranten propagierten diese Lehre besonders aktiv als eine Alternative zur Sowjetideologie, da sie begriffen, dass das nationale Erwachen der nicht-russischen Bevölkerung innerhalb der Sowjetunion einer übergreifenden, transnationalen Doktrin bedurfte, damit nicht der etwaige Untergang des Kommunismus zur Auflösung des alten Großrussischen Reichs führe.

Bereits Mitte der 1920er-Jahre hatte diesen Standpunkt Fürst Nikolai Sergejewitsch Trubetzkoy, ein führender Vertreter des Eurasismus, überzeugend dargelegt:

> »Mit seiner Zerstörung der geistigen Grundlagen und der nationalen Einzigartigkeit des russischen Lebens, der Verbreitung der materialistischen Weltanschauung, die ja Europa wie auch Amerika tatsächlich schon beherrscht, war der Kommunismus in Wirklichkeit eine verschleierte Version des Europäismus. ...
>
> Unsere Aufgabe ist es, eine völlig neue Kultur zu schaffen, unsere eigene Kultur, die der europäischen Zivilisation nicht gleichen wird, ... wenn Russland kein Abklatsch europäischer Kultur mehr ist, ... wenn es endlich wieder zu sich selbst findet: Russland-Eurasien, das sich als Erbe Dschingis Khans versteht und sich seines großen Vermächtnisses bewusst ist.«[17]

Diese Botschaft fand in der allgemeinen Verwirrung nach dem Zusammenbruch der Sowjetunion willige Ohren. Auf der einen Seite

17 N. S. Trubetzkoj, »The Legacy of Gengis Khan«, *Cross Currents,* 9 (1990), S. 68

wurde der Kommunismus als Verrat am russisch-orthodoxen Glauben und der besonderen, mystischen »Russischen Idee« verdammt, und auf der anderen Seite lehnte man Verwestlichungstendenzen ab, weil der Westen, vor allem Amerika, als korrupt, der russischen Kultur abträglich und gewillt galt, Russlands historisch gewachsenen und geographisch verwurzelten Anspruch auf die alleinige Verfügungsgewalt über die eurasische Landmasse in Abrede zu stellen.

Einen akademischen Anstrich erhielt der Eurasismus in den viel zitierten Werken des Historikers, Geographen und Ethnographen Lew Gumiljow, dessen Bücher *Das mittelalterliche Russland und die Große Steppe*, *Die Rhythmen Eurasiens* und *Die Ethnographie in geschichtlicher Zeit* nachdrücklich für die These eintraten, dass Eurasien der natürliche geographische Schauplatz für den besonderen »Ethnos« der russischen Bevölkerung sei, das Ergebnis einer historischen Symbiose zwischen Russen und den nicht-russischen Steppenbewohnern, die eine kulturell und geistig einzigartige eurasische Identität geschaffen habe. Gumiljow gab zu bedenken, dass eine Anpassung an den Westen für das russische Volk geradezu den Verlust »seines Volkstums und seiner Seele« bedeuten würde.

Diese Ansichten fanden bei einer Vielzahl nationalistischer Politiker Russlands ein, wenn auch primitiveres, Echo. Jelzins früherer Vizepräsident Alexander Ruzkoj behauptete beispielsweise, »dass Russland aufgrund seiner geopolitischen Lage die einzige Brücke zwischen Asien und Europa darstellt. Wer auch immer diesen Raum beherrscht, wird der Herr der Welt werden.«[18] Trotz seines marxistisch-leninistischen Hintergrunds betonte Jelzins kommunistischer Herausforderer bei der Wahl 1996, Gennadij Sjuganow, ganz im Sinne des mystischen Eurasismus, die besondere geistige und missionarische Rolle des russischen Volks in den riesigen Weiten Eurasiens und ließ erkennen, dass Russland aufgrund seiner Kultur und seiner günstigen geographischen Basis geradezu prädestiniert sei, weltweit als Führungsmacht aufzutreten.

---

18 Interview mit *L'Espresso* (Rom), 15. Juli 1994

Eine etwas nüchternere und pragmatischere Version brachte der Regierungschef von Kasachstan, Nursultan Nazarbajew, vor. Da er es zu Hause mit einem Anteil russischer Siedler zu tun hat, die dem der einheimischen Bevölkerung zahlenmäßig in etwa entspricht, und nach einem Rezept suchte, den Druck Moskaus auf politische Integration etwas abzuschwächen, propagierte Nazarbajew den Plan einer »Eurasischen Union« als Alternative zu der gesichts- und wirkungslosen GUS. Wenn seiner Version auch der mystische Inhalt der traditionelleren eurasischen Lehre fehlte und sie gewiss keine spezielle missionarische Rolle für die Russen als Führer Eurasiens postulierte, so beruht sie doch auf der Idee, dass Eurasien – geographisch etwa dem Raum der Sowjetunion entsprechend – ein organisches Ganzes bilde, dem auch eine politische Dimension gebühre.

Das Bemühen, dem »nahen Ausland« die höchste Priorität im geopolitischen Denken Russlands einzuräumen, war bis zu einem gewissen Grad insofern gerechtfertigt, als ein Mindestmaß an Ordnung und Übereinkunft zwischen dem postimperialen Russland und den neuerdings unabhängigen Staaten sicherheitspolitisch und ökonomisch geboten ist. Einen surrealistischen Zug erhielt die Diskussion jedoch durch die unausrottbare Vorstellung, dass eine irgendwie geartete politische Integration des früheren Imperiums erstrebenswert und auch machbar sei, gleichgültig, ob sie nun freiwillig (aus wirtschaftlichen Gründen) zustande käme oder auf Druck eines wieder erstarkten russischen Staates – ganz zu schweigen von dessen besonderem eurasischen oder slawischen Sendungsauftrag.

In dieser Hinsicht vernachlässigt der häufig beschworene Vergleich mit der EU einen ganz wesentlichen Unterschied: Selbst unter Berücksichtigung des besonderen Einflusses Deutschlands wird die EU nicht von einer einzelnen Macht dominiert, die alle übrigen Mitglieder zusammengenommen, bezogen auf das Bruttosozialprodukt, die Bevölkerungszahl oder die territoriale Ausdehnung in den Schatten stellt. Auch ist die EU nicht der Nachfolgestaat eines früheren Imperiums, dessen befreite Mitglieder vom tiefen Misstrauen durchdrungen sind, dass »Integration« ein Codewort für erneute Unterordnung sein könnte. Doch unabhängig davon kann man sich die Reaktion der europäischen Staaten unschwer vorstellen, wenn Deutschland offiziell erklärt hätte, dass es seine Führungsrolle in der EU gemäß dem oben zitierten russischen Statement vom September 1995 zu festigen und auszubauen gedenke.

Der Vergleich mit der EU hinkt noch aus einem anderen Grund. Die offenen und relativ hochentwickelten westeuropäischen Volkswirtschaften waren für eine demokratische Integration bereit, und die Mehrheit der Westeuropäer versprach sich von einer solchen Integration handfeste wirtschaftliche und politische Vorteile. Die ärmeren westeuropäischen Länder profitierten außerdem von erheblichen Subventionsleistungen. Dagegen sind die jetzt unabhängigen Staaten in Russland ein instabiles Staatswesen, das nach wie vor hegemoniale Ambitionen hegt und sie, in ökonomischer Hinsicht, auf ihrem Weg zur Weltwirtschaft und in ihrem Zugang zu dringend benötigten ausländischen Investitionen behindert.

Besonders in der Ukraine stießen Moskaus Vorstellungen einer »Integration« auf massive Opposition. Ihre politische Führung erkannte rasch, dass eine solche »Integration« angesichts der russischen Vorbehalte gegen die Legitimität der ukrainischen Unabhängigkeit am Ende womöglich zum Verlust nationaler Souveränität führen könnte. Zudem hatte der ungeschickte Umgang Russlands mit dem neuen ukrainischen Staat – seine mangelnde Bereitschaft, dessen Grenzen anzuerkennen, sein Bestreiten des ukrainischen Rechts auf die Krim, sein Beharren auf der ausschließlich exterritorialen Kontrolle über den Hafen von Sewastopol – dem neu erwachten ukrainischen Nationalismus eine unverkennbar antirussische Schärfe verliehen. Während der kritischen Aufbauphase des neuen Staates gewann die Ukraine ihr nationales Selbstverständnis daher nicht wie früher aus ihrer antipolnischen und antirumänischen Orientierung, sondern konzentrierte sich stattdessen auf den Widerstand gegen alle russischen Vorschläge für eine stärker integrierte GUS, eine besondere slawische Gemeinschaft (mit Russland und Weißrussland) oder eine eurasische Union, die allesamt als imperialistische Taktik der Russen gedeutet wurden.

Die Entschlossenheit der Ukraine, sich ihre Unabhängigkeit zu bewahren, erhielt Unterstützung von außen. Obwohl der Westen, vor allem die Vereinigten Staaten, die geopolitische Bedeutung eines souveränen ukrainischen Staates erst reichlich spät erkannt hatte, waren um die Mitte der 1990er-Jahre sowohl Amerika als auch Deutschland zu eifrigen Förderern einer eigenständigen Identität Kiews geworden. Im Juli 1996 erklärte der amerikanische Verteidigungsminister: »Die Bedeutung der unabhängigen Ukraine ist für die Sicherheit und Stabilität von ganz Europa nicht zu überschätzen«, und im September ging der deutsche Kanzler – ungeachtet seiner starken Unterstützung für Boris Jelzin – sogar noch weiter mit der Versicherung, »dass der feste Platz der Ukraine in Europa von niemandem mehr infrage gestellt werden kann und dass niemand mehr der Ukraine ihre Unabhängigkeit und territoriale Integrität streitig machen darf«. Auch amerikanische Politiker bezeichneten nun das amerikanisch-ukrainische Verhältnis als eine »strategische Partnerschaft« und bedienten sich dabei bewusst desselben Begriffs, mit dem sie die Beziehung der USA zu Russland beschrieben hatten.

Wie bereits erwähnt, ist ohne die Ukraine eine imperiale Restauration, sei es auf der Basis der GUS, sei es auf der einer paneurasischen Identität, keine realistische Option. Ohne die Ukraine würde ein russisches Reich »asiatischer« werden und sich weiter von Europa entfernen. Überdies fühlten sich die jungen unabhängigen Staaten Zentralasiens, von denen nur wenige auf eine neue Union mit Moskau erpicht waren, von der Idee des Eurasismus nicht sonderlich angesprochen. Nachdrücklich unterstützte Usbekistan die von der Ukraine vorgebrachten Einwände gegen eine Aufwertung der GUS zu einer supranationalen Einheit und den Widerspruch gegen russische Initiativen zur Stärkung der GUS.

Andere GUS-Staaten, die Moskaus Absichten mit dem gleichen Argwohn verfolgten, scharten sich lieber um die Ukraine und Usbekistan, um sich Moskaus Drängen nach engerer politischer und militärischer Integration zu widersetzen oder zu entziehen. Überdies gewann in fast allen neuen Staaten ein nationales Selbstbewusstsein an Stärke, das sich in der Einsicht Bahn bricht, die frühere Unterwerfung unter Moskau als Kolonialismus zu verwerfen und deren verschiedene Erblasten auszumerzen. So schloss sich sogar das ethnisch verwundbare Kasachstan den anderen zentralasiatischen Staaten an, als diese das kyrillische Alphabet aufgaben und durch die lateinische Schrift ersetzten, wie das schon früher die Türkei getan hatte. Um die Mitte der 1990er-Jahre war unter der stillschweigenden Führung der Ukraine und unter Einschluss von Usbekistan, Turkmenistan, Aserbaidschan, manchmal auch Kasachstan, Georgien und Moldawien inoffiziell ein Block entstanden, der die russischen Anstrengungen, die GUS als ein Werkzeug zu politischer Integration zu gebrauchen, vereitelte.

Da sich die Ukraine lediglich zu einer begrenzten und hauptsächlich wirtschaftlichen Integration bereitfand, verlor auch die Idee einer »Slawischen Union« jede praktische Bedeutung. Diese von einigen Slawophilen propagierte Vorstellung ist berühmt geworden, weil Alexander Solschenyzin sie unterstützte, und wurde geopolitisch bedeutungslos, nachdem die Ukraine sie verworfen hatte. Übrig blieben nur Russland und Weißrussland als potenzielle Mitglieder der Union, die stillschweigend auch eine Spaltung Kasachstans beinhaltete, dessen nördliche Regionen mit ihrer russischen Bevölkerung diesem suprastaatlichen Gebilde hätten beitreten können. Verständlicherweise wirkte eine solche Option auf die neuen Machthaber in Kasachstan nicht gerade beruhigend und verstärkte lediglich die antirussische Stoßrichtung ihres Nationalismus. Für Weißrussland wäre eine slawische Union ohne die Ukraine faktisch der Eingliederung in Russland gleichgekommen, die zudem unberechenbare nationalistische Ressentiments entzündet hätte.

Diese außenpolitischen Hindernisse einer auf das »nahe Ausland« abstellenden Geostrategie wurden durch ein wichtiges innenpolitisches Hemmnis noch gewaltig verstärkt: die Stimmung des russischen Volks. Trotz des ganzen rhetorischen Aufwands, mit dem Vertreter verschiedener Parteien Russlands besondere Mission im Raum der früheren Sowjetunion beschworen, zeigte das russische

Volk – teils aus schierem Überdruss, teils aus gesundem Menschenverstand – wenig Begeisterung für ehrgeizige Programme imperialer Restauration. Es war für offene Grenzen, freien Handel, Reisefreiheit, einen Sonderstatus der russischen Sprache, aber eine politische Integration, vor allem, wenn sie mit materiellen Kosten oder Blutvergießen verbunden war, rief keinen großen Enthusiasmus hervor. Der Zerfall der »Union« wurde zwar bedauert und ihre Wiederherstellung für gut befunden, aber die öffentliche Reaktion auf den Krieg in Tschetschenien deutete darauf hin, dass jede Politik, die über den Einsatz von wirtschaftlichem Einfluss und/oder politischem Druck hinausginge, in der Bevölkerung keine Unterstützung fände.

Kurzum, eine Politik, die dem »nahen Ausland« Priorität einräumte, musste sich letzten Endes deshalb als unzulänglich erweisen, weil Russland politisch nicht stark genug war, um den neuen Staaten seinen Willen aufzuzwingen, und weil es auch wirtschaftlich nicht attraktiv genug war, um diese freiwillig zu engerer Zusammenarbeit zu bewegen. Russischer Druck bewirkte lediglich, dass sie sich noch stärker nach außen orientierten, zuerst und vor allem zum Westen hin, in einigen Fällen auch nach China und zu den wichtigsten islamischen Staaten im Süden. Als Russland in Reaktion auf die NATO-Osterweiterung einen eigenen Militärblock zu bilden drohte, stand die Frage »Mit wem?« wohl kaum zur Debatte, denn die peinliche Antwort wäre gewesen: allenfalls vielleicht mit Weißrussland und Tadschikistan.

Zuvor schon waren die neuen Staaten aus Furcht vor den möglichen politischen Konsequenzen selbst gegenüber vollkommen legitimen und notwendigen Formen wirtschaftlicher Integration mit Russland immer misstrauischer geworden. Mit den Vorstellungen von seiner angeblichen eurasischen Mission und der slawischen Mystik isolierte sich Russland zugleich nur noch stärker von Europa und vom Westen ganz allgemein. Infolgedessen wurde die postsowjetische Krise festgeschrieben, und es wurden eine notwendige Modernisierung und Verwestlichung der russischen Gesellschaft – wie Kemal Atatürk sie nach dem Zusammenbruch des Osmanischen Reichs in die Wege geleitet hatte – verzögert. Die Option »nahes Ausland« bescherte Russland keine politische Lösung, sondern eine geopolitische Illusion.

Wenn aber kein Kondominat mit Amerika und ebenso wenig das »nahe Ausland« – welche andere geostrategische Option stand Russland dann noch offen? Da die Westorientierung für ein »demokratisches Russland« nicht zur ersehnten globalen Gleichstellung mit Amerika führte, die ohnehin mehr Schlagwortcharakter hatte, als dass sie der Realität entsprochen hätte, machte sich unter den Demokraten Enttäuschung breit. Hingegen verleitete die widerwillige Einsicht, dass eine »Reintegration« des alten Imperiums bestenfalls eine ferne Möglichkeit sei, einige russische Geopolitiker dazu, mit dem Gedanken irgendeiner Gegenallianz zu spielen, die sich gegen die Vormachtstellung der USA in Eurasien richten sollte.

Anfang 1996 ersetzte Präsident Jelzin seinen westlich orientierten Außenminister Kosyrew durch den erfahreneren, aber zu Sowjetzeiten linientreu kommunistischen Fachmann für internationale Beziehungen Jewgenij Primakow, dessen Interesse seit langem schon dem Iran und China galt. Einige russische Kommentatoren stellten bereits die Vermutung an, dass es unter Primakow schneller zu einer neuen »antihegemonialen« Koalition der drei Mächte kommen werde, die an einer Schwächung der amerikanischen Position das größte geopolitische Interesse haben. Bestärkt wurde dieser Eindruck durch die ersten Reisen, die Primakow als neuer Außenminister unternahm, und einige seiner anfänglichen Äußerungen. Zudem schienen die chinesisch-iranische Verbindung im Waffenhandel wie auch die Neigung Russlands, dem Iran größeren Zugang zur Kernenergie zu verschaffen, die idealen Voraussetzungen für einen engeren politischen Dialog und schließlich für ein Bündnis zu bieten. Im Ergebnis könnten sich so, zumindest theoretisch, die führende slawische Macht, die militanteste islamische Macht sowie der bevölkerungsreichste und mächtigste asiatische Staat zusammenfinden und eine starke Koalition auf die Beine stellen.

Für jede Option einer derartigen Gegenallianz musste zunächst einmal die bilaterale chinesisch-russische Beziehung erneuert werden:

Dabei ließ sich aus dem Groll, den die politischen Führungen beider Staaten über das Auftreten Amerikas als einziger globaler Supermacht hegten, prächtig Kapital schlagen. Zu Beginn des Jahres 1996 reiste Jelzin nach Peking und unterzeichnete eine Erklärung, in der das Streben nach globaler »Hegemonie« ausdrücklich verurteilt wurde, ein deutlicher Hinweis darauf, dass die beiden Staaten sich gegen die USA verbünden würden. Im Dezember erwiderte der chinesische Premierminister Li Peng den Besuch, und beide Seiten wiederholten nicht nur ihre Ablehnung eines »von einer einzigen Macht beherrschten« internationalen Systems, sondern sprachen sich auch für den Ausbau bestehender Bündnisse aus. Russische Kommentatoren begrüßten diese Entwicklung, sahen sie darin doch eine positive Verschiebung im globalen Machtverhältnis und eine passende Antwort auf das Eintreten Amerikas für eine NATO-Osterweiterung. Manche konnten sogar eine gewisse Schadenfreude nicht verhehlen, dass das chinesisch-russische Bündnis den USA die verdiente Quittung präsentiere.

Allerdings kann sich eine Koalition, die Russland mit China und dem Iran verbände, nur dann entwickeln, wenn die Vereinigten Staaten so kurzsichtig sind, sich China und den Iran gleichzeitig zum Feind zu machen. Zwar kann diese Eventualität nicht ausgeschlossen werden, und das Verhalten der USA in den Jahren 1995 und 1996 schien beinahe der Vorstellung zu entsprechen, dass sie sowohl zu Teheran als auch zu Peking auf Konfrontationskurs gehen wollten. Doch war weder der Iran noch China bereit, sich in strategischer Hinsicht mit einem instabilen und schwachen Russland zusammenzutun. Beide erkannten, dass sie sich mit einer derartigen Koalition, ginge sie über ein gelegentliches taktisches Säbelrasseln hinaus, den Zugang zu den Industrieländern des Westens sowie deren Investitionsmöglichkeiten und deren dringend benötigter Technik verbauen würden. Russland hatte zu wenig anzubieten, um in einer solchen antihegemonialen Koalition einen wirklich brauchbaren Partner abzugeben.

In Ermangelung einer verbindenden Ideologie und bloß aus einer »antihegemonialen« Animosität heraus würde eine solche Koalition im Grunde eine Dritte-Welt-Gruppierung gegen die führenden Nationen der Ersten Welt sein. Keines ihrer Mitglieder könnte viel dabei gewinnen, und vor allem China würde seine enormen Investitionszuflüsse aufs Spiel setzen. Auch für Russland »würde das Phantom einer russisch-chinesischen Allianz ... die Gefahr verschärfen, abermals von westlicher Technik und westlichem Kapital abgeschnitten zu werden«, wie ein kritisch eingestellter russischer Geopolitiker dazu bemerkte.[19] Der Zusammenschluss würde am Ende vielleicht sogar alle ihre Teilnehmer, ob nun zwei oder drei, zu anhaltender Isolation und gemeinsamer Rückständigkeit verurteilen.

Zudem schlüge jede ernsthafte Bemühung Russlands, eine solche »antihegemoniale« Koalition zustande zu bringen, zum Vorteil Chinas aus. Da es über eine größere, arbeitsamere, innovativere und dynamischere Bevölkerung verfügt und möglicherweise gewisse territoriale Absichten auf Russland hat, würde China Russland unweigerlich auf den Status eines Juniorpartners degradieren, während es ihm an den Mitteln (und wahrscheinlich auch am ehrlichen Wunsch) fehlt, Russland aus der derzeitigen Talsohle herauszuhelfen. Russland würde somit zum Puffer zwischen einem expandierenden Europa und einem expansionistischen China werden.

Und schließlich hegten einige außenpolitische Experten Russlands weiterhin die Hoffnung, dass ein Stillstand des europäischen Einigungsprozesses einschließlich vielleicht westlicher Meinungsverschiedenheiten über die künftige Gestalt der NATO am Ende zumindest taktische Möglichkeiten für einen russisch-deutschen oder russisch-französischen Flirt zum Schaden des transatlantischen Verhältnisses zwischen Europa und den USA eröffnen könnten. Diese Perspektive war nicht gerade neu, denn während des gesamten Kalten Kriegs versuchte Moskau immer wieder einmal, die deutsche oder die französische Karte zu spielen. Dennoch erschien es einigen Moskauer Geopolitikern keineswegs abwegig, dass eine Stagnation in der EU

---

19 Alexeij Bogaturow, »Current Relations and Prospects for Interaction Between Russia and the United States«, *Nesawissimaja Gaseta*, 28. Juni 1996

Chancen für taktische Überlegungen zeitigen könnte, die sich womöglich zum Nachteil Amerikas ausschlachten ließen.

Aber das ist auch so ziemlich alles, was damit erreicht werden könnte: rein taktische Optionen. Weder Frankreich noch Deutschland dürfte wohl so leicht die Verbindung zu den USA aufgeben. Ein gelegentlicher Flirt, vor allem mit den Franzosen, der sich auf irgendwelche begrenzten Fragen beschränkt, ist nicht auszuschließen – aber einer geopolitischen Richtungsänderung müsste schon ein massiver Umschwung in der Europapolitik vorausgehen, ein Scheitern der europäischen Einigung und ein Zusammenbruch der transatlantischen Bindungen. Und selbst dann wären die europäischen Staaten wohl kaum geneigt, sich geopolitisch auf ein desorientiertes Russland hin auszurichten.

In letzter Konsequenz bietet also keine der Optionen für ein Gegenbündnis eine brauchbare Alternative. Die Lösung für Russlands geopolitisches Dilemma wird nicht in einer Gegenallianz zu finden sein, ebenso wenig wird sie sich mit der Illusion einer gleichberechtigten strategischen Partnerschaft mit Amerika erreichen lassen oder durch irgendeine neue politische oder ökonomische Integration auf dem Gebiet der früheren Sowjetunion. Alle drücken sich vor der einzigen Wahl, die Russland tatsächlich bleibt.

Das Dilemma der einzigen Alternative

Russlands einzige geostrategische Option – die Option, die ihm eine realistische Rolle auf der internationalen Bühne eintragen und auch seine Chancen für eine gesellschaftliche Veränderung und Modernisierung erhöhen könnte – ist Europa. Und zwar nicht irgendein Europa, sondern das transatlantische Europa einer erweiterten EU und NATO. Ein solches Europa nimmt Gestalt an, wie wir in Kapitel 3 gesehen haben, und es wird aller Wahrscheinlichkeit nach auch eng mit Amerika verbunden bleiben. An dieses Europa wird sich Russland halten müssen, wenn es die Gefahr einer geopolitischen Isolation vermeiden will.

Als Partner ist Russland für die USA viel zu schwach, aber es ist immer noch zu stark, um einfach ihr Patient zu sein. Es könnte zu einem Problem werden, es sei denn, Amerika schafft eine Atmosphäre, in der die Russen schneller zur Überzeugung gelangen, dass die beste Wahl für ihr Land eine immer organischere Beziehung zu einem transatlantischen Europa ist. Obwohl ein langfristiges russisch-chinesisches und russisch-iranisches strategisches Bündnis unwahrscheinlich ist, sollte Amerika in jedem Fall eine Politik vermeiden, die Russland davon abbringen könnte, die notwendige geopolitische Wahl zu treffen. Daher sollten die Beziehungen der USA zu China und dem Iran möglichst so formuliert werden, dass deren Folgen für Russlands geopolitische Planungen berücksichtigt bleiben. Fortbestehende Illusionen über große geostrategische Optionen können außerdem die historische Wahl hinauszögern, die Russland treffen muss, um aus seiner tiefen Malaise herauszukommen.

Nur ein Russland, das willens ist, sich mit den neuen ökonomischen und auch geopolitischen Gegebenheiten in Europa abzufinden, wird innenpolitisch von der immer umfassenderen transkontinentalen europäischen Zusammenarbeit im Handel, in der Kommunikation, bei den Investitionen und im Bildungssektor profitieren. Russlands Teilnahme an Sitzungen des Europarats ist daher ein Schritt in die richtige Richtung. Es ist ein Vorgeschmack auf weitere institutionelle Verbindungen zwischen dem neuen Russland und dem wachsenden Europa. Diesen Weg einzuschlagen heißt für Russland auch, dass es keine andere Wahl haben wird, als schließlich denselben Kurs zu verfolgen wie seinerzeit die postosmanische Türkei, als sie ihre Großmachtfantasien aufzugeben und sich ganz bewusst auf eine Modernisierung, Europäisierung und Demokratisierung zuzubewegen beschloss.

Keine andere Option kann Russland die Vorteile verheißen, die ein modernes, reiches, demokratisches, an die USA gekoppeltes Europa zu bieten vermag. Europa und Amerika stellen für einen nicht auf

Expansion ausgerichteten, demokratischen russischen Nationalstaat keine Bedrohung dar. Sie haben weder territoriale Absichten auf Russland, was man von China nicht behaupten kann, noch teilen sie mit ihm eine unsichere und potenziell explosive Grenze wie die ethnisch und territorial unklar verlaufende zu den muslimischen Völkern im Süden. Im Gegenteil, für Europa wie für Amerika ist ein nationales und demokratisches Russland eine geopolitisch wünschenswerte Größe, eine Quelle der Stabilität im unberechenbaren eurasischen Komplex.

Infolgedessen steht Russland vor dem Dilemma, dass erstens die Entscheidung für Europa und Amerika um greifbarer Vorteile willen in erster Linie erfordert, seiner imperialen Vergangenheit klar und deutlich abzuschwören, und es zweitens hinsichtlich der sich erweiternden politischen und Sicherheitsbindung Europas an Amerika nicht dauernd seine Einstellung ändern darf. Ersteres bedeutet Anpassung an den geopolitischen Pluralismus, der sich im Gebiet der früheren Sowjetunion durchgesetzt hat. Eine solche Anpassung schließt eine wirtschaftliche Zusammenarbeit nicht aus, etwa nach dem Vorbild der alten europäischen Freihandelszone, aber sie kann nicht in die politische Souveränität der neuen Staaten eingreifen – aus dem einfachen Grund, weil diese es nicht wollen. Am wichtigsten ist in diesem Zusammenhang, dass Russland die Unabhängigkeit der Ukraine, deren Grenzen und eigenständige nationale Identität ohne Wenn und Aber anerkennt und respektiert.

Die zweite Kröte dürfte möglicherweise schwerer zu schlucken sein. Ein wirklich kooperatives Verhältnis zur transatlantischen Gemeinschaft kann nicht auf der Vorstellung beruhen, dass diejenigen demokratischen Staaten Europas, die daran teilnehmen möchten, ausgeschlossen werden, weil die Russen es so bestimmen. Die Erweiterung der Gemeinschaft braucht nicht überstürzt zu werden, und sie sollte wahrlich nicht durch einen antirussischen Unterton zustande kommen. Aber weder kann noch sollte sie durch einen politischen Machtspruch zum Stillstand gebracht werden, der eine längst überholte Vorstellung von europäischer Sicherheitsarchitektur widerspiegelt. Ein expandierendes und demokratisches Europa muss ein nach vorne offener historischer Prozess sein und darf keinen politisch willkürlichen geographischen Beschränkungen unterworfen werden.

Für viele Russen mag das Dilemma der einzigen Alternative vorerst nicht so schnell und so leicht zu überwinden sein. Es wird eine enorme politische Willensanstrengung erfordern und vielleicht auch eine herausragende Führungspersönlichkeit, die in der Lage ist, die Wahl zu treffen und die Vision eines demokratischen, national begrenzten, wirklich modernen und europäischen Russlands zu entwerfen. Das mag eine Weile dauern. Die Überwindung der postkommunistischen und postimperialen Krisen wird nicht nur mehr Zeit in Anspruch nehmen als die Umformung Mitteleuropas nach dem Zusammenbruch des Kommunismus, sondern auch einer weitblickenden und stabilen politischen Führung bedürfen. Ein russischer Atatürk ist derzeit nicht in Sicht. Nichtsdestoweniger werden die Russen schließlich begreifen müssen, dass Russlands nationale Selbstfindung kein Akt der Kapitulation, sondern der Befreiung ist.[20] Sie werden akzeptieren müssen, dass das, was Jelzin 1990 in Kiew sagte, den Kern der Sache traf. Und auch ein nicht-imperiales Russland wird immer noch ein bedeutendes Machtgebilde sein, das sich weit über Eurasien, der Welt größte territoriale Einheit, erstreckt.

Auf jeden Fall wird sich die Antwort auf die Frage: »Was ist Russland und wo liegt Russland?« erst nach und nach einstellen, und der Westen muss dabei eine kluge und feste Haltung einnehmen. Amerika und Europa werden helfen müssen. Sie sollten Russland nicht nur ein Sonderabkommen oder eine Charta mit der NATO anbieten, sondern auch einen Prozess in Gang setzen, in dem sie mit Russland gemeinsam ausloten, wie ein transkontinentales System der Sicher-

---

20 Anfang 1996 veröffentlichte der General Alexander Lebed einen bemerkenswerten Artikel, »The Fading of Empire and the Rebirth of Russia«, *Segodnja*, 26. April 1996, der viel zur Klärung beitrug.

heit und Zusammenarbeit aussehen könnte, das weit über die lockere Struktur der Organisation für Sicherheit und Zusammenarbeit in Europa (OSZE) hinausreicht. Wenn Russland seine demokratischen Institutionen im Inneren festigt und greifbare Fortschritte in einer auf freiem Markt basierenden Volkswirtschaft vorweist, sollte auch eine noch engere Anbindung an die NATO und die EU nicht ausgeschlossen werden.

Für den Westen und vor allem für Amerika gilt es derweil, eine Politik zu verfolgen, die das Dilemma der einzigen Alternative fortschreibt. Die politische und wirtschaftliche Stabilisierung der jungen postsowjetischen Staaten ist ein wesentlicher Faktor, um Russland zu einem historisch neuen Selbstverständnis zu nötigen. Somit muss die Rückendeckung für die neuen postsowjetischen Staaten – für einen geopolitischen Pluralismus im Raum der früheren Sowjetmacht – ein integraler Bestandteil einer Politik sein, die Russland dazu bringen soll, seine europäische Option ohne Wenn und Aber auszuüben. Drei dieser Staaten fallen geopolitisch besonders ins Gewicht, nämlich Aserbaidschan, Usbekistan und die Ukraine.

Ein unabhängiges Aserbaidschan kann dem Westen den Zugang zu dem an Ölquellen reichen Kaspischen Becken und Zentralasien eröffnen. Umgekehrt würde ein unterworfenes Aserbaidschan bedeuten, dass Zentralasien von der Außenwelt abgeriegelt wird und somit politisch dem russischen Druck nach einer Wiedereingliederung ausgesetzt sein könnte. Usbekistan, volksmäßig der vitalste und am dichtesten besiedelte zentralasiatische Staat, stellt ein Haupthindernis für jede neuerliche Kontrolle Russlands über die Region dar. Seine Unabhängigkeit ist von entscheidender Bedeutung für das Überleben der anderen zentralasiatischen Staaten, und es versteht sich des russischen Drucks noch am besten zu erwehren.

Am wichtigsten allerdings ist die Ukraine. Da die EU und die NATO sich nach Osten ausdehnen, wird die Ukraine schließlich vor der Wahl stehen, ob sie Teil einer dieser Organisationen werden möchte. Es ist davon auszugehen, dass sie, um ihre Eigenständigkeit zu stärken, beiden beitreten möchte, wenn deren Einzugsbereich einmal an ihr

Territorium grenzt und sie die für eine Mitgliedschaft notwendigen inneren Reformen durchgeführt hat. Obwohl dies Zeit brauchen wird, kann der Westen – während er seine Sicherheits- und Wirtschaftskontakte mit Kiew weiter ausbaut – schon jetzt das Jahrzehnt zwischen 2005 und 2015 als Zeitrahmen für eine sukzessive Eingliederung der Ukraine ins Auge fassen. Dadurch vermindert er das Risiko, dass die Ukrainer befürchten könnten, Europas Erweiterung werde an der polnisch-ukrainischen Grenze haltmachen.

Trotz seiner Proteste wird sich Russland wahrscheinlich damit abfinden, dass die NATO-Erweiterung im Jahre 1999 mehrere mitteleuropäische Länder einschließt, zumal sich die kulturelle und soziale Kluft zwischen Russland und Mitteleuropa seit dem Zusammenbruch des Kommunismus beträchtlich vertieft hat. Im Gegensatz dazu wird es Russland unvergleichlich schwerer fallen, sich mit einem NATO-Beitritt der Ukraine abzufinden, denn damit würde Moskau eingestehen, dass das Schicksal der Ukraine nicht mehr organisch mit dem Russlands verbunden ist. Doch wenn die Ukraine als unabhängiger Staat überleben soll, wird sie eher mit Mitteleuropa als mit Eurasien zusammengehen müssen. Soll sie zu Mitteleuropa gehören, wird sie an den Bindungen Mitteleuropas zur NATO und der Europäischen Union voll teilhaben müssen. Akzeptiert Russland diese Bindungen, dann legt es sich damit in seiner Entscheidung fest, selbst Teil von Europa zu werden. Russlands Weigerung wäre gleichbedeutend mit dem Eingeständnis, dass es Europa zugunsten einer eurasischen Identität und Existenz den Rücken kehrt.

Der springende Punkt ist, und das darf man nicht vergessen: Ohne die Ukraine kann Russland nicht zu Europa gehören, wohingegen die Ukraine ohne Russland durchaus Teil von Europa sein kann. Sollte Russland beschließen, sich mit Europa zusammenzutun, liegt es letztendlich in seinem ureigenen Interesse, dass die Ukraine in ein größer werdendes europäisches Haus aufgenommen wird. Tatsächlich könnte die Beziehung der Ukraine zu Europa der Wendepunkt für Russland selbst sein. Das heißt aber, dass der Zeitpunkt, an dem Russland über sein Verhältnis zu Europa entscheidet, noch nicht in Sicht ist – »entscheidet« in dem Sinne, dass die Wahl der Ukraine zugunsten Europas auch Russland zu einer Entscheidung drängt, wie es mit ihm weitergehen soll: ob es ein Teil von Europa oder ein eurasischer Außenseiter werden will, der im Grunde weder zu Europa noch zu Asien gehört und aus seinen Konflikten mit dem »nahen Ausland« nicht mehr herausfindet.

Es ist zu hoffen, dass ein kooperatives Verhältnis zwischen einem wachsenden Europa und Russland nicht bei offiziellen bilateralen Kontakten stehen bleibt, sondern sich zu organischeren und verbindlicheren Formen wirtschaftlicher und politischer Zusammenarbeit und einer echten Sicherheitspartnerschaft entwickelt. Auf diese Weise könnte Russland im Lauf der ersten beiden Jahrzehnte des kommenden Jahrhunderts zunehmend integraler Bestandteil eines Europas werden, das nicht nur die Ukraine umfasst, sondern bis zum Ural und noch darüber hinausreicht. Eine Anbindung oder gar irgendeine Form von Mitgliedschaft für Russland in den europäischen und transatlantischen Strukturen würde wiederum drei kaukasischen Ländern – Georgien, Armenien und Aserbaidschan –, die eine Bindung an Europa verzweifelt herbeiwünschen, die Türen zu einem Beitritt öffnen.

Wie schnell dieser Prozess vonstattengehen wird, lässt sich nicht voraussagen, aber eines ist sicher: Er wird sich beschleunigen, wenn ein geopolitischer Kontext geschaffen ist, der Russland in diese Richtung treibt und zugleich andere Versuchungen ausschließt. Je rascher sich Russland auf Europa zubewegt, desto schneller wird sich das schwarze Loch im Herzen Eurasiens mit einer Gesellschaft füllen, die immer modernere und demokratischere Züge annimmt. Tatsächlich besteht das Dilemma für Russland nicht mehr darin, eine geopolitische Wahl zu treffen, denn im Grunde geht es ums Überleben.

5

DER EURASISCHE BALKAN

Das Wort »Balkan« beschwört in Europa Bilder von ethnischen Konflikten und Stellvertreterkriegen der Großmächte herauf. Auch Eurasien hat seinen Balkan, aber dieser ist viel größer, dichter bevölkert und religiös und ethnisch noch heterogener. Der Eurasische Balkan liegt innerhalb des großen Rechtecks, das die in Kapitel 2 angesprochene Kernzone globaler Instabilität einschließt und Teile von Südosteuropa, Zentralasien sowie einige Gebiete Südasiens, die Region um den Persischen Golf und den Nahen Osten umfasst.

Der Eurasische Balkan bildet den inneren Kern dieses großen Rechtecks (siehe Karte auf Seite 170) und unterscheidet sich von seinem äußeren Umfeld durch ein besonderes Merkmal: Er ist ein Machtvakuum. Zwar sind auch die meisten Staaten der Golfregion und im Nahen Osten alles andere als stabil, doch üben im Endeffekt die USA dort eine Schiedsrichterfunktion aus. Die instabile Region steht mithin unter der Hegemonie einer einzigen Macht, die einen mäßigenden Einfluss ausübt. Im Gegensatz dazu erinnert der Eurasische Balkan wirklich an den uns aus der Geschichte dieses Jahrhunderts vertrauteren Balkan in Südosteuropa: Die dortigen Staaten sind nicht nur hochgradig instabil, ihre Lage und innenpolitische Verfassung fordern die mächtigen Nachbarn zum Eingreifen geradezu heraus, und jeder widersetzt sich mit Entschlossenheit den Bestrebungen der anderen, die Vorherrschaft in der Region zu erlangen. Es ist dieses wohlvertraute Phänomen des Machtvakuums mit der ihm eigenen Sogwirkung, das die Bezeichnung »Eurasischer Balkan« rechtfertigt.

Im Kampf um die Vormacht in Europa winkte der traditionelle Balkan als geopolitische Beute. Geopolitisch interessant ist auch der Eurasische Balkan, den die künftigen Transportwege, die zwischen den reichsten und produktivsten westlichen und östlichen Randzonen Eurasiens bessere Verbindungen herstellen sollen, durchziehen werden. Außerdem kommt ihm sicherheitspolitische Bedeutung zu, weil mindestens drei seiner unmittelbaren und mächtigsten Nachbarn von alters her Absichten darauf hegen und auch China ein immer größeres politisches Interesse an der Region zu erkennen gibt. Viel wichtiger aber ist der Eurasische Balkan, weil er sich zu einem ökonomischen Filetstück entwickeln könnte, konzentrieren sich in dieser Region doch ungeheure Erdgas- und Erdölvorkommen, von wichtigen Mineralien einschließlich Gold ganz zu schweigen.

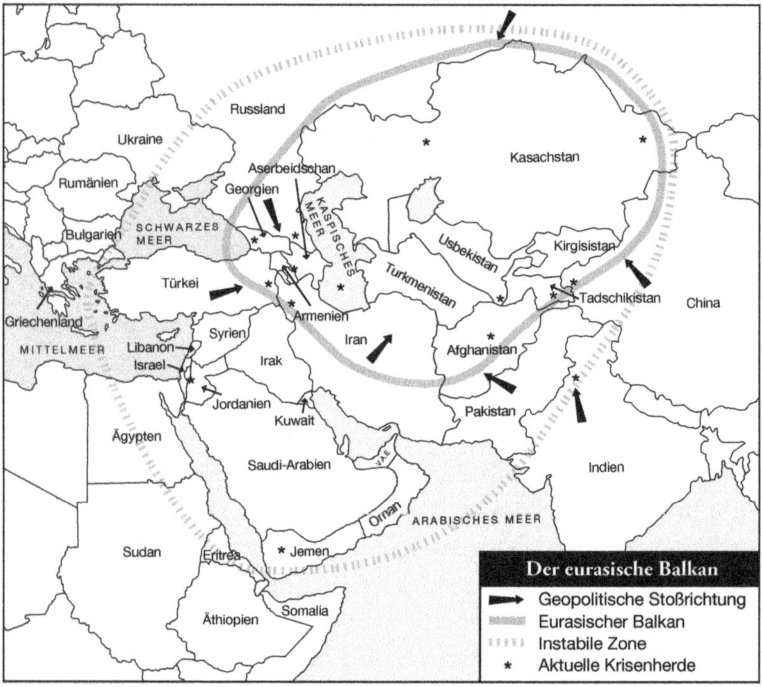

Der weltweite Energieverbrauch wird sich in den nächsten zwei oder drei Jahrzehnten enorm erhöhen. Schätzungen des US-Department of Energy zufolge steigt die globale Nachfrage zwischen 1993 und 2015 um voraussichtlich mehr als 50 Prozent, und dabei dürfte der Ferne Osten die bedeutendste Zunahme verzeichnen. Schon jetzt ruft der wirtschaftliche Aufschwung in Asien einen massiven Ansturm auf die Erforschung und Ausbeutung neuer Energievorkommen hervor, und es ist bekannt, dass die zentralasiatische Region und das Kaspische Becken über Erdgas- und Erdölvorräte verfügen, die diejenigen Kuwaits, des Golfs von Mexiko oder der Nordsee in den Schatten stellen.

Zugang zu diesen Ressourcen zu erhalten und an ihrem Reichtum teilzuhaben, sind Ziele, die nationale Ambitionen wecken, Gruppeninteressen anregen, historische Ansprüche wieder ins Bewusstsein rücken, imperiale Bestrebungen aufleben lassen und internationale Rivalitäten anfachen. Noch brisanter wird die Situation dadurch, dass die Region nicht nur ein Machtvakuum darstellt, sondern auch intern instabil ist. Jeder der dortigen Staaten hat ernste innenpolitische Schwierigkeiten, die einzelnen Staatsgrenzen sind entweder von Gebietsansprüchen ihrer Nachbarn gefährdet, oder sie liegen in ethnischen Problemzonen; nur wenige sind bevölkerungsmäßig homogen, und einige sind in gewalttätige Auseinandersetzungen territorialer, ethnischer oder religiöser Art verwickelt.

Der ethnische Hexenkessel

Der Eurasische Balkan besteht aus neun Ländern, auf welche die obige Beschreibung mehr oder weniger zutrifft, und vielleicht kommen bald zwei weitere Staaten hinzu. Die neun Länder sind Kasachstan, Kirgisistan, Tadschikistan, Usbekistan, Turkmenistan, Aserbaidschan, Armenien und Georgien – alle gehörten einst zur früheren Sowjetunion – sowie Afghanistan. Die beiden Länder, die man hinzuzählen könnte, nämlich die Türkei und der Iran, sind politisch und wirtschaftlich wesentlich lebensfähiger; beide bemühen sich aktiv um regionalen Einfluss innerhalb des Eurasischen Balkans und stellen somit wichtige geostrategische Akteure in der Region dar. Zugleich sind beide für ethnische Konflikte anfällig. Käme es zur Destabilisierung eines dieser Staaten oder auch beider, wären die internen Probleme der Region nicht mehr zu steuern, und selbst eine regionale Vorherrschaft der Russen könnte dann womöglich nicht mehr verhindert werden.

Die drei Kaukasusrepubliken – Armenien, Georgien und Aserbaidschan – können sich auf historisch gewachsene Staatsvölker stützen, die ein ausgeprägtes, alle Bevölkerungsschichten durchdringendes Nationalgefühl besitzen; ihr Gemeinwohl wird hauptsächlich von äußeren Konflikten bedroht. Die fünf neuen zentralasiatischen Staaten hingegen befinden sich überwiegend in einer nationalen Aufbauphase, in der Stammeszugehörigkeiten und ethnische Identitäten nach wie vor eine große Rolle spielen, sodass Uneinigkeit im Inneren zum Hauptproblem wird. Beide Gruppen von Staaten wecken somit das Verlangen ihrer mächtigeren und von Großmachtfantasien getriebenen Nachbarn, diese Situation auszuschlachten.

Der Eurasische Balkan ist ein ethnisches Mosaik (siehe die Tabelle auf Seite 175). In den 1920er- und 1930er-Jahren des 20. Jahrhunderts haben sowjetische Kartographen die Grenzen der damals formal gegründeten Sowjetrepubliken ganz willkürlich gezogen. (Die Ausnahme bildet Afghanistan, das nie zur Sowjetunion gehörte.) Zwar hatte man sich bei der Grenzziehung weitgehend von ethnischen Gesichtspunkten leiten lassen, doch sie spiegelte zugleich das Interesse des Kreml wider, im südlichen Teil des russischen Imperiums keinen Zusammenschlüssen einzelner Volksgruppen Vorschub zu leisten, die womöglich gegen die Zentralgewalt aufbegehrt hätten.

Demgemäß lehnte Moskau die Vorschläge zentralasiatischer Nationalisten ab, die verschiedenen zentralasiatischen Völker (von denen die meisten bis dahin allenfalls ein rudimentäres Nationalgefühl entwickelt hatten) zu einer politischen Einheit zu verschmelzen – die den Namen »Turkestan« tragen sollte –, und rief lieber fünf »Republiken«

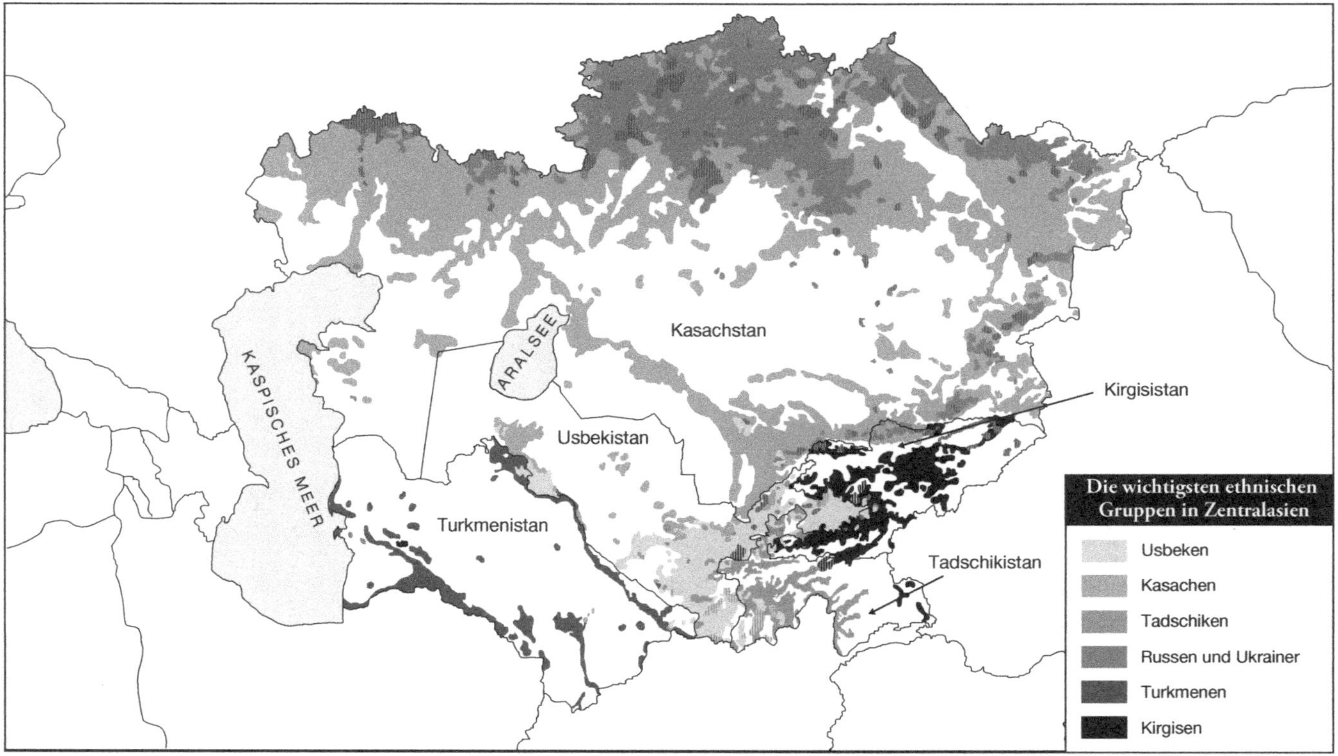
Die wichtigsten ethnischen Gruppen in Zentralasien
Usbeken
Kasachen
Tadschiken
Russen und Ukrainer
Turkmenen
Kirgisen
Kasachstan
Kirgisistan
Tadschikistan
Usbekistan
Turkmenistan
ARALSEE
KASPISCHES MEER

ins Leben, gab jeder einen neuen Namen und Zickzackgrenzen. Vermutlich aus ähnlichen Erwägungen verwarf der Kreml Pläne für eine kaukasische Föderation. Daher überrascht es nicht, dass nach dem Zusammenbruch der Sowjetunion sowohl die drei Kaukasusrepubliken als auch die fünf zentralasiatischen Staaten auf ihre neue Unabhängigkeit und auf die notwendige regionale Zusammenarbeit kaum vorbereitet waren.

Prompt gerieten im Kaukasus die weniger als vier Millionen Armenier und die über acht Millionen Aserbaidschaner in einen offenen Krieg über den Status von Nagorny-Karabach, einer Enklave mit überwiegend armenischer Bevölkerung innerhalb Aserbaidschans. Der Konflikt gipfelte in groß angelegten ethnischen Säuberungen, und Hunderttausende von Flüchtlingen und Vertriebenen flohen in beide Richtungen. Da die Armenier Christen und die Aserbaidschaner Muslime sind, trug die Auseinandersetzung Züge eines Religionskriegs. Der in ökonomischer Hinsicht verheerende Konflikt erschwerte es beiden Ländern zusätzlich, ihre Unabhängigkeit zu festigen. Armenien war genötigt, sich stärker auf Russland zu verlassen, das erhebliche militärische Hilfe zur Verfügung gestellt hatte, während Aserbaidschans neue Unabhängigkeit und innere Stabilität durch den Verlust von Nagorny-Karabach gefährdet waren.

Aserbaidschans Verwundbarkeit zeitigt Auswirkungen auf die gesamte Region, weil seine Lage es zu einem geopolitischen Dreh- und Angelpunkt macht. Es ist gewissermaßen der lebenswichtige »Korken«, der den Zugang zur »Flasche« mit den Bodenschätzen des Kaspischen Beckens und Zentralasiens kontrolliert. Ein unabhängiges, türkisch sprechendes Aserbaidschan mit Pipelines, die es mit der ethnisch verwandten und politisch als Stütze agierenden Türkei verbinden, verwehrte Russland eine Monopolstellung im Zugang zur Region und beraubte es damit seines entscheidenden politischen Druckmittels auf die Politik der neuen zentralasiatischen Staaten. Dennoch ist Aserbaidschan von zwei Seiten starkem Druck ausgesetzt: von Russland im Norden und vom Iran im Süden. Im nordwestlichen Iran leben zweimal so viele Aseris – einige Schätzungen sprechen sogar

Demographische Daten zum Eurasischen Balkan

	Afghanistan	Armenien	Aserbaidschan	Georgien	Kasachstan	Kirgisistan	Tadschikistan	Turkmenistan	Usbekistan
Bevölkerung (in Mio. 1995)	21,3	3,6	7,8	5,7	17,4	4,8	6,2	4,1	23,1
Lebenserwartung	45,4	72,4	71,1	73,1	68,3	68,1	69,0	65,4	68,8
Ethnische Zusammensetzung (Schätzung 1995)	Patschunen 38% Tadschiken 25% Hasaras 19% Usbeken 6%	Armenier 93% Aseri 3% Russen 2% andere 2 %	Aseri 90% Dagestani 3,2% Russen 2,5% Armenier 2,3% andere 2%	Georgier 70,1% Armenier 8,1% Russen 6,3% Aseri 5,7% Osseten 3% Abchasen 1,8% andere 2%	Kasachen 41,9% Russen 37% Ukrainer 5,2% Deutsche 4,7% Usbeken 2,1% Tartaren 2% andere 7%	Kirgisen 52,4% Russen 21,5% Usbeken 12,9% Ukrainer 2,5% Deutsche 2,4% andere 8,3%	Tadschiken 64,9% Usbeken 25% Russen 3,5% andere 6,6%	Turkmenen 73,3% Russen 9,8% Usbeken 9% Kasachen 2% andere 5,9%	Usbeken 71,4% Russen 8,3% Tadschiken 4,7% Kasachen 4,1% Tartaren 2,4 Karakalpaken 2,1% andere 7%
Bruttosozialprodukt (in Mill. $*)	keine Angabe	8,1	13,8	6,0	55,2	8,4	8,5	13,1	54,5
Wichtige Exportgüter	Weizen Vieh Obst Teppiche Wolle Edelsteine	Gold Aluminium Transportgeräte Elektrogeräte	Öl, Gas Chemikalien Erdölförderungszubehör Textilien Wolle	Zitrusfrüchte Tee Wein Maschinen Eisenmetalle Nichteisenmetalle	Öl Eisenmetalle Nichteisenmetalle Chemikalien Getreide Wolle Fleisch Kohle	Wolle Chemikalien Baumwolle Eisenmetalle Nichteisenmetalle Schuhe Maschinen Tabak	Baumwolle Aluminium Obst Pflanzenöl Textilien	Erdgas Baumwolle** Petroleumproduktion** Elektrizität Textilien Teppiche	Baumwolle Gold Erdgas Mineraldünger Nichteisen-/Eisenmetalle Textilien Lebensmittel

* Kaufkraftpartät von 1994, extrapoliert nach Schätzungen der Weltbank für 1992.

** Turkmenistan ist der Welt zehntgrößter Baumwollerzeuger, es verfügt über die fünfgrößten Erdgas-und Erdölreserven der Welt von 20 Millionen – wie in Aserbaidschan. Da der Iran separatistische Tendenzen unter seinen Aseris befürchtet, betrachtet er die Souveränität Aserbaidschans mit recht gemischten Gefühlen, obwohl beide Völker dem Islam angehören. Folglich sieht sich Aserbaidschan bei seinen Verhandlungen mit dem Westen sowohl russischem als auch iranischem Druck ausgesetzt.

Anders als in Armenien oder Aserbaidschan mit ihrer ethnisch recht homogenen Bevölkerung gehören etwa 30 Prozent der sechs Millionen Georgier ethnischen Minderheiten an. Überdies hegen diese kleinen Volksgruppen, die in ihrer Organisationsform und ihrem Selbstverständnis eher Stämmen gleichen, Groll gegen die georgische Herrschaft. Nach der Auflösung der Sowjetunion machten sich daher die Osseten und die Abchasen den innergeorgischen Machtkampf zunutze, um sich von Georgien abzuspalten. Dies geschah mit stillschweigender Rückendeckung Russlands, das Georgien zum Verbleib in der GUS (aus der sich Georgien anfangs gänzlich zurückziehen wollte) und zur Duldung russischer Militärbasen auf seinem Territorium zwingen wollte, um das Gebiet von der Türkei abzuriegeln.

Die instabile Lage in Zentralasien hat vor allem innenpolitische Gründe. Vier der fünf neuen unabhängigen zentralasiatischen Staaten gehören dem türkischen Sprach- und Kulturraum an. Tadschikistans Sprache und Kultur sind persisch, während Afghanistan (außerhalb der früheren Sowjetunion) ein Mosaik aus pathanischen, tadschikischen, paschtunischen und persischen Volksgruppen ist. Die Bewohner aller sechs Länder sind Muslime, wenn auch die Tadschiken zum größten Teil der schiitischen Glaubensrichtung des Islam anhängen. Obwohl diese Völker mehrheitlich jahrhundertelang persischer, türkischer und russischer Herrschaft unterstanden, hat diese Erfahrung unter ihnen kein Bewusstsein eines gemeinsamen regionalen Interesses entstehen lassen. Im Gegenteil: Aufgrund ihrer unterschiedlichen ethnischen Zusammensetzung sind sie für innere und äußere Konflikte ausgesprochen anfällig – für die mächtigeren Nachbarn ein Anreiz, sich in die inneren Angelegenheiten dieser Staaten einzumischen.

Die wichtigsten der fünf jüngst in die Unabhängigkeit entlassenen zentralasiatischen Staaten sind Kasachstan und Usbekistan. Kasachstan ist der »Schild« und Usbekistan die »Seele« des nationalen Erwachens der verschiedenen Völker in der Region. Durch seine Größe und geographische Lage schützt Kasachstan die anderen vor direktem russischem Druck, da nur Kasachstan an Russland grenzt. Seine etwa 18 Millionen Menschen zählende Bevölkerung besteht zu etwa 35 Prozent aus Russen (in der gesamten Region schwindet der russische Bevölkerungsanteil stetig) und zu weiteren 20 Prozent aus nicht kasachischen Volksstämmen, ein Umstand, der es den neuen kasachischen Machthabern – die selbst immer nationalistischere Töne anschlagen, aber nur knapp die Hälfte der gesamten Bevölkerung des Landes vertreten – erschwert hat, ihren Staat auf der Basis von Volkstum und Sprache aufzubauen.

Die in dem neuen Staat lebenden Russen sind natürlich der kasachischen Führung nicht wohlgesonnen. Als die ehemaligen Kolonialherren gehören sie zur gebildeteren und besser situierten Schicht und fürchten um ihre Privilegien. Außerdem blicken sie auf den neuen kasachischen Nationalismus mit kaum verhüllter, aus kulturellem Dünkel gespeister Verachtung herab. Da die russischen Kolonisten in den nordwestlichen wie auch in den nordöstlichen Teilen Kasachstans eindeutig in der Überzahl sind, drohte Kasachstan im Falle einer tiefgehenden Verschlechterung der kasachisch-russischen Beziehungen die territoriale Spaltung. Zugleich leben mehrere hunderttausend Kasachen auf der russischen Seite der Staatsgrenze und im Nordosten Usbekistans, dem Land, das die Kasachen als ihren Hauptrivalen um die Führung in Zentralasien betrachten.

Usbekistan ist ein durchaus ernsthafter Kandidat. Es ist zwar kleiner und weniger mit Bodenschätzen gesegnet als Kasachstan, hat aber eine größere Bevölkerung (fast 25 Millionen) und, viel wichtiger noch, eine wesentlich homogenere Bevölkerung als Kasachstan aufzuweisen. Angesichts der höheren Geburtenrate unter den Einheimischen und des allmählichen Exodus der Russen werden bald etwa drei Viertel des Volkes Usbeken sein mit einer vor allem in Taschkent, der Hauptstadt des Landes, ansässigen bedeutungslosen russischen Minderheit.

Geschickt führt die politische Elite des Landes den neuen Staat bewusst und unmittelbar auf das im Mittelalter bestehende riesige Reich Tamerlans (1336 bis 1404) zurück, dessen Hauptstadt Samarkand das berühmte regionale Zentrum für das Studium der Religion, der Astronomie und der Künste war. Diese Abstammung erfüllt das moderne Usbekistan mit einem tieferen Bewusstsein historischer Kontinuität und regionaler Sendung, als das bei seinen Nachbarn der Fall ist. In der Tat betrachten manche Usbeken ihr Land als den nationalen Kern eines gemeinsamen zentralasiatischen Staatsgebildes, dessen Hauptstadt vermutlich Taschkent wäre. Die politische Führungsschicht Usbekistans – und in zunehmendem Maße auch seine Bevölkerung – bringt bessere subjektive Voraussetzungen für einen modernen Nationalstaat mit als die Herrschaftseliten der anderen zentralasiatischen Staaten, und sie ist – ungeachtet innenpolitischer Schwierigkeiten – fest entschlossen, nie mehr auf den Status einer Kolonie zurückzufallen.

Infolgedessen kommt Usbekistan bei der Förderung eines modernen Nationalismus eine Vorreiterrolle zu, was unter seinen Nachbarn ein gewisses Unbehagen erregt. Im gleichen Maße, wie die führenden usbekischen Politiker bei der Staatsbildung und in ihrem Eintreten für größere regionale Selbstständigkeit das Tempo vorgeben, wecken die größere nationale Homogenität und das stärkere Nationalbewusstsein des Landes bei den Regierenden von Turkmenistan, Kirgisistan, Tadschikistan und sogar Kasachstan Befürchtungen, dass sich Usbekistans Führungsrolle in der Region zu regionaler Vorherrschaft auswachsen könnte. Diese Besorgnis behindert die regionale Zusammenarbeit der neuen souveränen Staaten – die von den Russen natürlich ohnehin nicht gefördert wird – und perpetuiert die Verwundbarkeit der Region.

Allerdings ist auch Usbekistan nicht ganz frei von ethnischen Spannungen. Südliche Teile des Landes, vor allem um die historisch und kulturell bedeutenden Zentren Samarkand und Buchara, sind überwiegend von Tadschiken bevölkert, die sich mit den von Moskau gezogenen Grenzen nicht abfinden wollen. Weiter kompliziert wird die Lage noch durch den Umstand, dass im westlichen Tadschikistan Usbeken leben und in Kirgisistans wirtschaftlich wichtigem Fergana-Tal (wo es in den vergangenen Jahren zu blutigen Auseinandersetzungen ethnischer Gruppen gekommen ist) sowohl Usbeken als auch Tadschiken ansässig sind, gar nicht zu reden von den Usbeken im Norden Afghanistans.

Von den übrigen drei aus russischer Kolonialherrschaft hervorgegangenen zentralasiatischen Staaten, nämlich Kirgisistan, Tadschikistan und Turkmenistan, ist nur Letzteres, ethnisch gesehen, relativ geschlossen. Ungefähr 75 Prozent seiner 4,5 Millionen Einwohner sind Turkmenen, während Usbeken und Russen jeweils weniger als zehn Prozent der Bevölkerung ausmachen. Dank seiner geschützten geographischen Lage ist es relativ weit weg von Russland. Von weitaus größerer geopolitischer Bedeutung für die Zukunft des Landes sind Usbekistan und der Iran. Wenn erst einmal Pipelines in die Region führen, verheißen die wahrhaft riesigen Erdgasvorkommen Turkmenistans seiner Bevölkerung eine blühende Zukunft.

Die fünf Millionen zählende Bevölkerung Kirgisistans ist sehr viel gemischter. Die Kirgisen stellen etwa 55 Prozent der Gesamtbevölkerung und die Usbeken etwa 13 Prozent, während der Anteil der Russen in jüngster Zeit um fünf Prozent auf etwas über 15 Prozent zurückfiel. Vor der Unabhängigkeit stellten die Russen das Gros der technischen Intelligenz; ihre Massenflucht hat der Wirtschaft des Landes geschadet. Obzwar reich an Bodenschätzen und von einer landschaftlichen Schönheit, die ihm die Bezeichnung »zentralasiatische Schweiz« eintrug (wodurch es zu einem neuen Touristengebiet werden könnte), ist das zwischen China und Kasachstan eingezwängte Kirgisistan stark davon abhängig, inwieweit Kasachstan seine Souveränität behaupten kann.

Tadschikistan ist, ethnisch gesehen, nur etwas homogener. Seine 6,2 Millionen Einwohner sind zu knapp zwei Dritteln Tadschiken und zu mehr als 25 Prozent Usbeken (die von den Tadschiken mit einer gewissen Feindseligkeit betrachtet werden), während die verbleibenden Russen noch etwa drei Prozent ausmachen. Wie anderswo ist jedoch selbst die dominierende ethnische Gemeinschaft strikt – ja sogar krass – nach Stämmen gegliedert. Ein nationales Bewusstsein ist weitgehend auf die politische Elite in den Städten beschränkt. Infolgedessen hat die Unabhängigkeit nicht nur bürgerkriegsähnliche Zustände ausgelöst, sondern auch Russland einen bequemen Vorwand geliefert, Teile seiner Armee weiterhin im Land zu belassen. Die starken tadschikischen Minderheiten jenseits der Grenze, im Nordosten Afghanistans, machen die ethnische Lage noch komplizierter. Es leben fast ebenso viele Tadschiken in Afghanistan wie in Tadschikistan, ein Sachverhalt, der zusätzlich dazu beiträgt, die Stabilität in der Region zu untergraben.

Das gegenwärtige Durcheinander in Afghanistan ist ebenfalls ein sowjetisches Vermächtnis, obwohl das Land nie zur Sowjetunion gehörte. Zerrissen durch die sowjetische Besatzung und den langjährigen Guerillakrieg, der in dem Land geschürt wurde, ist Afghanistan nur noch dem Namen nach ein Nationalstaat. Seine 22 Millionen Einwohner hat man streng nach ethnischen Kriterien getrennt mit der Folge, dass die Gräben zwischen den einheimischen Paschtunen, Tadschiken und Hasaras immer tiefer werden. Der Dschihad gegen die russischen Besatzer machte die Religion zum dominierenden Faktor im politischen Leben des Landes und hat die ohnehin scharfen politischen Differenzen mit dogmatischem Eifer versetzt. Afghanistan muss somit nicht nur als ein Teil des ethnischen Hexenkessels in Zentralasien betrachtet, sondern auch politisch dem Eurasischen Balkan zugerechnet werden.

Obwohl die ehemaligen zentralasiatischen Sowjetrepubliken wie auch Aserbaidschan allesamt überwiegend von Muslimen bevölkert sind, haben ihre politischen Eliten – großenteils Produkte der Sowjetära – fast durchweg nichts mit Religion im Sinn und die Staaten eine weltliche Verfassung. Es ist jedoch anzunehmen, dass ihre Bevölkerungen ebenso, wie sie die traditionellen Sippen- und Stammesbindungen durch ein modernes Nationalbewusstsein ersetzen, verstärkt ein islamisches Bewusstsein entwickeln werden. Eine islamische Wiedererweckung, die bereits von außen her vom Iran, aber auch von Saudi-Arabien Unterstützung erfährt, wird wahrscheinlich aggressive Nationalismen beflügeln, die jeglicher Reintegration unter russischer – und mithin ungläubiger – Herrschaft entschiedenen Widerstand entgegensetzen.

Genauer gesagt dürfte der Prozess der Islamisierung auch die innerhalb Russlands verbliebenen Muslime anstecken. Ihre Zahl beläuft sich auf etwa 20 Millionen und übersteigt diejenge der nunmehr unter fremder Herrschaft in den unabhängigen zentralasiatischen Staaten lebenden Russen (circa 9,5 Millionen) um das Doppelte. Die russischen Muslime machen mithin etwa 13 Prozent der russischen Bevölkerung aus, und es ist beinahe unvermeidlich, dass sie ihre Rechte auf eine eigenständige religiöse und politische Identität selbstbewusster einklagen werden. Auch wenn dieser Anspruch nicht die Form einer Forderung nach absoluter Unabhängigkeit, wie in Tschetschenien, annimmt, wird er sich mit den unlösbaren Problemen überschneiden, denen sich Russland angesichts seines jüngsten Großmachtabenteuers und der russischen Minoritäten in den neuen Staaten in dieser Region weiterhin wird stellen müssen.

Der Umstand, dass zwei der größeren angrenzenden Nationalstaaten, die Türkei und der Iran, jeder mit einem historisch gewachsenen imperialen, kulturellen, religiösen und ökonomischen Interesse an der Region, in ihrer geopolitischen Orientierung unberechenbar sind und zudem selbst mit internen Problemen zu kämpfen haben, verstärkt die Instabilität des Eurasischen Balkans gravierend und macht die Lage noch explosiver. Eine Destabilisierung dieser beiden Staaten würde sehr wahrscheinlich die ganze Region ins Chaos stürzen; die laufenden ethnischen und territorialen Konflikte gerieten dann außer Kontrolle, und das jetzt schon fragile Machtgleichgewicht in der Region würde schwer gestört. Infolgedessen sind die Türkei und der Iran nicht nur wichtige geostrategische Akteure, sondern auch geopolitische Dreh- und Angelpunkte, deren innere Verfassung für die Region von ganz entscheidender Bedeutung ist. Beide sind mittlere Mächte mit starken regionalen Bestrebungen und ausgeprägtem, aus ihrer Vergangenheit abgeleitetem Selbstbewusstsein. Die künftige geopolitische Orientierung und sogar der nationale Zusammenhalt der beiden Staaten bleiben jedoch unsicher.

Die Türkei, ein postimperialer Staat, der immer noch auf der Suche nach einem neuen Selbstverständnis ist, wird in drei Richtungen gezerrt: Die Modernisten sähen ihr Land gern als europäischen Staat und blicken nach Westen, die Islamisten tendieren in Richtung Naher Osten, und muslimische Gemeinschaften nach Süden und die historisch denkenden Nationalisten entdecken in den Turkvölkern des Kaspischen Beckens und Zentralasiens ein neues Missionsgebiet für eine in der Region dominierende Türkei und sehen nach Osten. Jede dieser drei Perspektiven postuliert eine andere strategische Achse, und in der Unvereinbarkeit dieser Standpunkte kündigt sich zum ersten Mal seit der Revolution Kemal Atatürks eine gewisse Unsicherheit über die Rolle der Türkei in der Region an.

Die Türkei könnte zumindest teilweise ein Opfer der ethnischen Konflikte in der Region werden. Obwohl 80 Prozent ihrer an die 65 Millionen Bewohner vorwiegend Türken sind (wenn auch dazu eine bunte Mischung aus Tscherkessen, Albanern, Bosniern, Bulgaren und Arabern gehört), machen die Kurden immerhin 20 Prozent oder mehr aus. Die in den östlichen Gebieten des Landes konzentrierten türkischen Kurden wurden zunehmend in den Kampf der irakischen und iranischen Kurden um nationale Unabhängigkeit hineingezogen. Von der politischen Ausrichtung des Landes verursachte Spannungen innerhalb der Türkei würden die Kurden zweifellos ermuntern, noch gewaltsamer auf einen eigenständigen Nationalstaat zu drängen.

Noch schwerer zu bestimmen ist die künftige Orientierung des Iran. Die Revolution der schiitischen Fundamentalisten, die Ende der 1970er-Jahre den Sieg davontrug, könnte die Ungewissheit über die geostrategische Rolle des Iran erhöhen. Der Zusammenbruch der atheistischen Sowjetunion eröffnete dem Iran einerseits die Möglichkeit, seine nunmehr unabhängigen nördlichen Nachbarn zum Islam zu bekehren. Andererseits neigte Teheran aufgrund seiner Feindschaft gegen die USA zu einer zumindest taktisch prorussischen Haltung, und die Sorge, dass sich die Unabhängigkeit Aserbaidschans negativ auf den eigenen nationalen Zusammenhalt auswirken könnte, bestärkte es darin.

Die Sorge gründet in der Anfälligkeit des Iran gegenüber ethnischen Spannungen. Von den 65 Millionen Bewohnern des Landes (zahlenmäßig fast gleichauf mit der Türkei) sind nur etwas mehr als die Hälfte Perser. Grob geschätzt ein Viertel sind Aseris, und der Rest setzt sich aus Kurden, Baluchis, Turkmenen, Arabern und anderen Stämmen zusammen. Abgesehen von den Kurden und den Aseris stellen die anderen derzeit keine Bedrohung der nationalen Einheit des Iran dar, zumal die Perser ein starkes nationales, ja sogar imperiales Bewusstsein beseelt. Aber das könnte sich ganz schnell ändern, wenn es zu einer neuen politische Krise im Iran kommen sollte.

Ferner muss der bloße Umstand, dass es nun mehrere unabhängige Staaten mit der Endsilbe »stan« in diesem Gebiet gibt und dass selbst die eine Million Tschetschenen ihren politischen Bestrebungen Geltung verschaffen konnten, ansteckend auf die Kurden wie auch auf andere ethnische Minderheiten im Iran wirken. Wenn es Aserbaidschan gelingt, politisch und wirtschaftlich stabile Verhältnisse zu schaffen, werden sich die iranischen Aseris vermutlich immer stärker für ein größeres Aserbaidschan einsetzen. Somit könnten politische Instabilität und Uneinigkeit in Teheran sich zu einer Gefährdung der nationalen Einheit auswachsen, und das wiederum würde die Probleme des Eurasischen Balkans auf dramatische Weise vermehren und verstärken.

Wettstreit mit vielen Beteiligten

Um den europäischen Balkan stritten drei Großmächte: das Osmanische Reich, die österreich-ungarische Monarchie und das russische Zarenreich. Außerdem gab es drei indirekt Beteiligte, die Angst hatten, dass sich der Sieg eines dieser Protagonisten negativ auf ihre geopolitischen Interessen auswirken könnte: Deutschland fürchtete Russlands Macht, Frankreich widersetzte sich Österreich-Ungarn, und Großbritannien sah lieber ein geschwächtes Osmanisches Reich die Dardanellen kontrollieren, als dass einer der anderen Hauptkontrahenten die Herrschaft über den Balkan erlangte. Während des 19. Jahrhunderts gelang es diesen Mächten noch, aufflackernde Balkankonflikte einzudämmen, ohne dadurch vitale Interessen der Beteiligten zu verletzen, aber 1914 versagten sie – mit verheerenden Folgen für alle.

Auch der derzeitige Kampf um die Vormachtstellung im Eurasischen Balkan wird von drei benachbarten Staaten ausgetragen, von Russland, der Türkei und dem Iran, doch könnte nicht zuletzt China ein wichtiger Protagonist werden. Ebenfalls, wenngleich auch nicht unmittelbar daran beteiligt sind die Ukraine, Pakistan, Indien und das ferne Amerika. Alle drei Hauptkontrahenten haben nicht nur künftige geopolitische und wirtschaftliche Vorteile im Auge, sie berufen sich zudem auf historische Ansprüche. Jeder war zu irgendeiner Zeit die politisch oder kulturell beherrschende Macht in der Region. Jeder betrachtet die anderen mit Argwohn. Es ist zwar unwahrscheinlich, dass es zu einer direkten Konfrontation zwischen ihnen kommt, doch könnten ihre Rivalitäten das Chaos in der Region noch vergrößern.

Die feindselige Haltung der Russen gegenüber den Türken nimmt schon fast obsessive Züge an: Das Bild, das die russischen Medien von ihrem südlichen Nachbarn entwerfen, zeigt eine Türkei, welche die ganze Region unter ihre Knute zwingen will, lokalen Widerstand gegen Russland anzettelt (im Falle von Tschetschenien hatte dieser Vorwurf sogar eine gewisse Berechtigung) und die Sicherheit Russlands in einem Maße bedroht, das in keinem Verhältnis zu ihren tatsächlichen Möglichkeiten steht. Die Türken revanchieren sich entsprechend und verstehen sich als Befreier ihrer Brüder aus langjähriger russischer Knechtschaft. Auch Türken und Iraner (Perser) rivalisierten in der Vergangenheit um die Vormachtstellung in der Region, und diese Rivalität ist in den vergangenen Jahren wieder aufgelebt, zumal die

Türkei dem Konzept des islamischen Gottesstaates eine moderne und weltliche Alternative entgegensetzt.

Jeder der drei Staaten strebt, das darf man wohl behaupten, zumindest nach einer Einflusssphäre; doch Moskaus Ehrgeiz geht viel weiter, weil seine Erinnerung an imperiale Herrschaft noch relativ frisch ist, in der Region mehrere Millionen Russen leben und der Kreml Russland wieder in den Rang einer Weltmacht erheben möchte. Aus außenpolitischen Erklärungen Moskaus geht klar hervor, dass es den gesamten Raum der früheren Sowjetunion als eine Zone besonderen geostrategischen Interesses betrachtet, aus der politischer – und sogar wirtschaftlicher – Einfluss von außerhalb ferngehalten werden sollte.

Obwohl auch den Bestrebungen der Türkei auf regionale Einflussnahme Züge einer indes weiter zurückliegenden imperialen Vergangenheit anhaften (das Osmanische Reich erreichte 1590 nach der Eroberung des Kaukasus und Aserbaidschans seine größte Ausdehnung, obgleich es Zentralasien nicht mit einschloss), gründen sie doch stärker in der gemeinsamen ethnisch-sprachlichen Identität der Turkvölker (siehe die Karte auf Seite 186). In Anbetracht ihrer viel begrenzteren politischen und militärischen Machtmittel kann die Türkei keine beherrschende Position in der Region einnehmen. Sie versteht sich eher als Führerin einer losen turksprachigen Staatengemeinschaft. Die relative Modernität der türkischen Gesellschaft, ihre Sprachverwandtschaft mit den Turkvölkern und ihre Wirtschaftskraft sind Faktoren, welche die Türkei nutzt, um sich als einflussreichste Kraft in den derzeit in der Region vonstattengehenden Staatsgründungsprozessen zu etablieren.

Was der Iran im Schilde führt, ist noch schwerer zu bestimmen, könnte aber langfristig für Russlands ehrgeizige Pläne nicht weniger bedrohlich sein. Das Perserreich liegt viel weiter zurück als das der Osmanen. Auf dem Höhepunkt seiner Macht, etwa um 500 vor Christus, umfasste es das gegenwärtige Territorium der drei Kaukasusrepubliken – Turkmenistan, Usbekistan und Tadschikistan –, Afghanistan sowie das Gebiet der heutigen Türkei, des Irak, Syriens, des Libanons und Israels. Obgleich die Ziele des Iran derzeit enger gesteckt sind als die der Türkei und sich hauptsächlich auf Aserbaidschan und Afghanistan konzentrieren, richtet sich das Interesse seiner religiösen Führer auf die gesamte muslimische Bevölkerung in der Region, ja sogar innerhalb Russlands. In der Tat ist die Wiederbelebung des Islams in Zentralasien zu einem substanziellen Element der Bestrebungen der gegenwärtig in Teheran Regierenden geworden.

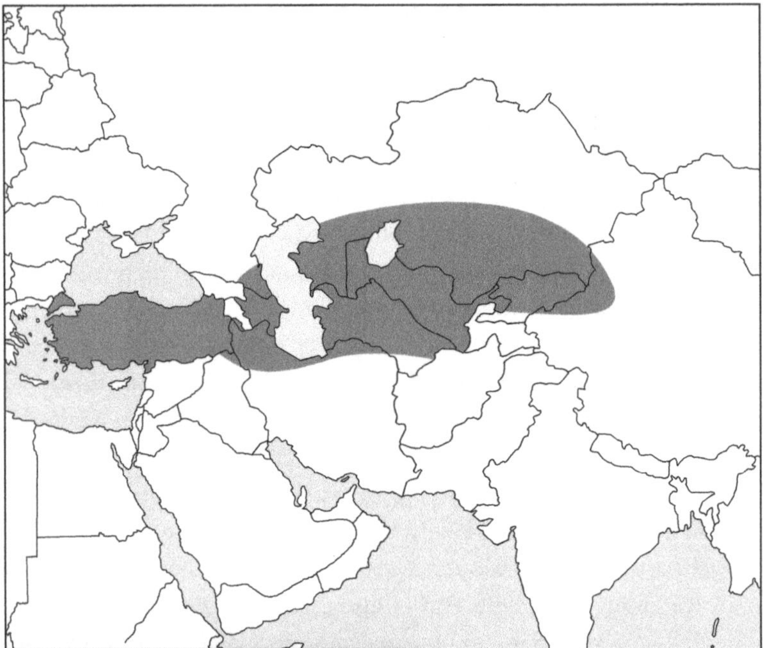

Der Sprach- und Kulturraum der Turkvölker

Die konkurrierenden Interessen Russlands, der Türkei und des Iran sind auf der Karte auf Seite 187 dargestellt: Die geopolitische Stoßrichtung Russlands ist mit zwei Pfeilen wiedergegeben, die direkt nach Süden auf Aserbaidschan und Kasachstan zielen, die der Türkei mit einem einzigen Pfeil, der nach Osten durch Aserbaidschan und das Kaspische Meer hindurch auf Zentralasien weist, und die des Iran mit zwei Pfeilen, von denen der eine nach Norden auf Aserbaidschan und der andere nach Nordosten auf Turkmenistan, Afghanistan und Tadschikistan zeigt. Diese Pfeile laufen nicht nur kreuz und quer; sie können auch zusammenstoßen.

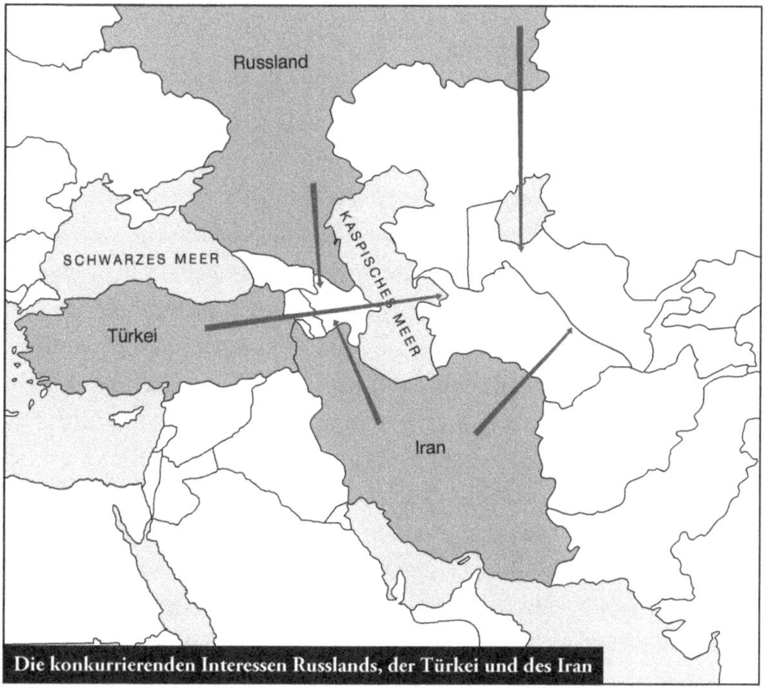

Die konkurrierenden Interessen Russlands, der Türkei und des Iran

Chinas Rolle ist derzeit begrenzter, und seine Ziele sind weniger offensichtlich. Es versteht sich von selbst, dass es China an seiner Grenze nach Westen lieber mit einer Ansammlung relativ unabhängiger Staaten als mit einem russischen Imperium zu tun hat. Zumindest dienen die neuen Staaten als eine Art Pufferzone. Dennoch befürchtet China, seine Turk-Minderheiten in der Provinz Xinjiang könnten in den jungen unabhängigen Staaten ein attraktives Vorbild erblicken, und aus diesem Grund hat es von Kasachstan die Zusicherung verlangt, dass der Aktionismus von Minderheiten im Grenzgebiet unterbunden werde. Da auf lange Sicht die Energievorkommen der Region für Peking zweifellos von großem Interesse sein werden, muss der direkte Zugang zu ihnen, unbehelligt von Moskaus Kontrolle, Chinas zentrales Anliegen sein. Tendenziell kollidiert Chinas allgemeines geopolitisches Interesse mit Russlands Streben nach einer beherrschenden Rolle und ist somit zu den türkischen und iranischen Zielsetzungen komplementär.

Für die Ukraine geht es um den künftigen Charakter der GUS und einen freieren Zugang zu Energiequellen, die ihre Abhängigkeit von Russland vermindern würden. Unter diesem Aspekt rücken für Kiew engere Beziehungen zu Aserbaidschan, Turkmenistan und Usbekistan in den Vordergrund. Auch die Rückendeckung, welche die Ukraine den nach größerer Unabhängigkeit strebenden Staaten gibt, verfolgt den Zweck, die eigene Unabhängigkeit gegenüber Moskau zu stärken. So hat die Ukraine die Anstrengungen Georgiens unterstützt, aserische Ölexporte über sein Gebiet zu leiten. Darüber hinaus tat sie sich mit der Türkei zusammen, um den russischen Einfluss im Schwarzen Meer zu schwächen, und unterstützte die türkischen Bemühungen, Erdöl von Zentralasien in türkische Terminals zu leiten.

Ein Engagement Pakistans und Indiens liegt vorerst in weiter Ferne, aber keinem der beiden Länder ist es gleichgültig, was in diesem neuen Eurasischen Balkan geschieht. Pakistan ist bestrebt, durch politischen Einfluss in Afghanistan geostrategische Tiefe zu gewinnen – Iran aber daran zu hindern, dasselbe zu tun und sich in Tadschikistan einzumischen – und aus jeder neuen Pipeline Nutzen zu ziehen, die Zentralasien mit dem Arabischen Meer verbindet. In Anbetracht der Bemühungen Pakistans und möglicherweise aus Sorge darüber, dass China langfristig auf die Region Einfluss nehmen könnte, betrachtet Indien iranische Absichten auf Afghanistan und eine stärkere Präsenz Russlands im vormals von der Sowjetunion besetzten Raum mit größerem Wohlwollen.

Die USA sind zwar weit weg, haben aber starkes Interesse an der Erhaltung eines geopolitischen Pluralismus im postsowjetischen Eurasien. Als ein zunehmend wichtiger, wenn auch nicht direkt eingreifender Mitspieler, der nicht allein an der Förderung der Bodenschätze in der Region interessiert ist, sondern auch verhindern will, dass Russland diesen geopolitischen Raum allein beherrscht, halten sie sich drohend im Hintergrund bereit. Neben seinen weiterreichenden geostrategischen Zielen in Eurasien vertritt Amerika auch ein eigenes wachsendes ökonomisches Interesse, wie auch das Europas und des Fernen Ostens, an einem ungehinderten Zugang zu dieser dem Westen bisher verschlossenen Region.

In diesem Hexenkessel geopolitischer Macht stehen somit der Zugang zu möglicherweise großem Reichtum, die Erfüllung nationaler und/oder religiöser Missionen und Sicherheit auf dem Spiel. In erster Linie jedoch geht es um Zugang zur Region, über den bis zum Zusammenbruch der Sowjetunion Moskau allein verfügen konnte. Alle Bahntransporte, Erdgas- und Erdöl-Pipelines und sogar der Flugverkehr wurden über das Zentrum geleitet. Die russischen Geopolitiker sähen es natürlich lieber, wenn es so bliebe, da sie genau wissen, dass derjenige, der den Zugang zur Region unter Kontrolle oder unter seiner Herrschaft hat, aller Wahrscheinlichkeit nach auch den geopolitischen und ökonomischen Gewinn einheimst.

Genau diese Überlegung hat der Pipeline-Frage für die Zukunft des Kaspischen Beckens und Zentralasiens eine so zentrale Bedeutung verliehen. Falls die wichtigsten Ölleitungen in die Region weiterhin durch russisches Territorium zum russischen Absatzmarkt am Schwarzen Meer in Noworossijsk verlaufen, werden sich die politischen Konsequenzen, auch ohne dass die Russen die Muskeln spielen lassen, bemerkbar machen. Die Region wird eine politische Dependance bleiben, und Moskau wird darüber entscheiden können, wie der neue Reichtum der Region verteilt werden soll. Wenn jedoch umgekehrt eine andere Pipeline übers Kaspische Meer nach Aserbaidschan verläuft und von dort durch die Türkei zum Mittelmeer und eine weitere durch den Iran zum Arabischen Meer führt, wird kein Staat das Monopol über den Zugang haben (siehe Karte auf Seite 190).

Das Missliche an dieser Diskussion ist, dass es einige Kräfte innerhalb der politischen Elite Russlands offenbar vorzögen, wenn die Ressourcen dieses Gebiets überhaupt nicht gefördert würden, sollte

Moskau nicht mehr die vollständige Kontrolle über den Zugang haben. Wenn die Alternative heißt, dass ausländische Investitionen ein größeres wirtschaftliches und auch politisches Interesse des Auslands an der Region nach sich ziehen, sollen die Bodenschätze lieber ungenutzt bleiben. Dieses Besitzdenken hat seine Wurzeln in der imperialen Geschichte Russlands und wird sich nur mit der Zeit und unter äußerem Druck ändern.

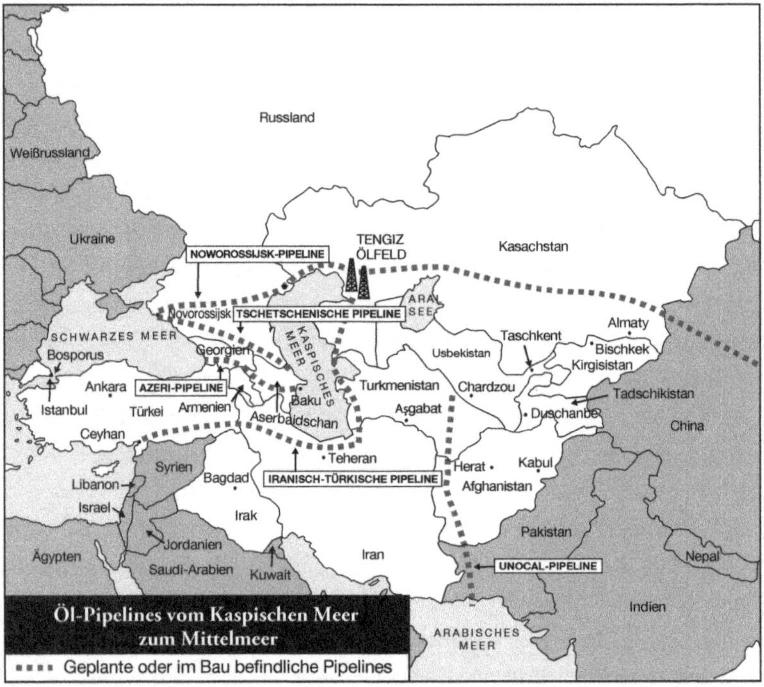

Öl-Pipelines vom Kaspischen Meer zum Mittelmeer

Die zaristische Expansion in den Kaukasus und nach Zentralasien hinein erfolgte über einen Zeitraum von etwa 300 Jahren, aber das Ende, das sie vor Kurzem nahm, kam erschreckend abrupt. Als das Osmanische Reich im Niedergang begriffen war, drängte das Zarenreich nach Süden, entlang der Küsten des Kaspischen Meeres gegen Persien. Es bemächtigte sich 1556 des Astrachan-Khanats und erreichte um 1607 Persien. Zwischen 1774 und 1784 eroberte es die Krim, verleibte sich 1801 das Königreich Georgien ein, unterwarf in der zweiten Hälfte des 19. Jahrhunderts die Stämme im Nordkaukasus (wogegen sich die Tschetschenen mit einzigartiger Zähigkeit widersetzten) und schloss 1878 die Übernahme Armeniens ab.

Bei der Eroberung Zentralasiens ging es weniger darum, ein rivalisierendes Imperium zu bezwingen, als im Grunde isolierte und zumeist nach Stämmen organisierte feudale Khanate und Emirate zu unterwerfen, die nur sporadischen und vereinzelten Widerstand zu leisten vermochten. Zwischen 1801 und 1881 wurden in einer Reihe von Militärexpeditionen Usbekistan und Kasachstan eingenommen, während die Zerschlagung und Unterwerfung Turkmenistans in den Jahren 1873 bis 1886 erfolgte. Um 1850 jedoch war die Eroberung des größten Teils von Zentralasien im Wesentlichen abgeschlossen, obgleich es noch in der Sowjet-Ära immer wieder zu Ausbrüchen lokalen Widerstands kam.

Der Zusammenbruch der Sowjetunion führte eine dramatische historische Wende herbei. Im Laufe von nur zwei Wochen schrumpfte im Dezember 1991 der asiatische Teil Russlands um etwa 20 Prozent, und von den 75 Millionen Asiaten, die vordem unter sowjetischer Herrschaft lebten, waren plötzlich nur noch 30 Millionen russische Staatsbürger. Darüber hinaus verlor Russland weitere 18 Millionen Bewohner des Kaukasus. Am meisten aber wurmte die politische Führung in Moskau die Erkenntnis, dass sich nun ausländische Interessen, die über die nötigen Mittel verfügten, um zu investieren, Bodenschätze zu fördern und auszubeuten, auf das bis vor Kurzem allein Russland zugängliche wirtschaftliche Potenzial dieser Gebiete richteten.

Russland steht vor einem Dilemma: Es ist politisch zu schwach, um die Region völlig von der Außenwelt abzuriegeln, und zu arm, um das Gebiet allein zu erschließen. Einsichtige Politiker in Russlands Führung erkennen zudem, dass die in den neuen Staaten im Gange befindliche Bevölkerungsexplosion an der russischen Südgrenze eine brenzlige Lage heraufbeschwören dürfte, sollten diese Staaten ihr Wirtschaftswachstum nicht aufrechterhalten können. Die bitteren Erfahrungen, die Russland in Afghanistan und Tschetschenien machen musste, könnten sich entlang der sich vom Schwarzen Meer bis in die Mongolei erstreckenden Grenze wiederholen, zumal dort eine Welle nationaler und islamistischer Wiedererweckung die einstmals unterjochten Völker erfasst hat.

Folglich muss Russland einen Weg finden, um sich auf die neue, postimperiale Realität einzustellen. Es wird bestrebt sein, die Präsenz der Türkei und des Iran in der Region unter Kontrolle zu halten, ein Abdriften der jungen Staaten zu seinen Hauptrivalen zu verhindern, das Zustandekommen einer wirklich unabhängigen regionalen Zusammenarbeit in Zentralasien zu hintertreiben und den geopolitischen Einfluss Amerikas in den neuerdings souveränen Hauptstädten zu begrenzen. Es geht also nicht mehr darum, das ehemalige Imperium wiederherzustellen – was zu kostspielig wäre und auf zu heftigen Widerstand stieße –, sondern es gilt stattdessen, ein neues Netz von Beziehungen zu knüpfen, mit dem die jungen Staaten in ihrer Bewegungsfreiheit eingeschränkt und Russlands beherrschende geopolitische und wirtschaftliche Position aufrechterhalten werden kann.

Zu diesem Zweck bediente sich Russland bisher vorzugsweise der GUS, wenn auch an manchen Stellen der Einsatz russischen Militärs und die geschickte Anwendung russischer Diplomatie nach dem Grundsatz »Divide et impera« genauso wirksam war. Moskau setzte die neuen Staaten unter Druck, um sie so weit wie möglich für seine Vision von einem zunehmend integrierten Commonwealth zu gewinnen. Es drängte auf ein zentral gesteuertes Kontrollsystem über die Außengrenzen der GUS, auf engere militärische Integration innerhalb eines gemeinsamen außenpolitischen Rahmens und auf die Ausdehnung des bestehenden (ursprünglich sowjetischen) Pipeline-Netzes, um den Bau neuer Ölleitungen, die Russland umgehen könnten, zu verhindern. Strategische Analysen russischerseits haben ausdrücklich festgestellt, dass Moskau dieses Gebiet als seine angestammte geopolitische Interessensphäre betrachtet, auch wenn es nicht mehr Bestandteil seines Imperiums ist.

Der Eifer, mit dem der Kreml auf den Territorien der neuen Staaten militärisch präsent zu bleiben trachtete, lässt die geopolitischen Absichten Russlands erahnen. Moskau machte sich die abchasische Unabhängigkeitsbewegung zunutze, um Stützpunktrechte in Georgien zu erlangen. Seine Militärpräsenz auf armenischem Boden legitimierte es damit, dass es die Notlage Armeniens ausnutzte, das im Krieg gegen Aserbaidschan auf russische Unterstützung angewiesen war. Mit politischem und finanziellem Druck erpresste es von Kasachstan die Einwilligung zum Fortbestehen russischer Militärbasen. Überdies lieferte der Bürgerkrieg in Tadschikistan der früheren Sowjetarmee einen Vorwand, weiterhin in der Region zu bleiben.

Moskaus Politik stellt anscheinend noch immer darauf ab, dass sein postimperiales Beziehungsgeflecht mit Zentralasien die neuen, noch schwachen Staaten allmählich um ihre Souveränität bringen und der Kommandozentrale der integrierten GUS unterordnen wird. Um dieses Ziel zu erreichen, rät Russland den dortigen Regierungen ab, eigene Armeen aufzustellen, den Gebrauch ihrer jeweiligen Landessprachen zu pflegen (in denen sie das kyrillische Alphabet nach und nach durch das Lateinische ersetzen), enge Bindungen nach außen zu pflegen und neue Pipelines zu den Häfen am Arabischen oder am Mittelmeer auszubauen. Sollte dieser Politik Erfolg beschieden sein, könnte Russland die Beziehungen dieser Länder zum Ausland diktieren und über die Verteilung der Einkünfte entscheiden.

Bei der Verfolgung dieses Ziels berufen sich Sprecher der russischen Regierung, wie wir in Kapitel 4 gesehen haben, häufig auf das Beispiel der Europäischen Union. Tatsächlich jedoch erinnert Russlands Politik gegenüber den zentralasiatischen Staaten und den Kaukasusrepubliken viel stärker an die frankophone afrikanische Gemeinschaft – wo die französischen Militärkontingente und Haushaltssubventionen die Politik und das Wirtschaftsgebaren der französischsprachigen postkolonialen Staaten bestimmen.

Während es den Russen ganz allgemein darum geht, ihren früheren politischen und wirtschaftlichen Einfluss auf die Region so weit wie möglich wiederherzustellen und dafür vor allem die GUS zu instrumentalisieren, scheint es Moskau geopolitisch in erster Linie auf Aserbaidschan und Kasachstan abgesehen zu haben. Um eine erfolgreiche politische Gegenoffensive zu starten, muss Russland nicht nur den Zugang zur Region abriegeln, sondern auch deren geographischen Schild durchbrechen.

Moskau muss sein Augenmerk vor allen Dingen auf Aserbaidschan richten. Würde es sich dem Kreml unterordnen, ließe sich Zentralasien gegen den Westen, vornehmlich gegenüber der Türkei, abschotten. Dadurch könnte Russland seinen Druck auf das widerspenstige Usbekistan und das nicht minder aufsässige Turkmenistan verstärken. So dient die taktische Zusammenarbeit mit dem Iran in strittigen Angelegenheiten wie der Verteilung der Konzessionen für Tiefseebohrungen im Kaspischen Meer dem wichtigen Ziel, Baku zu zwingen, sich Moskaus Wünschen anzupassen. Ein unterwürfiges Aserbaidschan würde es Moskau außerdem erleichtern, seine beherrschende Position in Georgien und Armenien zu festigen.

Auch Kasachstan ist für Russland höchst verlockend, weil es aufgrund seiner ethnischen Probleme in einer offenen Konfrontation mit Moskau mit Sicherheit den Kürzeren zöge. Zustatten kommen Moskau zudem die Angst der Kasachen vor einem immer dynamischeren China sowie der wachsende Unmut der kasachischen Regierung über dessen Bestrebungen, die von kasachischen Stämmen besiedelte Provinz Xinjiang jenseits der Grenze gleichzuschalten. Würde sich Kasachstan nach und nach dem russischen Druck beugen, gerieten Kirgisistan und Tadschikistan fast automatisch in die Einflusssphäre Moskaus, das dann sowohl Usbekistan als auch Turkmenistan stärker unter Druck setzen könnte.

Russlands Strategie läuft jedoch den Bestrebungen fast aller auf dem Eurasischen Balkan angesiedelten Staaten zuwider. Ihre neuen politischen Eliten werden gewiss nicht freiwillig Macht und die Privilegien aufgeben, die sie durch die Unabhängigkeit gewonnen haben. Während die Russen vor Ort allmählich ihre vormals privilegierten Posten räumen, entwickeln die neuen Führungskräfte rasch ein persönliches Interesse an staatlicher Souveränität – ein dynamischer und ansteckender Prozess, der gleichfalls in den einst politisch passiven Bevölkerungen zu beobachten ist, in denen sich ein nationalistisches Denken und, außerhalb Georgiens und Armeniens, auch ein stärkeres islamisches Bewusstsein breitmachen.

Außenpolitisch wünschten sich Georgien und Armenien (obwohl letzteres von russischer Unterstützung gegen Aserbaidschan abhängig ist) eine zunehmend engere Anbindung an Europa. Die zentralasiatischen Staaten mit ihren reichen Bodenschätzen und ebenso Aserbaidschan würden gern noch mehr amerikanisches, europäisches, japanisches und neuerdings auch koreanisches Kapital in ihre Länder locken. Auf diese Weise hoffen sie, ihre wirtschaftliche Entwicklung wesentlich beschleunigen und ihre Unabhängigkeit festigen zu können. Darum begrüßen sie auch, dass die Türkei und der Iran eine immer wichtigere Rolle spielen, in der sie ein Gegengewicht zur russischen Macht und eine Brücke zur großen muslimischen Welt im Süden sehen.

Ermutigt durch die Türkei und die USA, hat Aserbaidschan nicht nur die Forderungen Russlands zurückgewiesen, auf seinem Boden Militärbasen zu errichten, sondern sich auch dem Ansinnen Moskaus widersetzt, dass alles Öl von Baku zu einem russischen Schwarzmeerhafen geleitet werden solle. Stattdessen entschied es sich für eine Doppellösung, die eine zweite, durch Georgien zur Türkei verlaufende Ölleitung vorsieht. (Eine Pipeline nach Süden durch den Iran, die ein amerikanisches Unternehmen hätte finanzieren sollen, musste wegen des US-Handelsembargos gegen den Iran aufgegeben werden.) Mit großem Trara wurde 1995 eine neue Bahnverbindung zwischen Turkmenistan und dem Iran eröffnet; auf diesem Weg können Europa und Zentralasien, unter gänzlicher Umgehung Russlands, miteinander Handel treiben. Die Wiedereröffnung der alten Seidenstraße hatte etwas Symbolträchtiges, da Russland nun nicht in der Lage ist, Europa von Asien zu trennen.

Auch Usbekistan tritt immer entschiedener gegen Russlands »Integrations«-Bemühungen auf. Sein Außenminister erklärte im August 1996 unverblümt, dass »Usbekistan gegen die Schaffung supranationaler GUS-Institutionen ist, die als Mittel zentraler Kontrolle gebraucht werden können«. Die stark nationalistische Haltung der usbekischen Führung hatte in der russischen Presse bereits scharfe Verurteilungen ausgelöst wegen Usbekistans

> »strikt prowestlicher Orientierung in der Wirtschaft, harscher Schmähungen gegen die Integrationsverträge innerhalb der GUS, entschiedener Ablehnung, selbst der Zollunion beizutreten, und wegen einer methodisch antirussischen Nationalitätenpolitik (sogar Kindergärten, die Russen benutzen, werden geschlossen). ... Für die Vereinigten Staaten, die in Asien eine Politik der Schwächung Russlands verfolgen, ist diese Position ungemein attraktiv.«[21]

Als Antwort auf russischen Druck ist inzwischen sogar Kasachstan für eine nichtrussische Nebenroute seiner Erdölexporte. Umirserik Kasenow, der Berater des kasachischen Präsidenten, drückte es so aus:

> »Dass Kasachstan auf der Suche nach alternativen Ölleitungen ist, hat sich Russland zum Teil selbst zuzuschreiben, zum Beispiel, weil es Transportbeschränkungen für kasachisches Erdöl nach Noworossijsk und von Tjumen-Öl zu der Pawlodar-Raffinerie verhängte. Und Turkmenistan betreibt den Bau einer Gas-Pipeline in den Iran nicht zuletzt deshalb, weil die Länder der GUS nur 60 Prozent des Weltmarktpreises oder das gelieferte Gas überhaupt nicht bezahlen.«[22]

Aus ähnlichen Gründen hat Turkmenistan aktiv die Möglichkeiten einer neuen Pipeline durch Afghanistan und Pakistan zum Arabischen Meer geprüft, ganz abgesehen vom energisch betriebenen Bau neuer Bahnverbindungen mit Kasachstan und Usbekistan im Norden und

---

21 *Zawtra,* 28. Juni 1996

22 »What Russia Wants in the Transcaucasus and Central Asia«, *Nesawissimaja Gaseta,* 24. Januar 1995

zum Iran und zu Afghanistan im Süden. Auch haben zwischen Kasachen, Chinesen und Japanern erste Sondierungsgespräche über ein ehrgeiziges Pipeline-Projekt stattgefunden, das sich von Zentralasien bis zum Chinesischen Meer erstrecken würde. Da sich der Westen mit Investitionen in die Erdöl- und Erdgasförderung, die in Aserbaidschan eine Summe von mehr als 13 Milliarden Dollar erreichen und in Kasachstan sogar weit über 20 Milliarden Dollar (Stand 1996) hinausgehen, langfristig festgelegt hat, kann angesichts des weltweiten wirtschaftlichen Drucks und der begrenzten finanziellen Möglichkeiten Russlands die ökonomische und politische Isolation dieser Region nicht mehr aufrechterhalten werden.

Die Angst vor Russland veranlasste die zentralasiatischen Staaten außerdem zu einer stärkeren regionalen Zusammenarbeit. Die im Januar 1993 gegründete Zentralasiatische Wirtschaftsunion, die anfangs nur auf dem Papier existierte, erhielt nach und nach Substanz. Selbst der kasachische Präsident Nursultan Nasarbajew, zuerst überzeugter Verfechter einer neuen »Eurasischen Union«, bekehrte sich allmählich zur Idee einer engeren zentralasiatischen Kooperation. Er befürwortete eine stärkere militärische Zusammenarbeit zwischen den Staaten der Region und die Unterstützung Aserbaidschans in dessen Bemühen, Öl aus dem Kaspischen Meer und aus Kasachstan durch die Türkei zu schleusen. Außerdem trat er dafür ein, russischen und iranischen Versuchen, die Aufteilung des Kaspischen Schelfs und seiner Bodenschätze unter den Anrainerstaaten zu verhindern, gemeinsam Widerstand entgegenzusetzen.

In Anbetracht der Tatsache, dass die Regierungen in der Region zu einem ausgesprochen autoritären Führungsstil neigen, fiel die persönliche Aussöhnung der wichtigsten Staatsoberhäupter vielleicht noch stärker ins Gewicht. Es war ein offenes Geheimnis, dass sich die Präsidenten von Kasachstan, Usbekistan und Turkmenistan nicht grün waren (daraus machten sie ausländischen Besuchern gegenüber kein Hehl) und der Kreml aufgrund dieser persönlichen Antipathien den einen umso leichter gegen den anderen auszuspielen vermochte. Mitte der 1990er-Jahre sahen die drei schließlich ein, dass eine engere

Zusammenarbeit für die Bewahrung ihrer neu gewonnenen Souveränität unabdingbar war. Fortan stellten sie ihre angeblich engen Beziehungen publikumswirksam zur Schau und betonten, dass sie ihre Außenpolitik künftig miteinander abstimmen wollten.

Noch wichtiger jedoch war das Entstehen einer informellen Koalition innerhalb der GUS unter der Führung der Ukraine und Usbekistans, die sich der Idee eines »kooperativen«, aber nicht »integrierten« Staatenbundes verschrieb. Zu diesem Zweck unterzeichneten die Ukraine, Usbekistan, Turkmenistan und Georgien mehrere Abkommen über eine militärische Zusammenarbeit, und im September 1996 gaben die Außenminister der Ukraine und Usbekistans in einem höchst symbolträchtigen Akt eine Erklärung heraus, in der sie forderten, dass bei Gipfeltreffen der GUS künftig nicht mehr Russlands Präsident, sondern reihum ein anderes Mitglied den Vorsitz führen solle.

Das Beispiel der Ukraine und Usbekistans verfehlte selbst bei den Regierungschefs, die sich gegenüber Moskaus zentralen Anliegen willfähriger gezeigt haben, seine Wirkung nicht. Mit einiger Verblüffung dürfte der Kreml die Erklärung von Kasachstans Nursultan Nasarbajew und Georgiens Eduard Schewardnadse im September 1996 vernommen haben, sie würden, »wenn unsere Unabhängigkeit bedroht ist«, aus der GUS austreten. Die zentralasiatischen Staaten und Aserbaidschan verstärkten auch ihre Aktivitäten in der Organisation für wirtschaftliche Zusammenarbeit, einem immer noch relativ losen Verbund der islamischen Staaten in der Region – einschließlich der Türkei, des Iran und Pakistans –, der auf währungspolitischem, wirtschaftlichem und verkehrstechnischem Gebiet die Beziehungen zwischen den Mitgliedern verbessern will. Moskau hat sich öffentlich kritisch über diese Initiativen geäußert, sieht es darin doch völlig zu Recht den Versuch, den Zusammenhalt der GUS zu schwächen.

Auf ähnliche Weise sind die Verbindungen mit der Türkei stetig, und in geringerem Maße auch die zum Iran, verbessert worden. Die turksprachigen Länder haben die Angebote der Türkei, die neuen nationalen Offizierskorps auszubilden und für mehrere zehntausend Studenten ihre Universitäten zu öffnen, gern angenommen. Beim vierten Gipfeltreffen der turksprachigen Länder, das im Oktober 1996 in Taschkent stattfand und mit türkischer Unterstützung vorbereitet wurde, ging es um den Ausbau der Transportverbindungen, um verstärkten Handel sowie um gemeinsame Ausbildungsstandards und um eine engere kulturelle Zusammenarbeit mit der Türkei. Sowohl die Türkei als auch der Iran waren besonders rührig, den neuen Staaten beim Aufbau ihrer Fernsehprogramme zu helfen, über die sie unmittelbaren Einfluss auf ein großes Publikum bekommen.

Ein Festakt in Alma-Ata, der früheren Hauptstadt Kasachstans, im Dezember 1996 brachte besonders sinnfällig zum Ausdruck, wie sehr die Türkei die Unabhängigkeit der neuen Staaten zu ihrer eigenen Sache macht. Aus Anlass des fünften Jahrestags der Unabhängigkeit Kasachstans wohnte der türkische Staatspräsident Süleyman Demirel neben Präsident Nasarbajew der Enthüllung eines Denkmals bei: einer 28 Meter hohen goldfarbenen Säule, die ein auf einem greifartigen Wesen stehender legendärer kasachisch-türkischer Krieger krönt. Bei dieser Gelegenheit huldigte Kasachstan der Türkei, »die uns bei jedem Schritt unserer Entwicklung zu einem unabhängigen Staat beigestanden hat«, worauf die Türken dem Land einen Kredit in Höhe von 300 Millionen Dollar gewährten, zusätzlich zu den etwa 1,2 Milliarden, die türkische Geschäftsleute bereits in Kasachstan investiert haben.

Da weder die Türkei noch der Iran über die Mittel verfügen, Russland um seinen regionalen Einfluss zu bringen, haben beide (und der Iran im beschränkteren Rahmen) die neuen Staaten darin bestärkt, sich einer Reintegration mit ihrem nördlichen Nachbarn und vormaligen Herrn zu widersetzen. Und das trägt zweifellos dazu bei, die geopolitische Zukunft der Region offenzuhalten.

Die USA in Wartestellung

Die geostrategischen Implikationen für die USA liegen auf der Hand: Amerika ist geographisch zu weit entfernt, um in diesem Teil Eurasiens eine beherrschende Rolle zu spielen, aber es ist zu mächtig, um unbeteiligt zuzusehen. Alle Staaten der Region betrachten Amerikas Engagement als für ihr Überleben notwendig. Russland ist einerseits zu schwach, um die Region wieder unter seine Herrschaft zu zwingen oder andere davon fernzuhalten, und andererseits zu nahe und zu stark, um ausgeschlossen zu werden. Die Türkei und der Iran sind stark genug, um ihren Einfluss geltend zu machen, aber ihre Anfälligkeit für ethnische Konflikte könnte dazu führen, dass die Region mit der Bedrohung aus dem Norden und den internen Auseinandersetzungen nicht mehr fertig wird. China ist zu mächtig, um nicht von Russland und den zentralasiatischen Staaten gefürchtet zu werden, doch Chinas Präsenz in der Region und seine wirtschaftliche Dynamik erleichtern es den zentralasiatischen Staaten auch, das Interesse der Welt auf sich zu ziehen.

Amerikas primäres Interesse muss folglich sein, mit dafür zu sorgen, dass keine einzelne Macht die Kontrolle über dieses Gebiet erlangt und dass die Weltgemeinschaft ungehinderten finanziellen und wirtschaftlichen Zugang zu ihr hat. Geopolitischer Pluralismus wird nur dann zu einer dauerhaften Realität werden, wenn ein Netz von Pipeline- und Transportrouten die Region direkt mit den großen Wirtschaftsknotenpunkten der Welt verbindet, über das Mittelmeer und das Arabische Meer ebenso wie auf dem Landweg. Somit kann das Bemühen Russlands, allein über den Zugang zu bestimmen, nicht hingenommen werden, da es der regionalen Stabilität abträglich ist.

Russland aus der Region auszuschließen, ist indessen weder wünschenswert noch machbar, und ebenso wenig ist es sinnvoll, Feindseligkeit zwischen den neuen Staaten des Gebiets und Russland zu schüren. Die aktive wirtschaftliche Teilnahme Russlands an der Entwicklung der Region ist nämlich ganz entscheidend für deren Stabilität – und im Gegensatz zu Russland als ausschließlichem Beherrscher kann ein Partner Russland erhebliche ökonomische Früchte tragen. Größere Stabilität und vermehrter Reichtum innerhalb der Region würden unmittelbar zu Russlands Wohlergehen beitragen und dem »Staatenbund«, den das Akronym GUS verspricht, wirklichen Sinn geben. Aber diese kooperative Option wird sich Russlands Politik nur dann zu eigen machen, wenn es seine viel ehrgeizigeren, historisch anachronistischen und auf schmerzliche Weise an den europäischen Balkan erinnernden Pläne ein für alle Mal aufgibt.

Die Staaten, die Amerikas stärkste geopolitische Unterstützung verdienen, sind Aserbaidschan, Usbekistan und (außerhalb dieser Region) die Ukraine, da alle drei geopolitische Dreh- und Angelpunkte darstellen. Die Rolle Kiews bestätigt fraglos die These, dass die Ukraine der kritische Punkt ist, wenn es um Russlands eigene künftige Entwicklung geht. Gleichzeitig verdient Kasachstan – in Anbetracht seiner Größe, seines wirtschaftlichen Potenzials und seiner geographisch wichtigen Lage – vorsichtige internationale Rückendeckung und anhaltende Wirtschaftshilfe. Mit der Zeit könnte vielleicht ein Wirtschaftswachstum in Kasachstan die ethnische Spaltung überwinden, die diesen zentralasiatischen »Schild« gegenüber dem russischen Druck so wehrlos macht.

In dieser Region hat Amerika ein gemeinsames Interesse nicht nur mit einer stabilen, prowestlichen Türkei, sondern auch mit dem Iran und mit China. Eine allmähliche Verbesserung in den amerikanisch-iranischen Beziehungen würde den globalen Zugang zur Region erheblich erweitern und insbesondere die unmittelbare Bedrohung abwenden, der Aserbaidschans Überleben ausgesetzt ist. Chinas wachsende wirtschaftliche Präsenz in der Region und sein Interesse an ihrer Unabhängigkeit sind ebenfalls deckungsgleich mit den Interessen der USA. Auch die Rückendeckung, die Pakistan für seine Bemühungen in Afghanistan von China erhält, ist ein positiver Faktor, denn engere pakistanisch-afghanische Beziehungen würden den internationalen Zugang zu Turkmenistan erleichtern und dabei diesem Staat wie auch Usbekistan (falls Kasachstan zögern sollte) zugutekommen.

Ausschlaggebend für die Zukunft der Kaukasusrepubliken dürfte die weitere Entwicklung und politische Orientierung der Türkei sein. Wenn sie ihren Kurs auf Europa beibehält – und wenn Europa ihr nicht die Türen zuschlägt –, werden die Kaukasusstaaten vermutlich in den Einflussbereich Europas streben, eine Aussicht, die sie glühend herbeisehnen. Aber wenn die Europäisierung der Türkei aus innenpolitischen oder äußeren Gründen ins Stocken gerät, dann wird Georgien und Armenien keine andere Wahl bleiben, als sich Russlands Willen anzupassen. Ihre Zukunft wird dann von Russlands eigenem sich entwickelndem Verhältnis zum größer werdenden Europa abhängen, im positiven wie im negativen Sinn.

Die Rolle des Iran ist wahrscheinlich noch problematischer. Eine Rückkehr zu einer prowestlichen Einstellung würde die Stabilisierung und Konsolidierung der Region gewiss erleichtern; daher ist es für Amerika strategisch wünschenswert, eine solche Wendung im Verhalten des Iran zu fördern. Vorerst aber droht der Iran eine negative Rolle zu spielen und die Aussichten Aserbaidschans selbst dann nachteilig zu beeinflussen, wenn er positive Schritte, wie etwa die Öffnung Turkmenistans gegenüber der Welt, unternimmt, und trotz des gegenwärtigen iranischen Fundamentalismus, der das Bewusstsein der Zentralasiaten für ihr religiöses Erbe stärkt.

Letztendlich wird wohl die Zukunft Zentralasiens von noch komplexeren Umständen abhängen und das Schicksal seiner Staaten vom schwierigen Wechselspiel russischer, türkischer, iranischer und chinesischer Interessen bestimmt sein. Von entscheidender Bedeutung ist ferner, inwieweit die Vereinigten Staaten ihre Beziehungen zu Russland davon abhängig machen, ob Moskau die Unabhängigkeit der neuen Staaten respektiert. Angesichts dieser komplizierten Sachlage verbieten sich etwaige Großmachtfantasien oder Monopolansprüche der beteiligten geostrategischen Akteure von selbst. Vielmehr bleibt im Grunde nur die Wahl zwischen einem empfindlichen regionalen Gleichgewicht – das die Voraussetzung böte, die Region schrittweise in die entstehende Weltwirtschaftsordnung einzugliedern, während sich die Staaten der Region konsolidieren und wahrscheinlich eine ausgeprägtere islamische Identität annehmen – und ethnischen Konflikten, politischer Zersplitterung und womöglich sogar offenen Feindseligkeiten entlang der russischen Südgrenzen. Vorrangiges Ziel jeder umfassenden amerikanischen Geostrategie für Eurasien muss es daher sein, dieses regionale Gleichgewicht herzustellen und zu festigen.

6

Der fernöstliche Anker

Eine wirksame amerikanische Politik für Eurasien muss auch im Fernen Osten verankert sein; unabdingbare Voraussetzung dafür ist, dass Amerika auf dem asiatischen Festland präsent bleibt, weder ausgeschlossen wird noch sich selbst ausschließt. Eine enge Beziehung zum japanischen Inselstaat ist für Amerikas Weltpolitik unerlässlich und ein kooperatives Verhältnis zu China für seine eurasische Geostrategie dringend geboten. Diese Sachlage muss in ihrer ganzen Tragweite ins Auge gefasst werden, denn aus dem Wechselspiel der drei Großmächte im Fernen Osten – Amerika, China und Japan – könnte in der Region ein gefährlicher Hexenkessel entstehen mit der sehr wahrscheinlichen Folge geopolitisch tiefgreifender Machtverschiebungen.

Für China sollten die USA als Anrainer auf der anderen Seite des Pazifischen Ozeans ein natürlicher Verbündeter sein, da Amerika nichts gegen das asiatische Festland im Schilde führt und in der Vergangenheit sowohl russischen als auch japanischen Übergriffen auf ein schwächeres China entgegengetreten ist. Das gesamte vergangene Jahrhundert hindurch war Japan für die Chinesen der Hauptfeind. Russland hat es lange Zeit misstraut, und auch Indien türmt sich jetzt als potenzieller Gegner auf. Der Grundsatz »Der Nachbar meines Nachbarn ist mein Verbündeter« trifft also das geopolitische und historische Verhältnis zwischen China und den Vereinigten Staaten genau.

Amerika ist jedoch nicht mehr Japans Gegner jenseits des Meeres, sondern eng mit ihm verbündet. Es unterhält außerdem gute Beziehungen zu Taiwan und zu verschiedenen südostasiatischen Nationen.

Die Chinesen reagieren empfindlich auf die amerikanischen Vorhaltungen wegen der restriktiven Innenpolitik ihres gegenwärtigen Regimes. Daher betrachtet China die USA als das Haupthindernis sowohl in seinem Bemühen um eine herausragende Rolle auf globaler Ebene als auch in seinem Drängen nach der Vorrangstellung in der Region. Ist somit ein Konflikt zwischen Amerika und Japan unausweichlich?

Für Japan waren die USA der Schutzschirm, unter dem es sich unbesorgt von der verheerenden Niederlage im Zweiten Weltkrieg erholen, wirtschaftlich wieder auf die Beine kommen und dann sukzessive zu einer der führenden Nationen der Welt aufsteigen konnte. Aber ebendieser Schutzschirm schränkt Japan in seiner Handlungsfreiheit ein und hat zu der paradoxen Lage geführt, dass eine Weltmacht zugleich ein Protektorat ist. Amerika bleibt für Japan bei seinem Aufstieg zur internationalen Führungsmacht auch weiterhin ein unverzichtbarer Partner. Zugleich aber ist Amerika der Hauptgrund dafür, dass es Japan auf sicherheitspolitischem Gebiet nach wie vor an nationaler Selbstständigkeit mangelt. Wie lange kann diese Situation noch andauern?

Mit anderen Worten: Zwei geopolitische Fragen von zentraler Bedeutung – die eng miteinander verknüpft sind – werden bis auf Weiteres die Rolle der USA im Fernen Osten Eurasiens bestimmen:

1. Was heißt es praktisch, wenn China zur beherrschenden Regionalmacht aufsteigt und zunehmend nach dem Status einer Weltmacht strebt, und inwieweit können die USA die Ausdehnung seines Einflussgebiets hinnehmen?
2. Wie sollte Amerika, da Japan für sich eine Rolle in der Weltpolitik zu definieren sucht, mit den regionalen Konsequenzen umgehen, die sich zwangsläufig daraus ergeben, wenn Japan den Status eines amerikanischen Protektorats immer weniger zu akzeptieren bereit sein wird?

Die geopolitische Bühne Ostasiens ist derzeit durch metastabile Machtverhältnisse gekennzeichnet. Metastabilität umschreibt eine

Situation äußerer Starrheit, aber relativ geringer Festigkeit, die, so gesehen, eher an Eisen als an Stahl gemahnt. In einem solchen Gefüge könnte bereits ein einziger mächtiger Schlag eine Kettenreaktion mit verheerenden Folgen auslösen. Der Ferne Osten erlebt gegenwärtig eine Art Wirtschaftswunder und daneben wachsende politische Unsicherheit. Womöglich trägt sogar das asiatische Wirtschaftswachstum zu dieser Unsicherheit bei, weil die Prosperität über die politischen Schwachpunkte der Region hinwegtäuscht, zumal sie nationale Ambitionen verstärkt und soziale Erwartungen vergrößert.

Dass das asiatische Wirtschaftswunder in der Menschheitsgeschichte nicht seinesgleichen hat, versteht sich von selbst. Schon ein paar grundlegende statistische Daten machen dies überdeutlich. Vor weniger als vier Jahrzehnten stellte Ostasien (einschließlich Japan) etwa vier Prozent des weltweiten Bruttosozialprodukts, während Nordamerika mit ungefähr 35 bis 40 Prozent an der Spitze stand; Mitte der 1990er-Jahre hatten die beiden Regionen annähernd gleichgezogen (um die 25 Prozent). Ebenfalls historisch beispiellos ist die Wachstumsrate in Asien gewesen. Wirtschaftswissenschaftler haben darauf hingewiesen, dass Großbritannien in der Anfangsphase der Industrialisierung mehr als 50 Jahre und die USA knapp 50 Jahre gebraucht haben, um ihre jeweilige Pro-Kopf-Leistung zu verdoppeln, wohingegen China wie auch Südkorea es in ungefähr zehn Jahren schafften. Wenn es zu keinen massiven Turbulenzen in der Region kommt, wird Asien innerhalb eines Vierteljahrhunderts wahrscheinlich mit seinem Bruttosozialprodukt sowohl Nordamerika als auch Europa überholen.

Jedoch ist Asien nicht nur dabei, das ökonomische Gravitationszentrum der Welt zu werden, es könnte sich auch als politisches Pulverfass erweisen. Zwar überflügelt es mit seinem Wirtschaftswachstum Europa, doch steckt es mit seiner politischen Entwicklung noch in den Kinderschuhen. Es fehlen ihm die Strukturen multilateraler Zusammenarbeit, welche die politische Landschaft Europas prägen und die territorialen, ethnischen und nationalen Konflikte, die es dort von jeher gegeben hat, abschwächen, dämpfen und eindämmen. Es gibt in Asien nichts der Europäischen Union oder auch der

NATO Vergleichbares. Keine der drei regionalen Verbände – ASEAN (Vereinigung der südostasiatischen Nationen), ARF (Asiatisches Regionalforum, sicherheitspolitisches Forum der ASEAN-Staaten) und APEC (Gruppe für wirtschaftliche Zusammenarbeit im asiatisch-pazifischen Raum) – entspricht auch nur im Entferntesten dem Netz multilateraler und regionaler Beziehungen, das die Staaten Europas miteinander verbindet.

Im Gegenteil: Wie kein anderer Teil der Welt ist Asien heute ein Herd aufstrebender, bis vor Kurzem noch schlummernder Nationalismen. Angefacht durch den plötzlichen Zugang zu Massenkommunikationsmitteln, wurden sie von den wachsenden gesellschaftlichen Erwartungen geschürt, die wiederum der wirtschaftliche Wohlstand und die sich zusehends vertiefende Kluft zwischen Arm und Reich hervorgerufen haben. Bevölkerungsexplosion und fortschreitende Verstädterung erleichtern es, die Menschen zu mobilisieren. Die dramatische Steigerung des asiatischen Waffenpotenzials macht diese Lage noch bedrohlicher. Nach Erkenntnissen des Internationalen Instituts für strategische Studien wurde die Region 1995 zum größten Waffenimporteur der Welt und übertraf damit Europa und den Nahen Osten.

Kurzum, Ostasien brodelt vor Tatendrang und Energie, die bisher durch das rapide Tempo des regionalen Wirtschaftswachstums in friedliche Bahnen gelenkt wurden. Aber dieses Sicherheitsventil könnte eines Tages versagen, wenn politische Leidenschaften die Oberhand gewinnen. Und Anlässe gibt es genug angesichts der zahlreichen ungelösten Probleme und strittigen Fragen, die ein gefundenes Fressen für Demagogen und somit potenziell hochexplosiv sind:

- Der Unmut Chinas über den Sonderstatus Taiwans wächst in dem Maße, wie es selbst mächtiger wird und das prosperierende Taiwan mit dem offiziellen Status eines Nationalstaats zu liebäugeln beginnt.
- Die Paracel- und Spratly-Inseln im Südchinesischen Meer bergen das Risiko, dass es wegen der Frage des Zugangs zu wertvollen Öl-

quellen auf dem Meeresboden zu einem Zusammenstoß zwischen China und verschiedenen südostasiatischen Staaten kommt, zumal China das Südchinesische Meer als sein legitimes nationales Erbe reklamiert.

- Auf die Senkaku-Inseln erheben sowohl die Japaner als auch die Chinesen Anspruch (hierin sind sich die Rivalen Taiwan und Volksrepublik China einig), und die uralte Rivalität zwischen Japan und China um die regionale Vorherrschaft verleiht dieser strittigen Frage auch eine symbolische Bedeutung.
- Die Teilung Koreas und die damit einhergehende Instabilität Nordkoreas – die durch Nordkoreas Streben nach Atomwaffen noch gefährlicher wird – birgt die Gefahr, dass eine plötzliche Explosion die Halbinsel in einen Krieg stürzen könnte, der wiederum die Vereinigten Staaten mit hineinziehen und indirekt auch Japan betreffen würde.
- Die Frage der südlichen Kurilen, die sich die Sowjetunion 1945 einverleibte, lähmt und vergiftet weiterhin die russisch-japanischen Beziehungen.
- Andere latente Konflikte territorial-ethnischer Art haben mit russisch-chinesischen, chinesisch-vietnamesischen, japanisch-koreanischen und chinesisch-indischen Grenzproblemen, möglichen ethnischen Unruhen in der Provinz Xinjiang und chinesisch-indonesischen Streitigkeiten über ozeanische Grenzverläufe zu tun (siehe Karte auf Seite 208).

Hinzu kommt die unausgewogene Machtverteilung in der Region. China stellt mit seinem Atomwaffenarsenal und seiner großen Armee ganz klar die beherrschende Militärmacht (siehe Tabelle auf Seite 209) dar. Die chinesische Marine hat bereits eine Strategie der »seegestützten Verteidigung« ausgearbeitet und strebt innerhalb der nächsten 15 Jahre ein hochseetaugliches Potenzial zur »wirksamen Kontrolle der Gewässer innerhalb der ersten Inselkette« (gemeint sind die Straße von Taiwan und das Südchinesische Meer) an. Zwar verstärkt auch Japan seine militärische Schlagkraft, deren Qualität in der

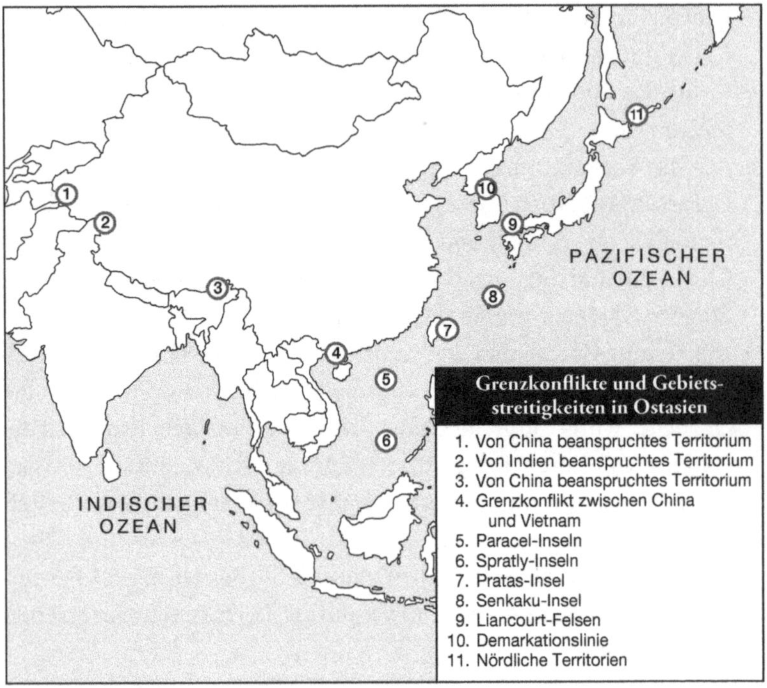

Region ihresgleichen sucht. Gegenwärtig jedoch sind die japanischen Streitkräfte kein Werkzeug der Außenpolitik des Inselstaates und werden zum größten Teil als verlängerter Arm der militärischen Präsenz der USA im Fernen Osten betrachtet.

Das stärkere Gewicht, das China inzwischen auf der internationalen Bühne genießt, hat bereits seine südöstlichen Nachbarn zu größerer Willfährigkeit gegenüber chinesischen Anliegen veranlasst. Es ist bemerkenswert, dass während der Mini-Krise um Taiwan Anfang 1996 (in der sich China an einigen drohenden Militärmanövern beteiligte und den Luft- und Seeweg zu einem Gebiet nahe Taiwan abriegelte und damit sogleich ein demonstratives Flottenaufgebot der USA auf den Plan rief) sich der thailändische Außenminister zu erklären beeilte, eine solche Abriegelung sei durchaus normal, sein indonesischer Amtskollege behauptete, es handele sich um eine rein chinesische Angelegenheit, während die Philippinen und Malaysia für eine Politik der Neutralität in dieser strittigen Frage eintraten.

Das nicht vorhandene Machtgleichgewicht in der Region hat Australien und Indonesien – die einander zuvor mit ziemlichem Misstrauen begegnet waren – in jüngster Zeit zu immer engerer Zusammenarbeit auf militärischem Gebiet veranlasst. Beide Länder machen kein Hehl aus ihrer Besorgnis über die langfristigen Aussichten einer militärischen Vorherrschaft Chinas in der Region und über das Stehvermögen der Vereinigten Staaten als Sicherheitsgarant. Diese Sorge hat auch Singapur bewogen, eine engere Zusammenarbeit in Sicherheitsbelangen mit den genannten Nationen auszuloten. Tatsächlich

Asiatische Streitkräfte

	Soldaten Total	Panzer Total		Flugzeuge Total		Kriegsschiffe Total		U-Boote Total	
(Die Zahlen in Klammern beziehen sich auf technologisch hochwertige Systeme, gebaut ab Mitte der 60er-Jahre)									
China	3 030 000	9 400	(500)	5 224	(124)	57	(40)	53	(7)
Pakistan	577 000	1 890	(40)	336	(160)	11	(8)	6	(6)
Indien	1 100 000	3 500	(2 700)	700	(374)	21	(14)	18	(12)
Thailand	295 000	633	(313)	74	(18)	14	(6)	0	(0)
Singapur	55 500	350	(0)	143	(6)	0	(0)	0	(0)
Nordkorea	1 127 000	4 200	(2 225)	730	(136)	3	(0)	23	(0)
Südkorea	633 000	1 860	(450)	334	(48)	17	(9)	3	(3)
Japan	237 700	1 200	(929)	324	(231)	62	(40)	17	(17)
Taiwan*	442 000	1 400	(0)	460	(10)	38	(11)	4	(2)
Vietnam	857 000	1 900	(400)	240	(0)	7	(5)	0	(0)
Malaysia**	114 500	26	(26)	50	(0)	2	(0)	0	(0)
Philippinen	106 500	41	(0)	7	(0)	1	(0)	0	(0)
Indonesien	270 900	235	(100)	54	(12)	17	(4)	2	(2)

* Taiwan hat 150 F-16, 60 Mirage und 130 weitere Kampfbomber geordert und baut zurzeit an mehreren Kriegsschiffen.

** Mayaysia kauft 8 F-18 und wahrscheinlich 18 MIG-29 Kampfflugzeuge.

Quelle: General Accounting Office-Report, »Impact of China's Military Modernization in the Pacific Region«, Juni 1995.

stellen sich Strategen in der gesamten Region inzwischen die zentrale, aber noch unbeantwortete Frage: »Wie lange können 100000 amerikanische Soldaten den Frieden in der bevölkerungsreichsten und inzwischen fast am höchsten gerüsteten Region der Welt noch sichern? Und wie lange werden sie überhaupt noch bleiben?«

In dieser brisanten Atmosphäre immer ausgeprägterer Nationalismen, rapide steigender Bevölkerungszahlen, wachsenden Reichtums, explodierender Erwartungen und sich überschneidenden Machtstrebens spielen sich tiefgreifende Veränderungen in der geopolitischen Landschaft Ostasiens ab:

- China ist eine aufstrebende und bald vielleicht schon beherrschende Macht, egal, wie seine Absichten im Einzelnen aussehen mögen.
- Amerikas Rolle als Sicherheitsgarant gerät in immer stärkere Abhängigkeit von der Zusammenarbeit mit Japan.
- Japan ist auf der Suche nach einer klarer umrissenen und autonomen Rolle in der Weltpolitik.
- Russland hat erheblich an Einfluss verloren, während das früher von der Sowjetunion dominierte Zentralasien Gegenstand internationalen Wettstreits geworden ist.
- Die Teilung Koreas ist nicht auf Dauer vertretbar, wodurch Koreas zukünftige Orientierung von zunehmender Bedeutung für seine großen Nachbarn wird.

Diese Verwerfungen verleihen den beiden zentralen Problemen, die am Anfang dieses Kapitels dargestellt wurden, zusätzliches Gewicht.

China: regionale, aber keine Weltmacht

China kann auf eine große Geschichte zurückblicken. Das gegenwärtig starke Nationalgefühl des chinesischen Volks ist nur in seiner gesellschaftlichen Verbreitung neu, denn nie zuvor identifizierten sich so viele Chinesen, auch emotional, mit ihrem Staat und den Geschicken ihres Landes. Anders als zu Beginn dieses Jahrhunderts, wo vor allem Studenten für einen politischen Nationalismus eintraten und damit der Kuomintang und der Kommunistischen Partei Chinas den Weg ebneten, ist der chinesische Nationalismus inzwischen ein Massenphänomen und bestimmt das Bewusstsein des bevölkerungsreichsten Staates der Welt.

Dieses Bewusstsein hat tiefe historische Wurzeln. Aufgrund der nationalen Geschichte neigt die chinesische Führung dazu, China für den natürlichen Mittelpunkt der Welt zu halten. Nun enthält das chinesische Wort für China – Chung-kuo oder »Reich der Mitte« – einerseits die Vorstellung von Chinas zentraler Rolle im Weltgeschehen und bekräftigt andererseits die Bedeutung nationaler Einheit. Der Begriff beinhaltet zugleich, dass der Einfluss von einem Machtzentrum ausgeht und in hierarchischen Abstufungen die Randzonen erfasst; daher erwartet China als der Mittelpunkt von seinen Nachbarn Ehrerbietung und Achtung.

Seit undenklichen Zeiten ist China mit seiner riesigen Bevölkerung eine eigenständige und stolze Zivilisation ganz besonderer Art gewesen. Diese Zivilisation war auf allen Gebieten hoch entwickelt: im Bereich der Philosophie, der Kultur, der Künste, der gesellschaftlichen Fähigkeiten, des technischen Erfindungsreichtums und der politischen Macht. Die Chinesen erinnern daran, dass China bis zum Beginn des 17. Jahrhunderts weltweit die höchste landwirtschaftliche Produktivitäts- und industrielle Innovationsrate sowie den höchsten Lebensstandard hatte. Aber im Unterschied zur europäischen und islamischen Zivilisation, aus denen etwa 75 Staaten hervorgegangen sind, ist China in seiner Geschichte fast immer ein einziger Staat geblieben, der zur Zeit der amerikanischen Unabhängigkeitserklärung bereits mehr als 200 Millionen Menschen umfasste und dessen Manufakturen führend auf der Welt waren.

So gesehen ist Chinas Niedergang – die Demütigung der vergangenen 150 Jahre – eine Verirrung, eine Entweihung des besonderen Ranges, den China immer genoss, und eine für jeden Chinesen persönliche Beleidigung. Sie muss getilgt werden, und diejenigen, die dieses Verbrechen begangen haben, müssen gebührend bestraft werden. Daran waren, in unterschiedlichem Maße, hauptsächlich vier Mächte beteiligt: Großbritannien, Japan, Russland und Amerika – Großbritannien wegen des Opiumkriegs und der daraus folgenden schmachvollen Erniedrigung Chinas; Japan wegen der Raubkriege in den zurückliegenden 100 Jahren, die entsetzliches (und bis heute ungesühntes) Leid über das chinesische Volk brachten; Russland wegen seiner fortgesetzten Übergriffe auf chinesisches Territorium im Norden und weil Stalin die chinesische Selbstachtung mit Füßen trat; und schließlich Amerika, das mit seiner militärischen Präsenz in Asien und seiner Unterstützung Japans Chinas außenpolitischen Bestrebungen im Weg steht.

Zwei der vier Mächte hat nach Ansicht der Chinesen bereits die Geschichte bestraft. Großbritannien ist kein Weltreich mehr, und mit dem Einholen des Union Jack in Hongkong ist dieses besonders schmerzliche Kapitel ein für alle Mal beendet. Russland musste in seiner Stellung, seinem Ansehen und Territorium zwar starke Einbußen hinnehmen, bleibt aber nach wie vor der unmittelbare Nachbar. Doch die ernstesten Probleme wirft Chinas Verhältnis zu Amerika und Japan auf. Welche Rolle es künftig in der Region und in der Welt spielen wird, hängt wesentlich davon ab, wie sich dieses Verhältnis gestaltet.

In erster Linie kommt es jedoch darauf an, wie sich China entwickelt, wie mächtig es auf wirtschaftlichem und militärischem Gebiet letzten Endes wird. Deshalb sind die Voraussagen für China, wenn auch mit einigen größeren Unwägbarkeiten behaftet und unter manchen Einschränkungen, im Großen und Ganzen vielversprechend. Sowohl aufgrund der Wachstumsrate der chinesischen Wirtschaft als auch aufgrund des ausländischen Investitionsaufkommens – mit beiden bewegt sich China ganz oben auf der internationalen Skala – kann man die Prognose aufstellen, dass China innerhalb der, grob gesagt, nächsten zwei Jahrzehnte zu einer Weltmacht aufsteigen wird, etwa gleichauf mit den Vereinigten Staaten und Europa (vorausgesetzt, es kommt dort zu einer Erweiterung und Einigung). Bis zu diesem Zeitpunkt könnte China ein Bruttosozialprodukt erreichen, das über das Japans beträchtlich hinausgeht. Das russische übersteigt es bereits jetzt erheblich. Angesichts dieser wirtschaftlichen Dynamik dürfte sich China eine Militärmacht leisten können, die alle seine Nachbarn einschüchtern wird, vielleicht sogar diejenigen Widersacher des chinesischen Ehrgeizes, die, geographisch gesehen, weiter weg sind. Mit der Einverleibung Hongkongs und Macaos und vielleicht auch durch eine am Ende erfolgende politische Subordination Taiwans zusätzlich gestärkt, wird ein Großchina entstehen, das nicht nur den Fernen Osten dominiert, sondern auch eine Weltmacht erster Ordnung ist.

Allerdings birgt jede Prognose eines zwangsläufig wiedererstehenden »Reichs der Mitte« gewisse Fehleinschätzungen, deren offensichtlichste mit dem unerschütterlichen Vertrauen auf statistische Voraussagen zu tun haben. Genau diesem Trugschluss erlagen vor kurzer Zeit diejenigen, die vorhersagten, dass Japan die USA als weltweit führende Wirtschaftsmacht ablösen würde und unweigerlich zum neuen Superstaat aufsteigen werde. Diese Sichtweise stellte weder die Verwundbarkeit der japanischen Wirtschaft noch das Problem politischer Diskontinuität in Rechnung – und den gleichen Fehler begehen diejenigen, die den zwangsläufigen Aufstieg Chinas zur Weltmacht verkünden und auch befürchten.

Zunächst einmal ist es alles andere als sicher, ob China sein explosives Wachstumstempo in den nächsten beiden Jahrzehnten beibehalten kann. Eine ökonomische Verlangsamung lässt sich nicht ausschließen, und das allein brächte schon die gängige Prognose um ihre Glaubwürdigkeit. Um solche Wachstumsraten über einen langen Zeitraum hinweg aufrechterhalten zu können, bedürfte es einer ganz ungewöhnlich glücklichen Koinzidenz günstiger Voraussetzungen, als da sind eine erfolgreiche Staatsführung, Ruhe im Lande, soziale Disziplin, hohe Sparzuwächse, ein weiterhin starker Zustrom ausländischer Investitionen und regionale Stabilität. Eine anhaltende Verbindung dieser positiven Faktoren ist mehr als fraglich.

Zudem dürfte Chinas enormes Wirtschaftswachstum politische Nebenwirkungen zeitigen, die es in seiner Handlungsfreiheit einschränken könnten. Der Energieverbrauch des Landes nimmt bereits jetzt in einem Maße zu, das die heimische Förderung bei Weitem übersteigt. Diese Kluft zwischen Nachfrage und Angebot wird auf jeden Fall größer werden, besonders dann, wenn Chinas Wachstumsrate weiterhin so hoch bleibt. Das Gleiche gilt für die Ernährungslage. Auch wenn sich das demographische Wachstum jetzt etwas verlangsamt, nimmt die chinesische Bevölkerung in absoluten Zahlen stetig zu, sodass Lebensmittelimporte für das Wohlergehen der Menschen und die politische Stabilität immer unverzichtbarer werden. Die Abhängigkeit von Importen wird nicht nur Chinas Finanzen aufgrund höherer Kosten belasten, sie machen das Land auch wehrloser gegen Druck von außen.

Militärisch gesehen, könnte sich China teilweise als Weltmacht qualifizieren, da die schiere Größe seiner Volkswirtschaft und ihre hohen Wachstumsraten die Regierenden in die Lage versetzen dürften, einen erheblichen Teil des Bruttosozialprodukts für eine bedeutende Erweiterung und Modernisierung seiner Streitkräfte einschließlich der Aufstockung seines Arsenals an strategischen Atomwaffen abzuzweigen. Wenn allerdings hierbei übertrieben wird (und nach Schätzungen westlicher Kreise verschlangen die Militärausgaben bereits Mitte der 1990er-Jahre etwa 20 Prozent des chinesischen Bruttosozialprodukts), könnte sich das genauso negativ auf Chinas langfristige Wirtschaftsentwicklung auswirken wie die Niederlage der UdSSR im Rüstungswettlauf mit Amerika auf die sowjetische Wirtschaft. Darüber hinaus zögen größere chinesische Rüstungsanstrengungen sehr wahrscheinlich eine Aufrüstung Japans nach sich, wodurch der politische Nutzen einer wachsenden militärischen Stärke Chinas zum Teil wieder zunichtegemacht würde. Und man darf dabei nicht übersehen, dass es China, abgesehen von seinen Atomwaffen, in nächster Zeit wahrscheinlich noch an den nötigen Mitteln fehlen wird, sich außerhalb der Region als Militärmacht zu behaupten.

Auch innerhalb Chinas könnten sich die Spannungen verschärfen, da das hochgradig beschleunigte, durch die hemmungslose Ausbeutung marginaler Vorteile angetriebene Wirtschaftswachstum unweigerlich zu einer sozialen Schieflage führt. Die südlichen und östlichen Küstenstreifen waren ebenso wie die wichtigsten städtischen Zentren – die den ausländischen Investitionen und dem Überseehandel leichter zugänglich sind – bisher die Hauptnutznießer des eindrucksvollen Wirtschaftswachstums. Im Gegensatz dazu hinken die ländlichen Gebiete im Landesinneren ganz allgemein sowie einige abgelegene Regionen deutlich hinterher (mit über 100 Millionen Arbeitslosen unter der Landbevölkerung).

Der Unmut über regionale Disparitäten und der Zorn über soziale Ungleichheit könnten sich gegenseitig hochschaukeln. Chinas rapides Wachstum vertieft die Kluft in der Verteilung des Wohlstands. Eines Tages könnten diese Spannungen die politische Stabilität des Landes massiv beeinträchtigen, entweder weil die Regierung womöglich diese Unterschiede zu begrenzen versucht oder sich von unten her sozialer Unmut regt.

Der zweite Grund für vorsichtige Skepsis gegenüber weit verbreiteten Prognosen, die China innerhalb des nächsten Vierteljahrhunderts zu einer dominierenden Macht in der Weltpolitik aufsteigen sehen, ist die Zukunft der chinesischen Politik. Der dynamische Charakter von Chinas grundlegender wirtschaftlicher Veränderung, einschließlich seiner Aufgeschlossenheit gegenüber dem Rest der Welt, ist auf lange Sicht mit einer relativ geschlossenen, bürokratisch starren kommunistischen Diktatur nicht vereinbar. Bei dem Kommunismus, den diese Diktatur verkündet, geht es weniger um ideologisches Engagement als um die persönlichen Interessen einer Parteibürokratie. Die Organisationsstruktur der politischen Führung Chinas ist nach wie vor die einer in sich geschlossenen, starren, disziplinierten, durch Intoleranz und Meinungsmonopol geprägten Hierarchie, die immer noch rituell ihre Treue zu einem Dogma verkündet, das ihre Macht rechtfertigen soll, aber dieselbe Elite nicht mehr mit gesellschaftlichem Leben erfüllt. Wenn die chinesische Politik nicht langsam beginnt, sich an die sozialen Erfordernisse der chinesischen Volkswirtschaft anzupassen, werden diese beiden Seiten der Wirklichkeit irgendwann frontal aufeinanderprallen.

Eine Demokratisierung lässt sich auf Dauer nicht umgehen, es sei denn, China trifft plötzlich dieselbe Entscheidung, die es im Jahre 1474 getroffen hat: sich von der Welt abzuschotten, etwa so wie das heutige Nordkorea. Dazu müsste China seine mehr als 70 000 Studenten, die gegenwärtig in Amerika studieren, zurückrufen, ausländische Geschäftsleute des Landes verweisen, seine Computer abschalten und von Millionen chinesischen Häusern die Satellitenschüsseln herunterreißen. Es wäre ein Akt des Wahnsinns, vergleichbar der Kulturrevolution. Eine Weile könnte vielleicht noch ein dogmatischer Flügel der herrschenden, aber immer schwächer werdenden Kommunistischen Partei im Zuge eines innenpolitischen Machtkampfs Nordkorea nachzuahmen versuchen, doch wäre das allenfalls eine kurze Episode. Höchstwahrscheinlich würde ein solcher Versuch zu wirtschaftlicher Stagnation führen und eine politische Explosion auslösen.

Eine freiwillige Isolation wäre auf alle Fälle das Ende jedes ernsthaften chinesischen Anspruchs auf regionale Vorherrschaft, geschweige denn auf eine führende Rolle im internationalen Machtgefüge. Zudem hängt für das Land zu viel von einem Zugang zur Welt ab, und diese Welt ist, anders als die von 1474, einfach zu allgegenwärtig, um wirksam ausgesperrt zu werden. Daher gibt es zu einer weiteren Öffnung Chinas gegenüber der Welt keine praktische, wirtschaftlich rentable und politisch gangbare Alternative.

Die Forderung nach Demokratisierung wird die chinesische Führung nicht mehr loslassen. Sie kann sich weder ihr noch der ihr verbundenen Menschenrechtsfrage allzu lange entziehen. Deshalb wird Chinas künftiger Fortschritt ebenso wie sein Auftreten als Großmacht im hohen Maße davon abhängen, wie geschickt seine herrschende Elite die Machtübergabe von der jetzigen Herrschergeneration auf ein jüngeres Team handhabt und mit der wachsenden Spannung zwischen den ökonomischen und den politischen Strukturen des Landes fertig wird.

Vielleicht gelingt es der chinesischen Führung, einen langsamen und evolutionären Übergang zu einem sehr begrenzten Wahlautoritarismus herbeizuführen, in dem eine gewisse politische Mitsprache der Bevölkerung auf unterer Ebene hingenommen wird; danach könnte sie sich auf einen echten Parteienpluralismus zubewegen, der ein größeres Gewicht auf Anfänge einer verfassungsmäßigen Regierung einschließt. Ein solch kontrollierter Übergang entspräche den Erfordernissen der zunehmend offeneren Wirtschaftsdynamik des Landes besser als das Festhalten am Machtmonopol einer einzigen Partei.

Eine solch kontrollierte Demokratisierung verlangt von der politischen Führung Chinas außerordentliches Geschick und einen von gesundem Menschenverstand geleiteten Pragmatismus: Sie muss eine relative Geschlossenheit wahren und bereit sein, etwas von ihrem Machtmonopol (und ihren persönlichen Privilegien) abzugeben – während die Bevölkerung im Großen und Ganzen Geduld aufbringen muss und keine großen Ansprüche stellen darf. Dieses Zusammentreffen glücklicher Umstände dürfte sich wohl nicht so leicht einstellen. Die Erfahrung lehrt, dass der Druck von unten, mit dem diejenigen, die sich politisch unterdrückt (Intellektuelle und Studenten), oder diejenigen, die sich ökonomisch ausgebeutet fühlen (die neue städtische Arbeiterklasse und die arme Landbevölkerung), auf Demokratisierung drängen, zumeist stärker ist als die Bereitschaft der Herrschenden nachzugeben. Irgendwann werden sich wahrscheinlich die politischen Dissidenten und die sozial Unzufriedenen zusammenschließen, um gemeinsam mehr Demokratie, Meinungsfreiheit und Beachtung der Menschenrechte einzufordern. 1989 auf dem Platz des Himmlischen Friedens war das noch nicht der Fall, aber beim nächsten Mal könnte es durchaus dazu kommen.

Folglich wird China eine Phase politischer Unruhen wahrscheinlich nicht erspart bleiben. Angesichts der Größe des Landes, der wachsenden regionalen Unterschiede und der Erbschaft von 50 Jahren doktrinärer Diktatur könnte sie die politische Führung wie auch die Wirtschaft in eine schwere Krise stürzen. Damit scheinen selbst die chinesischen Spitzenpolitiker zu rechnen, sagen doch interne, Anfang der 1990er-Jahre durchgeführte Untersuchungen der Kommunistischen Partei möglicherweise ernste politische Unruhen voraus.[23] Einige Experten prophezeiten sogar, dass China in den Sog eines der in seiner Geschichte häufigen Zyklen innerer Zersplitterung geraten könnte; damit wäre sein Aufstieg zur Weltmacht beendet. Allerdings vermindert der starke Einfluss des Nationalismus und der modernen Kommunikationssysteme, die beide für einen geeinten chinesischen Staat arbeiten, die Wahrscheinlichkeit, dass es zu einem solchen Extremfall kommt.

Schließlich gibt es noch einen dritten Grund, weshalb man den Aussichten, dass China im Laufe der nächsten 20 Jahre zu einer echten Großmacht und – in den Augen einiger Amerikaner bereits drohenden – Weltmacht aufsteigt, mit Skepsis begegnen sollte. Selbst wenn China von ernsten politischen Krisen verschont bleibt und selbst wenn es seine außerordentlich hohen Wachstumsraten über ein Vierteljahrhundert aufrechterhalten kann – beides ist noch sehr die Frage –, wäre es immer noch ein vergleichsweise armes Land. Selbst bei einem dreimal so hohen Bruttosozialprodukt würde Chinas Bevölkerung in der nach dem Pro-Kopf-Einkommen gegliederten Rangliste der Nationen weiterhin einen unteren Platz einnehmen, gar nicht zu reden von der tatsächlichen Armut eines bedeutenden Teils des chinesischen Volks.[24] Die Anzahl der Telefonanschlüsse, Autos und Computer, gar nicht zu reden von Konsumgütern, wäre im internationalen Vergleich sehr niedrig.

---

23 Das »Official Document Anticipates Disorder during the Post-Deng Period«, *Cheng Ming* (Hong Kong, 1. Februar 1995), bietet eine detaillierte Zusammenfassung zweier Analysen, die für die Parteiführung über verschiedene Formen politischer Unruhe vorbereitet wurden. Für eine westliche Sichtweise siehe Richard Baum, »China After Deng: Ten Scenarios in Search of Reality«, *China Quarterly* (März 1996)

24 In dem eher optimistischen Bericht »China's economy towards the 21st century« (»Zou xiang 21 shi ji de Zhongguo jinji«), der 1996 vom chinesischen Institut für Quantitative Volkswirtschaftliche und Technische Forschung herausgegeben wurde, wird das chinesische Pro-Kopf-Einkommen im Jahre 2010 auf etwa 735 Dollar geschätzt und würde damit weniger als 30 Dollar über dem Wert liegen, den die Weltbank ihrer Definition eines Landes mit niedrigem Einkommen zugrunde gelegt hat.

Zusammenfassend lässt sich sagen: Selbst um das Jahr 2020 und sogar unter optimalen Bedingungen ist es ganz unwahrscheinlich, dass China in den für eine *Weltmacht* maßgeblichen Bereichen wirklich konkurrenzfähig werden könnte. Trotzdem ist China auf dem besten Weg, die bestimmende *Regionalmacht* in Ostasien zu werden. Geopolitisch beherrscht es bereits das Festland. Auf militärischem und wirtschaftlichem Gebiet stellt es seine unmittelbaren Nachbarn, mit Ausnahme Indiens, deutlich in den Schatten. Es ist daher nur natürlich, dass sich China, ganz im Einklang mit seinen historischen, geographischen und ökonomischen Vorgaben, auf regionaler Ebene zunehmend durchsetzen wird.

Chinesische Studenten, die sich mit der Geschichte ihres Landes beschäftigen, wissen, dass sich Chinas Machtbereich noch im Jahr 1840 über ganz Südostasien bis hinunter zur Straße von Malakka erstreckte, einschließlich Birma, Teilen des heutigen Bangladesch sowie Nepal, Gebieten des heutigen Kasachstans, der gesamten Mongolei und der heute fernöstlichen Provinz Russlands nördlich der Amur-Mündung (vgl. Karte auf Seite 31). Diese Gebiete unterstanden entweder irgendeiner Form der chinesischen Kontrolle oder zahlten an China Tribut. Zwischen 1885 und 1895 verdrängten Briten und Franzosen im Zuge ihrer kolonialen Ausdehnung die Chinesen aus Südostasien, während zwei ihnen von Russland aufgezwungene Verträge in den Jahren 1858 und 1864 territoriale Verluste im Nordosten und Nordwesten zur Folge hatten. Im Anschluss an den chinesisch-japanischen Krieg verlor China 1895 auch noch Taiwan.

Man kann nahezu mit Bestimmtheit davon ausgehen, dass die Chinesen aufgrund ihrer Geschichte und Geographie immer nachdrücklicher – und emotionsbeladener – auf der Wiedervereinigung Taiwans mit dem Festland bestehen. Des Weiteren ist anzunehmen, dass ein mächtiger werdendes China, nachdem es Hongkong wirtschaftlich integriert und politisch verdaut hat, in den ersten zehn Jahren des nächsten Jahrhunderts sein Hauptaugenmerk auf dieses Ziel richten wird. Vielleicht könnte eine friedliche Wiedervereinigung unter der Formel »Eine Nation, unterschiedliche politische

Systeme« (eine Variante des 1984 von Deng Xiaoping geprägten Slogans »Ein Land, zwei Systeme«) bei Taiwan Anklang und bei den USA Zustimmung finden, vorausgesetzt, China hat seine ökonomische Entwicklung erfolgreich weiterverfolgt und bedeutende demokratische Reformen durchgeführt. Andernfalls wird wahrscheinlich nicht einmal ein regional beherrschendes China seinen Willen militärisch durchsetzen können, erst recht nicht angesichts einer amerikanischen Opposition. In diesem Falle dürfte die Taiwan-Frage dem chinesischen Nationalismus weiterhin enormen Auftrieb geben und dabei die amerikanisch-chinesischen Beziehungen erheblich belasten.

Geographische Gesichtspunkte stehen auch hinter dem Interesse Chinas, ein Bündnis mit Pakistan einzugehen und in Birma militärisch präsent zu sein. In beiden Fällen heißt das geostrategische Ziel Indien. Eine enge militärische Zusammenarbeit mit Pakistan bringt Indien sicherheitspolitisch in größere Verlegenheit und hindert es daran, sich selbst als regionale Hegemonialmacht in Südasien und als Rivale Chinas zu etablieren. Von der militärischen Zusammenarbeit mit Birma verspricht sich China Zugang zu Marineeinrichtungen auf küstennahen birmanischen Inseln im Indischen Ozean, mit denen es ein weiteres strategisches Druckmittel in Südostasien im Allgemeinen und der Straße von Malakka im Besonderen erhielte. Und wenn China die Straße von Malakka und den geostrategischen Dreh- und Angelpunkt Singapur in die Hand bekäme, könnte es Japans Zugang zu den Ölquellen im Nahen Osten und zu den europäischen Märkten kontrollieren.

Chinas Interesse an Korea hat neben geographischen auch historische Gründe. Ein wiedervereinigtes Korea als Verlängerung des amerikanischen (und mittelbar auch japanischen) Einflusses würde für China eines Tages unerträglich sein. Zumindest würde China darauf bestehen, dass ein wiedervereinigtes Korea ein neutraler Pufferstaat zwischen China und Japan wäre, und auch damit rechnen, dass sich Korea aufgrund seiner traditionellen Animosität gegen Japan von selbst auf die Seite Chinas schlagen wird. Vorläufig jedoch ist ein geteiltes Korea China am genehmsten, daher wird es wahrscheinlich für den Fortbestand des nordkoreanischen Regimes eintreten.

Nicht zuletzt bestimmen natürlich wirtschaftliche Erwägungen die Stoßrichtung chinesischer Bestrebungen in der Region. So hat zum Beispiel China aufgrund seines rapide steigenden Energiebedarfs bereits sein Mitspracherecht bei jeder regionalen Nutzung der Erdöllager im Südchinesischen Meer durchgesetzt. Aus demselben Grund zeigt China nun ein wachsendes Interesse an der Unabhängigkeit der an Rohstoffen reichen zentralasiatischen Staaten. Im April 1996 unterzeichneten China, Russland, Kasachstan, Kirgisistan und Tadschikistan ein gemeinsames Grenz- und Sicherheitsabkommen; und während des Besuchs von Präsident Jiang Zemin in Kasachstan im Juli desselben Jahres soll die chinesische Seite den »Bemühungen Kasachstans, seine Unabhängigkeit, Souveränität und territoriale Integrität zu verteidigen«, Unterstützung zugesichert haben. Aus dem bisher Gesagten geht deutlich hervor, dass sich China künftig zunehmend in die Geopolitik Zentralasiens einschalten wird.

Geschichte und Ökonomie sind gemeinsam dafür verantwortlich, dass sich ein regional mächtigeres China immer stärker für Russlands Fernen Osten interessiert. Zum ersten Mal, seit China und Russland eine offizielle Grenze miteinander teilen, ist China der wirtschaftlich dynamischere und politisch stärkere Part. Inzwischen hat die Kolonie chinesischer Einwanderer und Händler, die auf russischem Gebiet leben, bedeutende Ausmaße angenommen, und China setzt sich inzwischen tatkräftiger für eine nordostasiatische Wirtschaftskooperation ein, die sich auch auf Japan und Korea erstreckt. Bei dieser Zusammenarbeit hat Russland nunmehr die viel schlechteren Karten, während seine fernöstliche Provinz in wirtschaftlicher Hinsicht zunehmend auf enge Bindungen zur chinesischen Mandschurei angewiesen ist. Ähnliche ökonomische Kräfte sind auch in Chinas Beziehungen zur Mongolei am Werk, die kein russischer Satellitenstaat mehr ist und deren formelle Unabhängigkeit China widerwillig anerkannt hat.

Eine regionale Einflusssphäre Chinas ist also im Entstehen begriffen. Eine Einflusssphäre sollte jedoch nicht mit einer Zone politischer Vorherrschaft verwechselt werden, wie sie die Sowjetunion früher in Osteuropa ausübte. Sie ist sozioökonomisch poröser und auf politischem Gebiet weniger von der Monopolstellung eines Staates geprägt. Nichtsdestoweniger entsteht dabei ein geographischer Raum, in dem die einzelnen Staaten bei der Festlegung ihrer jeweiligen Politik auf die Interessen, Standpunkte und voraussichtlichen Reaktionen der regional bestimmenden Macht besondere Rücksicht nehmen. Kurz, eine chinesische Interessensphäre – vielleicht wäre Sphäre der Rücksichtnahme auf chinesische Interessen eine passendere Formulierung – lässt sich dadurch charakterisieren, dass die erste Frage, die man sich in den verschiedenen Hauptstädten bei einem auftauchenden Problem stellt, lautet: »Was sagt Peking dazu?«

Die nachfolgende Karte auf Seite 224 zeigt das Einflussgebiet, das ein in der Region dominierendes China im Laufe des nächsten Vierteljahrhunderts erlangen könnte, und stellt darüber hinaus die mögliche Einflusssphäre einer Weltmacht China dar, falls es – allen bereits erwähnten inneren und äußeren Hindernissen zum Trotz – tatsächlich eine werden sollte. Ein in der Region dominierendes Großchina, das die politische Unterstützung seiner ungeheuer reichen und wirtschaftlich mächtigen Diaspora in Singapur, Bangkok, Kuala Lumpur, Manila und Jakarta, gar nicht zu reden von Taiwan und Hongkong, gewänne (einige überraschende Daten hierzu finden sich in der Fußnote[25]) und sowohl nach Zentralasien als auch in den Fernen Osten

[25] Laut *Yazhou Zhoukan* (Asia Week) vom 25. September 1994 belief sich das Kapital der 500 führenden chinesischen Unternehmen in Südostasien auf insgesamt etwa 540 Milliarden Dollar. Andere Schätzungen liegen sogar noch höher: In ihrer Ausgabe vom November/Dezember 1996 berichtete *International Economy*, dass das Jahreseinkommen der 50 Millionen im Ausland lebenden Chinesen ungefähr die oben genannte Summe erreiche und somit in etwa dem Bruttosozialprodukt des chinesischen Festlandes entspreche. Die außerhalb Chinas lebenden Chinesen sollen an die 90 Prozent der indonesischen Volkswirtschaft, 75 Prozent der Thailands, 50 bis 60 Prozent der Malaysias und die gesamte Wirtschaft Taiwans, Hongkongs und Singapurs unter ihrer Kontrolle haben.

Russlands vordringen würde, entspräche von seinem Radius her der Ausdehnung des chinesischen Kaiserreichs vor dem Beginn seines Niedergangs, wobei es durch das Bündnis mit Pakistan seine geopolitische Einflusszone sogar noch erweitern könnte. Je mehr China an Macht und Ansehen gewinnt, desto stärker werden sich wahrscheinlich die reichen Auslandschinesen Pekings Bestrebungen zu eigen machen und damit zu einer mächtigen Vorhut auf dem Weg Chinas zur Großmacht werden. Die südostasiatischen Staaten könnten es womöglich für klüger halten, auf Chinas politische Empfindlichkeiten und ökonomische Interessen Rücksicht zu nehmen – und tun dies bereits in zunehmendem Maße.[26] Ähnlich betrachten die neuen zentralasiatischen Länder China mehr und mehr als eine Macht, die an ihnen als unabhängige Pufferstaaten zwischen China und Russland ein echtes Interesse hat.

Das Einflussgebiet einer Weltmacht China würde sich vermutlich wesentlich tiefer nach Süden ausdehnen, sodass sich sowohl Indonesien als auch die Philippinen darauf einstellen müssten, dass die chinesische Flotte das Südchinesische Meer beherrscht. Ein solches China könnte viel stärker versucht sein, das Taiwan-Problem gewaltsam zu lösen, ohne Rücksicht auf die Haltung Amerikas. Im Westen könnte

---

Aus Sorge über diese Sachlage sah sich der indonesische Botschafter in Japan genötigt, öffentlich vor einem »wirtschaftlichen Eingreifen Chinas in die Region« zu warnen, was nicht nur eine derartige Präsenz der Chinesen ausnützen, sondern sogar zu »Marionettenregierungen« unter der Schirmherrschaft Chinas führen könnte. Siehe Saydiman Suryohadiprojo, »How to Deal with China and Taiwan«, *Asahi Shimbun*, Tokio, 23. September 1996

26 Symptomatisch hierfür war der in der englischsprachigen Tageszeitung Bangkoks *The Nation* (31. März 1997) veröffentlichte Bericht über den Besuch des thailändischen Premierministers Chavalit Yongchaiudh in Peking. Als Zweck des Besuchs wurde die Herstellung eines festen strategischen Bündnisses mit »Großchina« genannt. Die thailändische Führung soll »China als eine Supermacht, die eine globale Rolle hat, anerkannt« haben und als »eine Brücke zwischen China und ASEAN« dienen wollen. Singapur ist in seinem demonstrativen Schulterschluss mit China sogar noch weiter gegangen.

Usbekistan, also der zentralasiatische Staat, der sich russischen Übergriffen auf dessen früheres Reichsgebiet am entschiedensten widersetzt, für ein ausgleichendes Bündnis mit China eintreten; dasselbe gilt für Turkmenistan. Und auch in dem ethnisch gespaltenen und daher für Nationalitätenkonflikte anfälligen Kasachstan könnte sich China womöglich stärker zur Geltung bringen. Ein China, das wirklich ein politischer wie auch wirtschaftlicher Riese wird, könnte sich außerdem offener in die inneren Angelegenheiten der fernöstlichen Provinz Russlands einschalten, während es Koreas Vereinigung unter chinesischer Schirmherrschaft betreibt.

Aber ein derart aufgeblähtes China bekäme es höchstwahrscheinlich mit einer starken Opposition von außen zu tun. Aus der Karte unten geht deutlich hervor, dass im Westen sowohl Russland als auch Indien triftige geopolitische Gründe haben, sich zusammenzu-

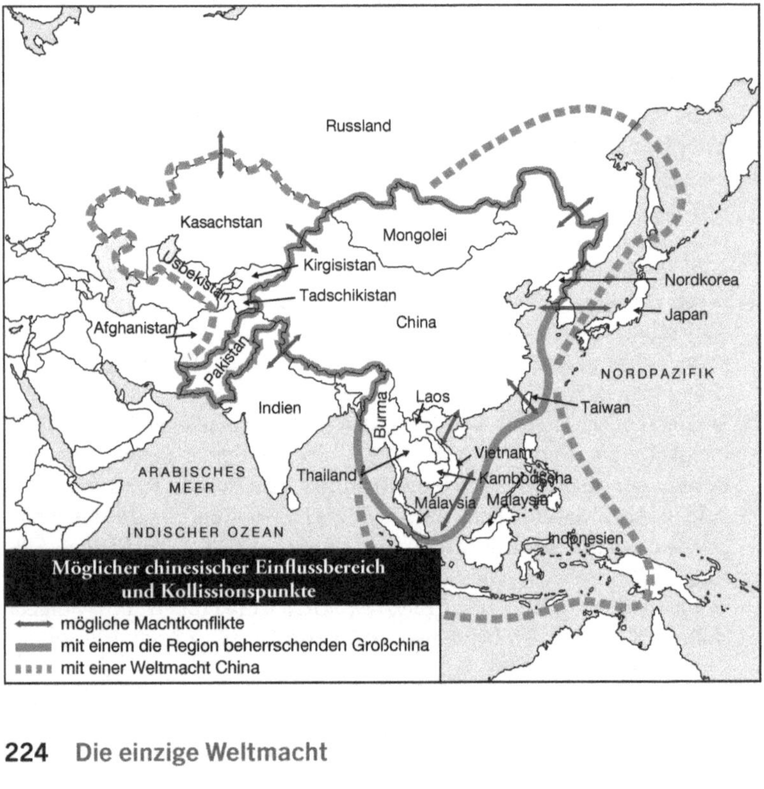

Möglicher chinesischer Einflussbereich und Kollissionspunkte

schließen, um die von China ausgehende Gefahr gemeinsam abzuwehren. Die Zusammenarbeit zwischen ihnen dürfte sich dann wohl in erster Linie auf Zentralasien und Pakistan konzentrieren, von woher China ihre Interessen am stärksten bedroht. Im Süden ginge der heftigste Widerstand von Vietnam und von Indonesien aus (das wahrscheinlich von Australien Rückendeckung erhielte). Im Osten würde Amerika, vermutlich unterstützt von Japan, jedem Versuch Chinas entgegentreten, die Vormachtstellung in Korea zu gewinnen und sich Taiwan gewaltsam einzuverleiben, zumal ein solcher Akt die politische Präsenz der USA im Fernen Osten auf einen potenziell unsicheren und abgelegenen Stützpunkt in Japan reduzieren würde.

Ob eines der auf der Karte eingezeichneten Szenarios Wirklichkeit wird, hängt letzten Endes nicht nur von der weiteren Entwicklung Chinas, sondern auch ganz wesentlich vom Verhalten und von der Präsenz der Vereinigten Staaten ab. Sollte sich Amerika heraushalten, würde das zweite Szenario sehr viel wahrscheinlicher, aber auch wenn das erste Wirklichkeit werden sollte, wäre dazu ein gewisses Maß an Entgegenkommen und Selbstbeherrschung vonseiten der USA nötig. Die Chinesen wissen das; daher muss es der chinesischen Politik in erster Linie darum gehen, auf das Verhalten Amerikas und auf die alles entscheidende amerikanisch-japanische Partnerschaft gleichermaßen einzuwirken und seine anderen Beziehungen entsprechend diesem strategischen Anliegen zu handhaben.

Chinas Haupteinwand gegen die USA richtet sich weniger gegen das, was diese tatsächlich tun, als gegen das, was die USA derzeit sind und wo sie sind. Amerika ist in den Augen Chinas die gegenwärtig bestimmende Weltmacht, deren bloße Gegenwart in der Region, gestützt auf seine dominierende Position in Japan, Chinas Einfluss eindämmt. Mit den Worten eines Analytikers in der Forschungsabteilung des chinesischen Außenministeriums: »Das strategische Ziel der USA besteht darin, ihre Hegemonie auf die ganze Welt auszudehnen, und sie können nicht hinnehmen, dass in Europa oder Asien eine Großmacht entsteht, die einmal ihre Führungsposition bedroht.«[27] Somit wird Amerika ungewollt, einfach durch seine nationale Identität und geographische Lage, eher Chinas Gegner als sein natürlicher Verbündeter.

Demgemäß ist es die Aufgabe chinesischer Politik entsprechend der strategischen Einsicht Sun Tsus, Amerikas Macht zu benutzen, um die amerikanische Hegemonie auf friedlichem Wege zu überwinden, ohne dadurch irgendwelche latenten regionalen Gelüste Japans zu entfesseln. Zu diesem Zweck muss Chinas Geostrategie zwei Ziele gleichzeitig verfolgen, wie dies Deng Xiaoping etwas verklausuliert im August 1994 klargemacht hat: »Erstens, Hegemoniestreben und Machtpolitik entgegenwirken und den Weltfrieden sichern; zweitens, eine neue internationale politische und ökonomische Ordnung aufbauen.« Ersteres zielt unverkennbar auf die Vereinigten Staaten ab und bezweckt eine Schwächung der amerikanischen Vormachtstellung, während ein militärischer Zusammenstoß sorgfältig vermieden wird, der Chinas ökonomischen Aufschwung beenden würde. Die zweite Forderung strebt eine Revision der Machtverteilung auf der Erde an und schlägt dabei aus dem Unmut Kapital, den einige Schlüsselstaaten gegen die derzeit bestehende internationale Hackordnung hegen, in der die Vereinigten Staaten ganz oben rangieren, unterstützt von Europa (oder Deutschland) im äußersten Westen und von Japan im äußersten Osten Eurasiens.

Chinas zweite Zielsetzung veranlasst Peking, eine regionale Geostrategie zu verfolgen, die ernste Konflikte mit seinen unmittelbaren Nachbarn zu vermeiden sucht, auch wenn es dabei weiterhin nach einer Vormachtstellung in der Region strebt. Eine taktische Verbesserung der chinesisch-russischen Beziehungen kommt da wie geru-

---

27 Song Yimin, »Discussion of the Division and Grouping of Forces in the World After the End of the Cold War«, *International Studies* (China Institute of International Studies, Peking) 6-8 (1996), S. 10. Dass diese Einschätzung Amerikas die Meinung von Chinas oberster Führung wiedergibt, belegt der Umstand, dass eine Kurzfassung der genannten Untersuchung am 29. April 1996 in dem in Massenauflage erscheinenden offiziellen Parteiorgan *Renmin Ribao* (People 's Daily) erschien.

fen, zumal Russland nun schwächer ist als China. Dementsprechend erteilten im April 1996 beide Länder jeglichem »Hegemoniestreben« eine klare Absage und erklärten die NATO-Erweiterung für »unzulässig«. Es ist allerdings unwahrscheinlich, dass China ein langfristiges und umfassendes Bündnis mit Russland gegen Amerika ernsthaft in Erwägung zöge. Ein solches Bündnis hätte zur Folge, dass die amerikanisch-japanische Partnerschaft, die China langsam aufweichen möchte, an Festigkeit und Umfang gewönne, und würde China außerdem von relevanten Kapitalquellen und moderner Technik isolieren.

Wie bei den chinesisch-russischen Beziehungen empfiehlt es sich für China, jede direkte Konfrontation mit Indien zu vermeiden, auch wenn es weiterhin an seiner engen militärischen Zusammenarbeit mit Pakistan und Birma festhält. Eine Politik offener Feindseligkeit hätte den negativen Effekt, Chinas aus taktischen Gründen ratsame Einigung mit Russland zu komplizieren, während es zudem Indien in ein kooperativeres Verhältnis zu Amerika triebe. Da auch Indien unterschwellig einen leicht antiwestlichen Vorbehalt gegen die bestehende globale »Hegemonie« teilt, steht eine Verminderung der chinesisch-indischen Spannungen im Einklang mit Chinas umfassenderem geostrategischen Interesse.

Dieselben Gesichtspunkte gelten im Großen und Ganzen für Chinas derzeitige Beziehungen zu den südostasiatischen Staaten. Obwohl sie das Südchinesische Meer einseitig für sich reklamieren, pflegen die Chinesen gleichzeitig ihre Beziehungen zu den südostasiatischen Regierungen (mit Ausnahme der von jeher feindlich gesinnten Vietnamesen). Dabei machen sie sich die unverhohlenen antiwestlichen Ansichten (vor allem in den Fragen westlicher Wertvorstellungen und der Menschenrechte) zunutze, die in den vergangenen Jahren von den Regierungschefs Malaysias und Singapurs geäußert worden sind. Insbesondere begrüßten sie die gelegentlich schrille antiamerikanische Rhetorik des malaysischen Premierministers Datuk Mahathir, der auf einem Forum im Mai 1996 in Tokio sogar öffentlich die Notwendigkeit des Amerikanisch-Japanischen Sicherheitsabkommens mit der Frage anzweifelte, welchen Feind die Allianz denn abwehren solle, und behauptete, Malaysia brauche keine Verbündeten. Die Chinesen rechnen ganz offensichtlich damit, dass jede Verminderung des amerikanischen Ansehens automatisch ihrem Einfluss in der Region zugutekomme.

Auf ähnliche Weise scheint steter, geduldig ausgeübter Druck der Leitgedanke der derzeit gegenüber Taiwan verfolgten chinesischen Politik zu sein. Während sie sich einerseits auf eine kompromisslose Haltung hinsichtlich des internationalen Status Taiwans versteift derart, dass sie sogar bewusst internationale Spannungen in Kauf nimmt, um deutlich zu machen, dass es Peking in dieser Sache ernst ist (wie im März 1996), sind sich diese bewusst, dass sie vorläufig nicht über die Macht verfügen werden, eine für sie befriedigende Lösung zu erzwingen. Ihnen ist klar, dass eine verfrühte Anwendung von Gewalt nur einen unsinnigen Streit mit Amerika vom Zaun brechen und dadurch die USA in ihrer Rolle als Garant für Frieden in der Region stärken würde. Überdies gestehen sich die Chinesen selbst ein, dass die Aussichten für die Entstehung eines Großchinas nicht zuletzt davon abhängen, wie wirksam Hongkong in die Volksrepublik integriert wird.

Die gütliche Einigung, die in Chinas Verhältnis zu Südkorea stattgefunden hat, ist ebenfalls ein wichtiger Bestandteil seiner Politik, die Flanken zu konsolidieren, um sich wirksam auf das eigentliche Ziel konzentrieren zu können. Angesichts der koreanischen Geschichte und der antijapanischen Stimmung im Lande trägt eine chinesisch-koreanische Verständigung an sich schon zu einer Schwächung der potenziellen Rolle Japans in der Region bei und bereitet den Boden für ein wiedererstehendes traditionelleres Verhältnis zwischen China und (einem wiedervereinigten oder weiterhin geteilten) Korea.

Am wichtigsten jedoch ist: Die auf friedlichem Wege erzielte Verbesserung des chinesischen Ansehens in der Region erleichtert es Peking, sein zentrales Ziel zu verfolgen, das der alte chinesische Stratege Sun Tsu folgendermaßen formuliert haben könnte: *Amerikas Macht in der Region so weit zu schwächen, dass ein geschwächtes Amerika ein regional beherrschendes China als Verbündeten und schließlich sogar eine Weltmacht China als Partner brauchen wird.* Dieses Ziel sollte auf eine

Weise verfolgt und erreicht werden, die weder eine Erweiterung der amerikanisch-japanischen Allianz zu Verteidigungszwecken provoziert noch dazu, dass Japans Macht die der USA in der Region ersetzt.

Um dieses zentrale Ziel zu erreichen, sucht China kurzfristig die Festigung und Ausdehnung der amerikanisch-japanischen Sicherheitspartnerschaft zu verhindern. Besonders beunruhigt war China, als deren Geltungsbereich Anfang 1996 indirekt von einem engeren »fernöstlichen« zu einem umfassenderen »asiatisch-pazifischen« Raum ausgeweitet wurde. Peking sah darin nicht nur eine unmittelbare Bedrohung seiner nationalen Interessen, sondern den Ausgangspunkt für ein von den USA dominiertes asiatisches Sicherheitssystem (in dem Japan die wichtigste Stütze sein würde, etwa so wie Deutschland in der NATO während des Kalten Kriegs), das China in Schach halten soll.[28] Das Abkommen wurde in Peking als der Versuch aufgefasst, Japan den Aufstieg zu einer bedeutenden Militärmacht zu erleichtern, die dann ungeklärte Streitfälle wirtschaftlicher Art und auf dem Gebiet des Seerechts vielleicht sogar allein und mit Waffengewalt lösen könne. China wird also wahrscheinlich die immer noch starken Ängste der Asiaten vor jeder wichtigen militärischen Rolle Japans in der Region energisch anfachen, um Amerika Einhalt zu gebieten und Japan einzuschüchtern.

In Chinas strategischem Kalkül kann jedoch die Hegemonie Amerikas nicht von langer Dauer sein. Obwohl einige Chinesen, besonders in militärischen Kreisen, dazu neigen, Amerika als Chinas erbitterten Feind zu betrachten, geht man in Peking überwiegend davon aus, dass die USA in der Region in die Isolation geraten, weil sie allzu sehr auf Japan setzen. Dadurch werde ihre Abhängigkeit von dem Inselstaat noch größer, was indes auch für die Widersprüche im amerikanisch-japanischen Verhältnis und die amerikanischen Ängste vor einem japanischen Militarismus gelte. Diese Entwicklung wird China in die

28 Eine ausführliche Untersuchung der angeblichen Absicht Amerikas, ein solches antichinesisches asiatisches System zu errichten, stellt Wang Chunyiun in »Looking Ahead to Asia-Pacific Security in the Early Twenty-first Century« an. *Guoji Zhanwang* (World Outlook), Februar 1996.

Lage versetzen, Amerika und Japan gegeneinander auszuspielen, wie es das früher im Fall der USA und der Sowjetunion tat. Nach Ansicht Pekings wird die Zeit kommen, da Amerika begreift, dass es – um eine einflussreiche Macht im asiatisch-pazifischen Raum zu bleiben – keine andere Wahl hat, als sich seinem natürlichen Partner auf dem asiatischen Festland zuzuwenden.

Japan: nicht regional, aber international

Die Entwicklung des amerikanisch-japanischen Verhältnisses ist somit von entscheidender Bedeutung für Chinas geopolitische Zukunft. Seit dem Ende des chinesischen Bürgerkriegs im Jahre 1949 stützt sich die amerikanische Fernostpolitik auf Japan. Anfangs nur ein amerikanisches Besatzungsgebiet, ist Japan Basis für die politisch-militärische Präsenz der USA im asiatisch-pazifischen Raum und ein weltweit unverzichtbarer Verbündeter geworden, gleichzeitig aber zu einer Schutzzone. Das Hervortreten Chinas wirft nun die Frage auf, ob – und zu welchem Zweck – die engen amerikanisch-japanischen Beziehungen in dem sich verändernden regionalen Kontext Bestand haben können. Japans Rolle in einem gegen China gerichteten Bündnis wäre klar; aber wie sollte Japans Rolle aussehen, wenn man Chinas Aufstieg in irgendeiner Form Rechnung tragen will, selbst um den Preis, dass Amerikas Vormachtstellung in der Region Einbußen hinnehmen muss?

Wie China ist Japan ein Nationalstaat mit einem unerschütterlichen Glauben an seine Einzigartigkeit und Sonderstellung. Aufgrund seiner Insellage, seiner Geschichte und auch seiner kaiserlichen Mythologie betrachtet sich das bienenfleißige, disziplinierte japanische Volk als im Besitz einer besonderen, seinen Nachbarn überlegenen Lebensart, die Japan zunächst durch eine »Splendid Isolation« verteidigte, ehe es dann, als die Welt sich im 19. Jahrhundert aufdrängte, die europäischen Reiche nachahmte und sich auf dem asiatischen Festland selbst ein Imperium zu schaffen trachtete. Die vernichtende Niederlage im Zweiten Weltkrieg bewirkte, dass sich das japanische Volk ausschließlich auf den wirtschaftlichen Wiederaufbau konzentrierte, ohne ein darüber hinausgehendes Selbstverständnis zu entwickeln.

Die gegenwärtigen Ängste Amerikas vor einem übermächtigen China erinnern an die noch nicht allzu lange zurückliegende Paranoia gegenüber Japan. Die Japanophobie ist inzwischen einer Sinophobie gewichen. Vor einem Jahrzehnt erst hatten Vorhersagen, dass ein Aufstieg Japans zum »Welt-Superstaat« – bereit, nicht nur Amerika zu entthronen (es gar aufzukaufen!), sondern auch eine Art »Pax Nipponica« zu verhängen – unabwendbar sei und unmittelbar bevorstehe, bei amerikanischen Kommentatoren und Politikern Hochkonjunktur. Und das nicht nur in Amerika. Die Japaner stießen selbst schnell in das gleiche Horn mit einer Reihe von Bestsellern, welche die These vertraten, dass Japan den High-Tech-Wettlauf mit den Vereinigten Staaten zwangsläufig gewinnen müsse und bald schon zum Zentrum eines weltweiten »Informationsimperiums« werde, wohingegen es mit Amerika, das mittlerweile erschöpft und gesellschaftlich durch Disziplinlosigkeit geschwächt sei, bergab gehe.

Bei diesen oberflächlichen Deutungen geriet völlig in Vergessenheit, wie verwundbar Japan als Staat ist und bleibt. Es ist selbst den geringfügigsten Störungen im weltweiten Ressourcen- und Handelsfluss, gar nicht zu reden von Krisen der internationalen Stabilität, hilflos ausgeliefert und wird zu Hause von demographischen, sozialen und politischen Problemen bedrängt. Japan ist einerseits ein reiches, dynamisches und wirtschaftlich starkes Land, andererseits jedoch in der Region isoliert und in seiner politischen Handlungsfreiheit eingeschränkt, weil es in Sicherheitsfragen von einem mächtigen Verbündeten abhängig ist, der zufällig der Garant globaler Stabilität (auf die Japan nicht verzichten kann) und gleichzeitig Japans Hauptkonkurrent auf wirtschaftlichem Gebiet ist.

Japans gegenwärtige Position – einerseits ein weltweit respektierter Wirtschaftsriese, andererseits eine geopolitische Verlängerung amerikanischer Macht – dürfte für künftige Generationen von Japanern, die nicht mehr von der Erfahrung des Zweiten Weltkriegs traumatisiert und mit Scham erfüllt sind, auf Dauer nicht akzeptabel sein. Sowohl aus historischen als auch aus Gründen der Selbstachtung ist Japan, wenn auch verhaltener als China, mit dem weltweiten Status quo nicht so recht zufrieden. Mit einer gewissen Berechtigung meint es, Anspruch auf eine förmliche Anerkennung als Weltmacht zu haben, weiß aber auch, dass die regional nützliche (und für seine asiatischen Nachbarn beruhigende) Sicherheitsabhängigkeit von Amerika diese Anerkennung behindert.

Überdies verstärken die wachsende Macht Chinas auf dem asiatischen Festland und die Aussicht, dass sie bald in die für Japan ökonomisch wichtigen ozeanischen Gebiete ausstrahlen könnte, das zwiespältige Gefühl der Japaner hinsichtlich der geopolitischen Zukunft des Landes. Auf der einen Seite gibt es in Japan ein ausgeprägtes kulturelles Zusammengehörigkeitsgefühl gegenüber China, auf der anderen Seite ein latentes Bewusstsein gemeinsamer asiatischer Identität. Einige Japaner glauben vielleicht auch, mit dem Entstehen eines stärkeren Chinas und einer Schwächung der amerikanischen Vormachtstellung in der Region gewinne Japan für die USA an Bedeutung. Allerdings ist China in den Augen vieler Japaner der traditionelle Gegner, ein früherer Feind und eine potenzielle Bedrohung der regionalen Stabilität. Dies lässt die Sicherheitsbindung an Amerika wichtiger denn je erscheinen, selbst wenn dadurch der Unmut mancher nationalistischerer Japaner steigt, denen die lästigen Beschränkungen der politischen und militärischen Unabhängigkeit Japans ein Dorn im Auge sind.

Oberflächlich betrachtet, besteht eine gewisse Ähnlichkeit zwischen der Situation Japans im Fernen Osten Asiens und Deutschlands im äußersten Westen Eurasiens. Beide sind die wichtigsten Verbündeten der Vereinigten Staaten in der jeweiligen Region. Ja, man kann sagen, Amerikas Stärke in Europa und Asien beruht unmittelbar auf den engen Allianzen mit diesen beiden Ländern. Beide verfügen über ansehnliche Militärapparate, aber keines ist in dieser Hinsicht unabhängig: Deutschland sind durch seine militärische Integration in die NATO die Hände gebunden, während Japan von seinen eigenen (obzwar die Handschrift Amerikas aufweisenden) Verfassungsvorbehalten und dem Amerikanisch-Japanischen Sicherheitsabkommen in Schranken gehalten wird. Beide sind Wirtschafts- und Finanzriesen, regional bestimmend, und rangieren ganz oben auf der globalen Skala. Beide kann man als Quasi-Weltmächte bezeichnen, und beide verstimmt es, dass man ihnen die mit einem dauerhaften Sitz im UN-Sicherheitsrat verbundene Anerkennung verweigert.

Aber die Unterschiede in ihren jeweiligen geopolitischen Voraussetzungen fallen möglicherweise stärker ins Gewicht. Deutschland ist aufgrund seines konkreten Verhältnisses zur NATO mit seinen wichtigsten europäischen Verbündeten gleichgestellt und hat im Rahmen des nordatlantischen Pakts gegenüber den Vereinigten Staaten formell gegenseitige Verteidigungsverpflichtungen. Das Amerikanisch-Japanische Sicherheitsabkommen bestimmt, dass die USA Japan zu verteidigen haben, aber den Einsatz des japanischen Militärs zur Verteidigung Amerikas sieht es nicht vor (nicht einmal auf dem Papier). Das Abkommen schreibt im Grunde einen Schutzpakt fest.

Dank seines aktiven Einsatzes in der Europäischen Union und der NATO wird Deutschland außerdem von denjenigen Nachbarn, die in der Vergangenheit Opfer seiner Aggression wurden, nicht mehr als Bedrohung empfunden, sondern gilt heute als attraktiver Partner auf wirtschaftlichem und politischem Gebiet. Einige würden es sogar begrüßen, wenn ein von Deutschland angeführtes Mitteleuropa entstünde, da Deutschland als eine positive regionale Macht betrachtet wird. Das ist bei Japans asiatischen Nachbarn ganz anders, die wegen des Zweiten Weltkriegs Japan gegenüber noch immer gewisse Animositäten hegen. Zum Unmut der Nachbarn trägt ferner die internationale Wertschätzung des Yen bei, die nicht nur bittere Klagen ausgelöst, sondern auch eine Aussöhnung mit Malaysia, Indonesien, den Philippinen und selbst China behindert hat, das seine erheblichen langfristigen Schulden gegenüber Japan in Yen begleichen muss.

Mangels eines mehr oder weniger gleichen regionalen Partners hat Japan auch kein asiatisches Äquivalent wie Deutschland im Nachbarn

Frankreich. Es besteht zwar eine starke kulturelle Affinität zu China, in die sich vielleicht ein gewisses Schuldgefühl mischt, aber sie ist politisch zwiespältig, da keine Seite der anderen traut und keine die regionale Führungsrolle der anderen akzeptieren will. Ebenso wenig hat Japan ein Äquivalent zu Deutschlands Verhältnis zu Polen: das heißt einen viel schwächeren, aber geopolitisch wichtigen Nachbarn, mit dem die Versöhnung und sogar die Zusammenarbeit nach und nach Realität werden. Vielleicht könnte Korea nach einer eventuellen Wiedervereinigung dieses Äquivalent werden, doch sind die japanisch-koreanischen Beziehungen nur auf dem Papier gut, da die Erinnerungen der Koreaner an die vergangene Herrschaft und das Überlegenheitsgefühl der Japaner jede echte Aussöhnung der beiden Gesellschaften erschweren.[29] Schließlich stand Japan mit Russland stets auf viel schlechterem Fuß als Deutschland. Da Russland in der Rückgabe der südlichen Kurilen, die es gegen Ende des Zweiten Weltkriegs noch schnell besetzt hatte, kein Entgegenkommen zeigt, bewegen sich die russisch-japanischen Beziehungen um den Nullpunkt. Kurzum, Japan ist in der Region politisch isoliert, was man von Deutschland nicht behaupten kann.

Des Weiteren hat Deutschland mit seinen Nachbarn sowohl die gleichen demokratischen Prinzipien als auch Europas umfassenderes christliches Erbe gemein. Und es strebt danach, in einer Einheit aufzugehen, die größer ist als es selbst, nämlich in »Europa«. Im Unterschied dazu gibt es kein vergleichbares »Asien«. Obwohl sich in den vergangenen Jahren in verschiedenen asiatischen Ländern die Demokratie durchgesetzt hat, ist Japan infolge seiner insularen Vergangenheit und auch wegen seines derzeit demokratischen Systems eher ein Außenseiter im asiatisch-pazifischen Raum. In den Augen vieler Asiaten ist Japan eine einseitig auf den eigenen Nutzen bedachte Nation und ein allzu williger Nachahmer des Westens, zumal sich Tokio sträubt, die abendländische Betonung der Menschenrechte und die

29 Der *Japan Digest* berichtete am 25. Februar 1997, laut einer von der Regierung in Auftrag gegebenen Untersuchung seien nur 36 Prozent der Japaner gegenüber Südkorea freundlich gesinnt.

Bedeutung des Individualismus gemeinsam mit anderen asiatischen Regierungschefs infrage zu stellen. Somit sehen viele Asiaten in Japan kein wahrhaft asiatisches Land, wie auch der Westen zuweilen staunt, in welchem Ausmaß Japan westliche Züge angenommen hat.

In Wirklichkeit fühlt sich Japan, obwohl zu Asien gehörend, nicht so recht wohl als asiatisches Land. Dieser Umstand schränkt seine geostrategischen Möglichkeiten beträchtlich ein. Eine wirklich regionale Option, nämlich die eines regional bestimmenden Japans, das China überragt – selbst wenn sie nicht mehr auf japanischer Vorherrschaft, sondern eher auf einer friedlichen Zusammenarbeit unter der Ägide Japans beruht –, scheint aus stichhaltigen historischen, politischen und kulturellen Gründen nicht realisierbar. Hinzu kommt, dass Japan auch in Zukunft auf den militärischen Schutz und die internationale Schirmherrschaft der USA angewiesen ist. Ohne das Amerikanisch-Japanische Sicherheitsabkommen, ja sogar schon durch seine allmähliche Verwässerung würde Japan augenblicklich gegenüber jeder ernsthaften regionalen oder internationalen Krise störungsanfällig. Die einzige Alternative wäre dann, entweder Chinas regionale Vormachtstellung zu akzeptieren oder ein massives – ebenso kostspieliges wie sehr gefährliches – Wiederaufrüstungsprogramm durchzuziehen.

Verständlicherweise halten viele Japaner die gegenwärtige Position ihres Landes – eine Quasi-Weltmacht und zugleich eine Schutzzone – für abnorm. Aber zugkräftige und realisierbare Alternativen zu den bestehenden Regelungen bieten sich nicht an. Wenn Chinas nationale Ziele als einigermaßen klar und die regionale Stoßrichtung seiner geopolitischen Ambitionen als relativ vorhersehbar gelten kann, so sind die geostrategische Vision Japans eher verschwommen und die öffentliche Stimmung im Lande viel uneinheitlicher.

Den meisten Japanern ist klar, dass eine strategisch bedeutsame und abrupte Richtungsänderung Gefahren in sich birgt. Kann Japan eine regionale Macht in einer Region werden, in der es noch immer Unmut auf sich zieht und China sich als regional vorherrschende Macht zu etablieren beginnt? Doch sollte sich Japan einfach mit einer solchen Rolle Chinas abfinden? Kann Japan eine wirklich umfassende

Weltmacht (in all ihren Dimensionen) werden, ohne amerikanische Unterstützung aufs Spiel zu setzen und die Feindseligkeit, die ihm in der Region entgegenschlägt, zu schüren? Vorausgesetzt, die USA werden auf jeden Fall in Asien bleiben, wie wird sich dann ihre Reaktion auf Chinas wachsenden Einfluss auf die Beziehungen zu Japan auswirken, das bisher Priorität genoss? In der Zeit des Kalten Kriegs waren solche Fragen so gut wie kein Thema. Heute bestimmen sie die strategische Diskussion und haben in Japan eine zunehmend lebhaftere Debatte in Gang gesetzt.

Seit den 1950er-Jahren ließ sich die japanische Außenpolitik von vier wesentlichen Grundsätzen leiten, die der erste Premierminister nach dem Krieg, Shigeru Yoshida, öffentlich bekannt gab. Die Yoshida-Doktrin postulierte, (1) Japan solle sich in erster Linie auf seine Wirtschaftsentwicklung konzentrieren, (2) es solle nur eine kleine Armee unterhalten und sich aus internationalen Konflikten heraushalten, (3) es solle der politischen Führung der Vereinigten Staaten folgen und deren militärischen Schutz annehmen, und (4) die japanische Diplomatie solle frei von Ideologie und auf internationale Zusammenarbeit gerichtet sein. Da jedoch das Ausmaß, in dem sich Japan im Kalten Krieg engagierte, bei vielen Japanern Unbehagen hervorrief, wurde gleichzeitig die Fiktion einer Semineutralität gepflegt. Noch im Jahre 1981 musste Außenminister Masayoshi Ito seinen Hut nehmen, weil er es zugelassen hatte, dass man die amerikanisch-japanischen Beziehungen mit dem Begriff »Bündnis« (Domei) charakterisierte.

Dies gehört nun alles der Vergangenheit an. Japan befand sich damals in einer Aufbauphase, China hatte sich selbst isoliert, und Eurasien war polarisiert. Heute dagegen begreift Japans politische Elite, dass ein reiches, wirtschaftlich in die Welt eingebundenes Japan Selbstbereicherung nicht mehr zum vorrangigen nationalen Zweck betreiben kann, ohne internationales Ressentiment auszulösen. Ferner kann ein wirtschaftlich mächtiges Japan, das mit Amerika wetteifert, nicht einfach eine Verlängerung der amerikanischen Außenpolitik sein, während es zugleich jeder internationalen Verantwortung aus dem Weg geht. Ein politisch einflussreicheres Japan, das weltweit

Anerkennung sucht (beispielsweise einen ständigen Sitz im Sicherheitsrat der UNO), muss in den für den Weltfrieden entscheidenderen geopolitischen und Sicherheitsfragen Stellung beziehen.

Die Folge davon war, dass in den vergangenen Jahren unzählige Studien japanischer Körperschaften des privaten und öffentlichen Rechts sowie eine Fülle oft umstrittener Bücher von bekannten Politikern und Professoren erschienen, die Japans neue Aufgabengebiete und Zielsetzungen in der Zeit nach dem Kalten Krieg umrissen.[30] In vielen dieser Veröffentlichungen ging es unter anderem um die Frage, wie lange das amerikanisch-japanische Sicherheitsbündnis noch Bestand habe und ob es noch wünschenswert sei. Außerdem sprach man

---

30 Zum Beispiel betonte die Higuchi-Kommission, eine Beraterabteilung des Premierministers, die in einem im Sommer 1994 herausgegebenen Bericht die »drei Säulen japanischer Sicherheitspolitik« skizzierte, den Vorrang amerikanisch-japanischer Sicherheitsbeziehungen, sprach sich daneben aber für einen multilateralen asiatischen Sicherheitsdialog aus; der Bericht des Ozawa-Ausschusses von 1994 »Plan für ein neues Japan«; der Entwurf der *Yomiuri Shimbun* für »eine umfassende Sicherheitspolitik« vom Mai 1995, der unter anderem für den Auslandseinsatz japanischer Streitkräfte zum Zwecke der Friedenssicherung eintrat; der mit Unterstützung einer »Denkfabrik« der Fuji-Bank erstellte Bericht der Japan Association of Corporate Executives (Keizai Doyukai) drängt auf mehr Symmetrie in dem amerikanisch-japanischen Verteidigungssystem; der Bericht mit dem Titel »Möglichkeit und Rolle eines Sicherheitssystems in der asiatisch-pazifischen Region«, der dem Premierminister im Juni 1996 vom Japanischen Forum für Internationale Angelegenheiten vorgelegt wurde; sowie zahlreiche Bücher und Artikel, die in den vergangenen Jahren erschienen und oft viel polemischere und extremere Standpunkte vertreten und häufiger von den westlichen Medien zitiert wurden als die oben erwähnten Berichte, die vorwiegend dem Mainstream zuzurechnen sind. So löste zum Beispiel ein von einem japanischen General 1996 herausgegebenes Buch ein weites Presseecho aus, weil darin Vermutungen darüber angestellt werden, dass die USA unter bestimmten Umständen Japan nicht mehr würden schützen können und Japan deshalb sein nationales Verteidigungspotenzial erhöhen müsse (vgl. General Yasuhiro Marino (Hrsg.), *Next Generation Ground Self-Defense Force* und den Artikel darüber: »Myths of the U.S. Coming to Our Aid« in *Sankei Shimbun*, 4. März 1996).

sich für eine aktivere japanische Diplomatie, vor allem gegenüber China, aus oder redete einer energischeren militärischen Rolle Japans in der Region das Wort. Wollte man den Stand der amerikanisch-japanischen Beziehungen nach dem öffentlichen Dialog beurteilen, so müsste man wohl zu dem Schluss kommen, dass das Verhältnis zwischen beiden Ländern Mitte der 1990er-Jahre in eine Krise geraten ist.

Auf der Ebene der offiziellen Politik waren jedoch die ernsthaft diskutierten Empfehlungen insgesamt gesehen relativ nüchtern, maßvoll und vernünftig. Die extremen Optionen – sowohl die vorbehaltlos pazifistische (mit einem antiamerikanischen Beigeschmack) als auch die Option einer einseitigen und größeren Wiederbewaffnung (die eine Revision der Verfassung erfordern und vermutlich negativen Reaktionen vonseiten der USA und der Staaten in der Region zum Trotz verfolgt würde) – haben wenig Anhänger gefunden. Die breite Öffentlichkeit und zweifellos auch einflussreiche Wirtschaftskreise spüren instinktiv, dass keine der beiden Optionen eine echte politische Alternative darstellt und beide im Grunde Japans Wohlstand nur gefährden würden.

In den politisch entscheidenden öffentlichen Diskussionen ging es primär um eine unterschiedliche Gewichtung der grundlegenden Rolle Japans auf der internationalen Bühne und in zweiter Linie um verschiedene Auffassungen über seine geopolitischen Prioritäten. Grob gesagt lassen sich drei Hauptstandpunkte und vielleicht noch ein vierter von nachrangiger Bedeutung festhalten und wie folgt kennzeichnen: die unerschütterlichen Verfechter eines »Amerika zuerst«, die globalen Merkantilisten, die weltoffenen Pragmatiker und die weltpolitischen Visionäre. Letzten Endes ist jedoch allen vier ein Ziel gemeinsam und teilen sie dieselbe Sorge: *sich das besondere Verhältnis zu den USA zunutze zu machen, um Japans internationale Anerkennung zu erringen, zugleich Feindseligkeiten in Asien zu vermeiden und den Sicherheitsschirm der USA nicht vorzeitig aufs Spiel zu setzen.*

Die Vertreter der ersten Richtung gehen davon aus, dass der Erhalt der bestehenden und zugegebenermaßen asymmetrischen amerikanisch-japanischen Beziehungen der Kern japanischer Geostrategie bleiben sollte. Sie wollen, wie die meisten Japaner, größere internationale Anerkennung für Japan und mehr Gleichheit in der Allianz, ihr kardinaler Glaubensgrundsatz aber ist, wie Premierminister Kiichi Miyazawa es im Januar 1993 ausdrückte, dass »die Aussichten für die Welt auf der Schwelle zum 21. Jahrhundert weitgehend davon abhängen werden, ob Japan und die Vereinigten Staaten in einer koordinierten Führung mit einer gemeinsamen Vision aufwarten können«. Dieser Standpunkt herrschte bisher in der internationalistisch orientierten politischen Elite und dem außenpolitischen Establishment vor, das während der vergangenen zwei Jahrzehnte im Amt war. In geostrategischen Schlüsselfragen wie der Rolle Chinas in der Region und der Präsenz der USA in Korea hat diese Führung die USA unterstützt, aber sie sieht ihre Aufgabe auch darin, die USA von einem Konfrontationskurs gegenüber China abzuhalten. Tatsächlich betont selbst diese Gruppierung inzwischen zunehmend die Notwendigkeit engerer japanisch-chinesischer Beziehungen, die sie in ihrer Bedeutung gleich nach denen zu Amerika einstuft.

Die Anhänger der zweiten Richtung bestreiten nicht, dass Japan mit den USA geostrategisch an einem Strang ziehen sollte, in ihren Augen ist den Interessen Japans aber am besten gedient, wenn man offen eingesteht und akzeptiert, dass Japan in erster Linie eine Wirtschaftsmacht ist. Diese Ansicht wird sehr oft mit der seit jeher einflussreichen MITI-Bürokratie (Ministerium für Internationalen Handel und Industrie) und den Spitzen von Handel und Export in Verbindung gebracht. Ihr zufolge ist die weitgehende Demilitarisierung Japans ein Vorteil, den zu bewahren sich lohnt. Solange Amerika die Sicherheit des Landes garantiert, kann sich Japan ungehindert weltweit auf wirtschaftlichem Gebiet engagieren, was insgeheim seinem internationalen Ansehen zugutekäme.

In einer idealen Welt würden die Anhänger dieser zweiten Richtung wohl für einen zumindest de facto neutralen politischen Kurs eintreten. Amerika müsste demnach ein Gegengewicht zu Chinas Macht in der Region darstellen und Taiwan und Südkorea Schutz bieten, wodurch Japan freie Hand bekäme, engere Wirtschaftsbeziehungen zum Festland und zu Südostasien zu pflegen. In Anbetracht der gegenwärtigen politischen Realitäten nehmen die globalen Merkantilisten jedoch das amerikanisch-japanische Bündnis als ein notwendiges Arrangement in Kauf, einschließlich der relativ bescheidenen Haushaltsmittel für die japanischen Streitkräfte (die noch immer kaum ein Prozent des Bruttosozialprodukts übersteigen), ohne es darauf anzulegen, das Bündnis mit irgendeinem regional bedeutsamen Gehalt zu erfüllen.

Die dritte Gruppe, die weltoffenen Pragmatiker, dürften wohl den neuen Typus des Politikers und geopolitischen Denkers verkörpern. Sie sind der Meinung, dass Japan als eine reiche und erfolgreiche Demokratie sowohl die Gelegenheit als auch die Pflicht habe, sich in der Welt nach dem Kalten Krieg anders zu verhalten. Mit einer anderen Einstellung könne es sich weltweit auch die Anerkennung verschaffen, die ihm als einem Wirtschaftsriesen zustehe, der historisch gesehen zu den wenigen wirklich großen Nationen der Welt zählt. Bereits in den 1980er-Jahren deutete sich mit Premierminister Yasuhiro Nakasone eine solch entschiedenere und selbstbewusstere Haltung an, aber die vielleicht bekannteste Darlegung dieses Standpunkts war im umstrittenen Bericht des Ozawa-Ausschusses enthalten, der 1994 unter dem vielsagenden Titel »Plan für ein neues Japan: das Umdenken einer Nation« veröffentlicht wurde.

Benannt nach dem Vorsitzenden des Ausschusses, Ichiro Ozawa, einem aufstrebenden Parteipolitiker der politischen Mitte, trat der Bericht sowohl für eine Demokratisierung der hierarchischen Strukturen des Landes als auch für ein Umdenken in der japanischen Außenpolitik ein. Er forderte Japan auf, ein »normales Land« zu werden, und empfahl, an der amerikanisch-japanischen Sicherheitspartnerschaft festzuhalten, gab dem Inselstaat aber zugleich den Rat, seine internationale Passivität aufzugeben und sich aktiv an der Weltpolitik zu beteiligen, indem er neue Wege in den internationalen Bemühungen um Friedenssicherung weise. Hierfür sollten, so der Bericht, die Verfassungsvorbehalte gegen eine Entsendung japanischer Streitkräfte ins Ausland aufgehoben werden.

Unausgesprochen – aber durch die Akzentuierung »ein normales Land« impliziert – blieb auch der Gedanke einer merklicheren geopolitischen Emanzipation vom Sicherheitsnetz Amerikas. Die Verfechter dieses Standpunkts neigten zu der Ansicht, dass Japan in Angelegenheiten von globaler Bedeutung nicht zögern solle, für Asien einzutreten, anstatt sich automatisch hinter die USA zu stellen. In so heiklen Fragen wie der wachsenden Bedeutung Chinas in der Region oder der Zukunft Koreas blieben sie bezeichnenderweise vage und unterschieden sich nicht sehr von ihren traditionalistischeren Kollegen. In puncto regionale Sicherheit teilten sie die stark ausgeprägte Neigung der Japaner, die Verantwortung in beiden Fragen primär den USA zu überlassen, wobei Japan lediglich die Rolle zufällt, auf allzu übertriebenen Eifer der Amerikaner mäßigend einzuwirken.

In der zweiten Hälfte der 1990er-Jahre setzte sich der Standpunkt der weltoffenen Pragmatiker in der öffentlichen Meinung immer mehr durch und hinterließ auch in der japanischen Außenpolitik seine Spuren. In der ersten Hälfte des Jahres 1996 sprach die japanische Regierung plötzlich von »Japans unabhängiger Diplomatie« (Jishu Gaiko), obgleich das stets vorsichtige japanische Außenministerium in der japanischen Übersetzung die unbestimmtere (und für Amerika besser verdauliche) Wendung »weltoffene Diplomatie« wählte.

Die vierte Richtung, die der weltpolitischen Visionäre, ist die am wenigsten einflussreiche von allen, sie dient allerdings gelegentlich dazu, den japanischen Standpunkt mit idealistischerer Rhetorik zu garnieren. In der Öffentlichkeit wird sie gern mit herausragenden Persönlichkeiten – wie Akio Morita von Sony – in Verbindung gebracht, die mustergültig demonstrieren, wie wichtig es für Japan ist, sich weltweit energisch für moralisch wünschenswerte Ziele einzusetzen. Oftmals unter Berufung auf eine »neue Weltordnung« fordern diese Visionäre ihr Land auf – gerade, weil es nicht mit geopolitischen Verantwortungen belastet ist –, eine führende Rolle in der Entwicklung und Beförderung eines wahrhaft humanen Programms für die Weltgemeinschaft zu übernehmen.

Alle vier Richtungen stimmen in einer regionalen Schlüsselfrage überein: dass eine stärker multilaterale asiatisch-pazifische Zusammenarbeit im Interesse Japans ist. Eine solche Zusammenarbeit könnte mit der Zeit in dreierlei Hinsicht Früchte tragen: Durch sie kann China eingebunden (und auch auf raffinierte Weise in Schranken gehalten) werden, sie kann die USA dazu bewegen, auch dann in Asien präsent zu bleiben, wenn ihre Vormachtstellung schwindet, und sie kann zum Abbau antijapanischer Ressentiments beitragen und damit Japans Einfluss stärken. Es ist zwar unwahrscheinlich, dass Japan die Region zu seiner Einflusssphäre machen wird, doch es könnte sich vielleicht bei den Inselstaaten vor dem asiatischen Festland, die über Chinas wachsende Macht beunruhigt sein mögen, ein gewisses Maß an Achtung verschaffen.

Einigkeit besteht zwischen den Vertretern der genannten vier Standpunkte außerdem darin, dass ein behutsames Bemühen um ein besseres Verhältnis zu China jedem von Amerika ausgehenden Versuch, dessen Macht unmittelbar einzudämmen, eindeutig vorzuziehen ist. Die Idee einer Abwehrstrategie gegen China unter Führung der USA findet im japanischen Außenministerium keinen großen Anklang, und dasselbe gilt für die Vorstellung einer informellen, auf die Inselstaaten Taiwan, die Philippinen, Brunei und Indonesien begrenzten Koalition als Gegengewicht zu China. Nach japanischer Auffassung erforderte jede Bemühung dieser Art nicht nur auf unbestimmte Zeit eine erhebliche Militärpräsenz der Amerikaner sowohl in Japan als auch in Korea, sondern – da sich die geopolitischen Interessen mit denen des amerikanisch-japanischen Bündnisses auf gefährliche Weise überschneiden (siehe Karte auf Seite 243) –, zöge wahrscheinlich irgendwann, im Sinne einer »selbsterfüllenden Prophezeiung«, einen Zusammenstoß mit China nach sich.[31] Die Folge

31 Einige konservative Japaner ließen sich von der Vorstellung einer japanisch-taiwanesischen Sonderbeziehung verleiten und bildeten 1996 eine »japanisch-taiwanesische Parlamentariervereinigung«, um diesem Ziel näherzukommen. China reagierte darauf, wie vorauszusehen, feindselig.

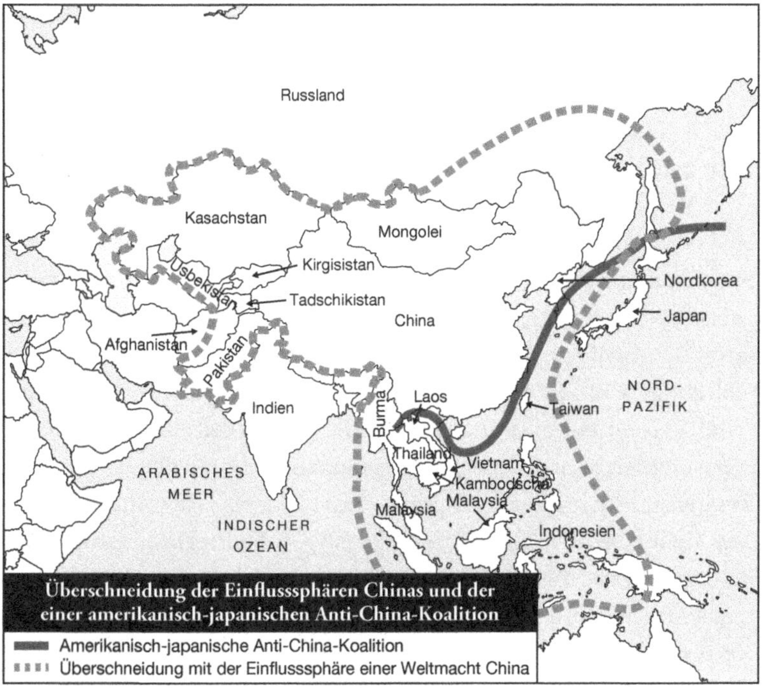

Überschneidung der Einflusssphären Chinas und der einer amerikanisch-japanischen Anti-China-Koalition

Amerikanisch-japanische Anti-China-Koalition
Überschneidung mit der Einflusssphäre einer Weltmacht China

davon wäre, dass Japans Emanzipation erschwert und der wirtschaftliche Wohlstand des Fernen Ostens bedroht würde.

Aus demselben Grund befürworten nur wenige das Gegenteil: eine große Übereinkunft zwischen Japan und China. Eine solch klassische Umkehrung der Bündnisse brächte die ganze Region zu sehr aus dem Gleichgewicht: Zögen sich die USA aus Fernost zurück und gerieten Taiwan wie auch Korea unter chinesische Herrschaft, wäre Japan auf Gedeih und Verderb der Gnade Chinas ausgeliefert. Dies ist keine reizvolle Aussicht, außer vielleicht für ein paar Extremisten. Da Russland geopolitisch an den Rand gedrängt wurde und von jeher in Japan keine große Achtung genießt, gibt es mithin keine Alternative zu dem Grundkonsens, dass die Bindung an Amerika Japans zentrale Lebensader bleibt. Ohne sie kann Japan weder seine Ölversorgung sicherstellen noch sich gegen eine einzige chinesische (und vielleicht bald schon auch eine koreanische) Atombombe schützen. Im Grunde kann es der japanischen Politik nur darum gehen, sich des Verhältnisses zu den USA zum optimalen Nutzen des Landes zu bedienen.

Demgemäß erklärten sich die Japaner einverstanden, als Amerika eine Verbesserung der militärischen Zusammenarbeit zwischen beiden Ländern verlangte, und stimmten auch einer scheinbaren Erweiterung seines Geltungsbereichs von »Fernost« auf »asiatisch-pazifisch« zu. Anfang 1996 erweiterte die japanische Regierung bei ihrer Überprüfung der sogenannten japanisch-amerikanischen Verteidigungsrichtlinien den Passus über den möglichen Einsatz japanischer Verteidigungsstreitkräfte von in »fernöstlichen Notfällen« zu in »Notfällen in Japans Nachbarregionen«. Hinter der japanischen Bereitschaft, Amerika in diesem Punkt entgegenzukommen, standen auch latente Zweifel am langfristigen Stehvermögen der USA in Asien sowie die Sorge, dass Chinas Aufstieg und Amerikas offensichtliche Besorgnis darüber Japan irgendwann in der Zukunft vor die inakzeptable Wahl stellen könnte: mit Amerika gemeinsame Sache gegen China zu machen oder ohne Amerika und mit China verbündet zu sein.

Für Japan enthält dieses grundlegende Dilemma auch ein historisches Gebot: Da es unrealistisch ist, eine beherrschende Machtposition in der Region anzustreben, und der Aufstieg zu einer wirklichen Weltmacht eine regionale Basis unabdingbar voraussetzt, kann Japan folglich den Status einer globalen Führungsmacht am ehesten dann erlangen, wenn es sich aktiv an der globalen Friedenssicherung und Wirtschaftsförderung beteiligt. Indem es das amerikanisch-japanische Militärbündnis dazu nutzt, die Stabilität im Fernen Osten zu sichern – aber ohne es zu einer Anti-China-Koalition werden zu lassen –, kann Japan sich, als die Macht, die dafür sorgt, dass die internationale Zusammenarbeit durch die Schaffung effektiver Institutionen verbessert und ausgedehnt wird, in aller Ruhe einer neuen, weltweit einflussreichen Aufgabe widmen. Japan könnte somit zu einem viel mächtigeren und weltweit einflussreicheren Äquivalent Kanadas werden: ein Staat, der geachtet wird, weil er seinen Reichtum und seine Macht zu konstruktiven Zwecken verwendet, aber keine Ängste und Ressentiments auslöst.

Amerikas Anpassung an die geopolitische Lage

Aufgabe amerikanischer Politik sollte es sein sicherzustellen, dass Japan eine solche Wahl trifft und dass Chinas Aufstieg zur bestimmenden Größe in der Region ein solides dreiseitiges Machtgleichgewicht in Ostasien nicht ausschließt. Das Bemühen, sowohl mit Japan als auch mit China zurechtzukommen und ein tragfähiges Dreiecksverhältnis aufrechtzuerhalten, das auch Amerika mit einbezieht, wird das diplomatische Geschick und die politische Fantasie der Amerikaner auf eine harte Probe stellen. Eine Politik, die sich nicht mehr auf die Bedrohung fixiert, die Japans wirtschaftlicher Höhenflug angeblich darstellt, und die Ängste vor Chinas politischer Macht ablegt, könnte zu einem kühlen Realismus finden und sorgfältige strategische Überlegungen anstellen, *wie sich Japans Energie in die internationale Richtung lenken und Chinas Macht auf eine regionale Übereinkunft hinsteuern lässt.*

Nur so wird Amerika in der Lage sein, im Osten des eurasischen Festlands ein geopolitisch ebenbürtiges Äquivalent zu Europa an der westlichen Peripherie zu schaffen, das heißt eine regionale Machtstruktur, die auf gemeinsamen Interessen der Beteiligten beruht. Doch ein demokratischer Brückenkopf auf dem östlichen Festland wird noch auf sich warten lassen. So lange muss in Fernost das neu gestaltete Bündnis mit Japan auch als Basis für eine gütliche Einigung Amerikas mit einem regional bestimmenden China dienen.

Aus den letzten beiden Abschnitten dieses Kapitels ergeben sich für die USA mehrere wichtige geostrategische Schlussfolgerungen:

Die derzeit herrschende Einsicht, dass China die nächste Weltmacht ist, erzeugt paranoide Ängste vor China und nährt in China Größenwahn. Ängste vor einem aggressiven und feindlichen China, das dazu ausersehen ist, in Kürze die nächste Weltmacht zu werden, sind bestenfalls verfrüht und können sich schlimmstenfalls zu einer »selbsterfüllenden Prophezeiung« auswachsen. Folglich wäre es kontraproduktiv, wollte man eine Koalition auf die Beine stellen, die Chinas Aufstieg zur Weltmacht verhindern soll. Damit würde man nur erreichen, dass ein in der Region einflussreiches China eine feindselige Haltung einnähme. Zugleich würde jeder derartige Versuch das amerikanisch-japanische Verhältnis belasten, da die meisten Japaner wahrscheinlich gegen eine solche Koalition wären. Daher sollte Amerika aufhören, Japan zur Übernahme größerer Verantwortung im asiatisch-pazifischen Raum zu drängen. Bemühungen in dieser Richtung hemmen lediglich das Entstehen eines stabilen Verhältnisses zwischen Japan und China, während sie Japan noch weiter in der Region isolieren.

Aber gerade, weil China wohl nicht so schnell eine Weltmacht werden dürfte – und schon deshalb wäre es unklug, eine Politik der regionalen Eindämmung Chinas zu verfolgen –, sollte es als wichtiger Akteur auf der internationalen Bühne behandelt werden. Bezieht man China in weitere internationale Zusammenarbeit mit ein und billigt man ihm den Status, nach dem es strebt, zu, so könnte man damit vielleicht seinem nationalen Ehrgeiz die Spitze nehmen. Ein wichtiger Schritt in diese Richtung wäre es, wenn man China beim jährlichen Gipfel der führenden Wirtschaftsnationen, den erweiterten G7-Staaten, hinzuzöge.

Allem Anschein zum Trotz hat China im Grunde keine großen strategischen Optionen. Sein anhaltender wirtschaftlicher Erfolg ist weiterhin stark auf Kapital und Technik aus dem Westen sowie auf den Zugang zu ausländischen Märkten angewiesen, und dies schränkt Chinas Möglichkeiten drastisch ein. Ein Bündnis mit einem instabilen und verarmten Russland würde Chinas wirtschaftliche und geopolitische Aussichten nicht verbessern (und für Russland Unterordnung unter China bedeuten). Es bietet daher keine realistische Lösung, obgleich es aus taktischen Gründen für beide Länder verlockend sein mag, mit diesem Gedanken zu spielen. Unmittelbarere regionale und geopolitische Bedeutung hat für China die Hilfe, die es dem Iran und Pakistan zukommen lässt, aber auch das verschafft ihm keinen Ausgangspunkt für ein ernsthaftes Streben nach Weltmacht. Eine »antihegemoniale« Koalition könnte ein letzter Ausweg sein, wenn China zu der Auffassung gelangte, dass seine nationalen und regionalen Bestrebungen von den Vereinigten Staaten (mit japanischer Unterstützung) blockiert werden. Es wäre jedoch eine Koalition der Armen, die dann wahrscheinlich für eine geraume Zeit gemeinsam arm blieben.

Ein Großchina wird die dominierende Macht in der Region sein. Als solche könnte es versuchen, sich seinen Nachbarn auf eine Weise aufzudrängen, welche die Stabilität in der Region zerstört; oder es könnte sich damit begnügen, seinen Einfluss weniger offen auszuüben, was seiner imperialen Vergangenheit mehr entspräche. Ob eine hegemoniale Einflusssphäre oder eine offenere Sphäre entsteht, in der jedoch die Nachbarstaaten ihre politischen Entscheidungen mehr oder weniger mit Peking abstimmen, wird zum einen Teil davon abhängen, wie brutal und autoritär das chinesische Regime bleibt, und zum anderen Teil von der Art, in der die wichtigsten Akteure außerhalb, nämlich Amerika und Japan, auf das Entstehen eines Großchinas reagieren. Eine Politik der einfachen Befriedung könnte China zu einer anmaßenderen Haltung ermuntern; das gleiche Ergebnis aber würde wahrscheinlich eine Politik zeitigen, die das Entstehen eines solchen Chinas nur hintertreibt. Durch eine vorsichtige Einigung in einigen strittigen Fragen und eine scharfe Abgrenzung in anderen würden vielleicht beide Extreme vermieden.

Auf jeden Fall könnte ein Großchina in einigen Gebieten Eurasiens einen geopolitischen Einfluss ausüben, der mit Amerikas hochfliegendem geostrategischen Interesse an einem stabilen, aber politisch pluralistischen Eurasien vereinbar ist. So schränkt beispielsweise das wachsende Interesse Chinas an Zentralasien Russland in seiner Handlungsfreiheit zwangsläufig bei dem Versuch ein, die Region in irgendeiner Form von politischer Reintegration wieder unter seine Kontrolle zu bringen. Chinas steigender Energiebedarf diktiert ihm in diesem Zusammenhang und in Bezug auf den Persischen Golf, wegen der

Aufrechterhaltung freier Zugänge zu und politischer Stabilität in den Erdölgebieten mit Amerika an einem Strang zu ziehen. Auf ähnliche Weise schiebt China mit seiner Unterstützung für Pakistan Indiens Ehrgeiz einen Riegel vor, sich dieses Land zu unterwerfen, und schafft damit ein Gegengewicht zu Indien, das im Hinblick auf Afghanistan und Zentralasien mit Russland gerne zusammenarbeiten würde. Zur regionalen Stabilität kann schließlich beitragen, wenn China und Japan sich an der Erschließung Ostsibiriens beteiligen. Alle diese gemeinsamen Interessen sollten in einem anhaltenden strategischen Dialog ausgelotet werden.[32]

Es gibt auch Gebiete, wo die Bestrebungen Chinas mit amerikanischen (und ebenso japanischen) Interessen vor allem dann kollidieren könnten, wenn diejenigen mit einer aus der Vergangenheit wohlvertrauten Politik der Härte verflochten werden sollten. Dies gilt insbesondere für Südostasien, Taiwan und Korea.

Südostasien ist potenziell zu reich, geographisch zu ausgedehnt, einfach zu groß, um sich selbst von einem mächtigen China ohne Weiteres unterjochen zu lassen – aber es ist auch zu schwach und politisch zu zerstückelt, um davor gefeit zu sein, in den Sog Pekings zu geraten. Chinas regionaler Einfluss, dem die Finanz- und Wirtschaftsmacht der Auslandschinesen in allen Ländern des asiatisch-pazifischen Raums noch dazu Vorschub leistet, wird stetig zunehmen. Viel hängt davon ab, wie China diese Macht handhabt, aber es versteht sich durchaus nicht von selbst, dass Amerika ein besonderes Interesse hat, sich ihr direkt zu widersetzen oder sich in Probleme, wie den Streit um das Südchinesische Meer, hineinziehen zu lassen.

---

32 Bei einem Treffen mit Chinas Top-Funktionären für Fragen der nationalen Sicherheit und Verteidigung 1996 nannte ich (gelegentlich unter Verwendung bewusst vager Formulierungen) die folgenden Gebiete gemeinsamen strategischen Interesses als grundlegend für einen solchen Dialog: 1) ein friedliches Südostasien; 2) kein Einsatz von Gewalt in der Lösung von »Offshore-Fragen«; 3) friedliche Wiedervereinigung Chinas; 4) Stabilität in Korea; 5) Unabhängigkeit Zentralasiens; 6) Gleichgewicht zwischen China und Pakistan; 7) ein wirtschaftlich dynamisches und international gutartiges Japan; 8) ein stabiles, aber nicht zu starkes Russland.

Die Chinesen haben historische Erfahrung im raffinierten Umgang mit ungleichen (oder auch tributpflichtigen) Beziehungen, und es wäre bestimmt für China von Vorteil, sich in Selbstbeherrschung zu üben, um regionale Ängste vor chinesischem Imperialismus zu vermeiden. Diese Furcht könnte eine regionale Anti-China-Koalition hervorbringen (und einige derartige Untertöne sind in der im Entstehen begriffenen militärischen Zusammenarbeit zwischen Indonesien und Australien durchaus vorhanden), die dann höchstwahrscheinlich bei den Vereinigten Staaten, Japan und Australien um Unterstützung nachsuchen würde.

Ein Großchina wird, nachdem es Hongkong verdaut hat, mit ziemlicher Sicherheit energisch auf eine Wiedervereinigung Taiwans mit dem Festland hinarbeiten. Man darf nicht vergessen, dass China nie in eine endgültige Trennung Taiwans eingewilligt hat. Daher könnte diese Frage irgendwann einmal eine direkte Konfrontation zwischen Amerika und China heraufbeschwören, mit fatalen Konsequenzen für alle Beteiligten: China würde wirtschaftlich zurückgeworfen, Amerikas Beziehungen zu Japan könnten ernsthaft belastet werden, und die Bemühungen der USA, im östlichen Eurasien ein stabiles Machtgleichgewicht zu schaffen, könnten scheitern.

Folglich müssen beide Seiten über dieses Problem äußerste Klarheit erzielen. Obwohl es China wahrscheinlich in absehbarer Zeit an den nötigen Mitteln fehlen wird, Taiwan wirksam unter Druck zu setzen, muss Peking wissen – und glaubhaft überzeugt werden –, dass eine amerikanische Einwilligung in den Versuch der gewaltsamen Wiedereingliederung Taiwans für das Ansehen der USA in Fernost so verheerend wäre, dass diese es sich einfach nicht leisten könnten, militärisch passiv zu bleiben, sollte sich Taiwan nicht selbst schützen können.

Mit anderen Worten, Amerika würde nicht einem eigenständigen Taiwan zuliebe eingreifen müssen, sondern wegen seiner eigenen geopolitischen Interessen im asiatisch-pazifischen Raum. Dies ist ein wichtiger Unterschied. Die Vereinigten Staaten haben per se kein besonderes Interesse an einem eigenständigen Taiwan. Tatsächlich lautete ihre offizielle Position (und daran sollte sich auch nichts ändern), dass es nur ein China gibt. Aber wie China eine Wiedervereinigung betreibt, kann die vitalen Interessen Amerikas tangieren, und darüber müssen sich die Chinesen im Klaren sein.

Das Taiwan-Problem verschafft Amerika außerdem einen legitimen Grund, bei Verhandlungen mit China die Frage nach den Menschenrechten zu stellen, ohne sich den Vorwurf gefallen lassen zu müssen, es mische sich in Chinas innenpolitische Angelegenheiten ein. Es ist absolut angebracht, Peking gegenüber ständig zu wiederholen, dass eine Wiedervereinigung erst zustande kommen wird, wenn es der chinesischen Bevölkerung materiell besser geht und demokratische Reformen stattgefunden haben. Nur ein China, das auch bereit ist, eine auf dem Grundsatz »Ein Land, unterschiedliche Systeme« basierende Konföderation zu werden, wird für Taiwan attraktiv sein und dieses assimilieren können. Taiwans wegen ist es auf jeden Fall in Chinas eigenem Interesse, den Menschenrechten mehr Achtung einzuräumen, und in diesem Zusammenhang sollte Amerika das Thema durchaus ansprechen.

Gleichzeitig sollten sich die Vereinigten Staaten – im Einklang mit ihrem China gegebenen Versprechen – des direkten oder indirekten Eintretens für eine internationale Aufwertung des taiwanesischen Sonderstatus enthalten. In den 1990er-Jahren erweckten offizielle Kontakte zwischen den USA und Taiwan den Eindruck, als begännen die USA stillschweigend Taiwan als eigenen Staat zu behandeln, und der Ärger Chinas darüber war ebenso verständlich wie sein Unmut über die verstärkten Bemühungen taiwanesischer Regierungskreise, dem Sonderstatus Taiwans internationale Anerkennung zu verschaffen.

Die Vereinigten Staaten sollten daher ruhig deutlich machen, dass taiwanesische Versuche, die seit Langem das Verhältnis zwischen China und Taiwan prägende Politik in der Schwebe zu ändern, sich auf Washingtons Haltung gegenüber Taiwan negativ auswirken werden. Wenn China prosperiert und zur Demokratie findet und wenn seine Einverleibung Hongkongs nicht zu einer Rückentwicklung in der Menschenrechtsfrage führt, würden die USA mit einem von ihnen angeregten ernsthaften Dialog zwischen Peking und Taipeh über die Bedingungen einer Wiedervereinigung zudem Druck auf eine fortschreitende Demokratisierung innerhalb Chinas ausüben und wären somit einer umfassenderen strategischen Einigung mit einem Großchina förderlich.

Korea, der geopolitische Dreh- und Angelpunkt in Nordostasien, könnte erneut zum Zankapfel zwischen Amerika und China werden, und außerdem wird seine Zukunft unmittelbare Auswirkungen auf das amerikanisch-japanische Verhältnis haben. Solange Korea geteilt und anfällig für einen Krieg zwischen dem instabilen Nordkorea und dem immer reicher werdenden Süden ist, werden US-Streitkräfte auf der Halbinsel stationiert bleiben müssen. Jeder einseitige Abzug der USA würde wahrscheinlich nicht nur einen neuen Krieg heraufbeschwören, sondern wohl auch das Ende der amerikanischen Militärpräsenz in Japan einläuten. Es ist schwer vorstellbar, dass sich die Japaner noch viel von einem weiteren US-Truppenkontingent auf japanischem Boden versprechen, wenn die Amerikaner Südkorea aufgegeben haben. Eine rasche Aufrüstung Japans wäre die wahrscheinlichste Folge, mit destabilisierendem Effekt für die gesamte Region.

Koreas Wiedervereinigung dürfte jedoch ernste geopolitische Probleme aufwerfen. Sollten amerikanische Streitkräfte in einem wiedervereinigten Korea stationiert bleiben, würden die Chinesen sie unweigerlich als gegen ihr Land gerichtet betrachten. Ob die Chinesen unter diesen Umständen in eine Wiedervereinigung einwilligen würden, ist zweifelhaft. Falls diese Wiedervereinigung sich schrittweise, gewissermaßen als weiche Landung, vollzieht, würde China sie politisch hintertreiben und diejenigen Kräfte in Nordkorea unterstützen, die sich beharrlich gegen eine Wiedervereinigung sträuben. Sollte die Wiedervereinigung gewaltsam erfolgen und Korea dabei eine »Bruchlandung« erleben, könnte selbst eine militärische Intervention der Chinesen nicht ausgeschlossen werden. Aus der Sicht Pekings wäre ein wiedervereinigtes Korea nur dann hinnehmbar, wenn es nicht gleichzeitig eine direkte Verlängerung amerikanischer Macht wäre (mit Japan als dem Sprungbrett im Hintergrund).

Ein wiedervereinigtes Korea, in dem keine US-Truppen mehr stationiert wären, würde vermutlich zunächst zu einer Art Neutralität zwischen China und Japan tendieren und hierauf allmählich – teils aufgrund noch immer in Resten vorhandener starker antijapanischer Vorurteile – ins Magnetfeld Chinas, das heißt entweder direkt unter den politischen Einfluss Pekings oder aber in ein indirektes Abhängigkeitsverhältnis, geraten. Es erhöbe sich dann die Frage, ob Japan immer noch willens wäre, den USA als einziger Militärstützpunkt in Asien zu dienen. Zumindest würde diese Frage das Land innenpolitisch spalten. Jeder daraus resultierende militärische Rückzug der USA aus Fernost hätte umgekehrt eine Gefährdung des Machtgleichgewichts in Eurasien zur Folge. Aufgrund dieser Überlegungen sind Japan und Amerika umso mehr daran interessiert (wenn auch aus jeweils etwas anderen Gründen), dass sich am Status quo Koreas nichts ändert, und wenn es dennoch zu einer solchen Änderung kommen sollte, so muss diese in sehr langsamen Schritten erfolgen, vorzugsweise im Rahmen einer zunehmenden amerikanisch-chinesischen Einigung über regionale Belange.

In der Zwischenzeit würde eine echte Aussöhnung zwischen Japan und Korea entscheidend zu einem stabileren regionalen Umfeld beitragen, das einer Wiedervereinigung des geteilten Landes zugutekäme. Eine echte Versöhnung zwischen Japan und Korea würde die verschiedenen internationalen Komplikationen, die aus einer koreanischen Wiedervereinigung erwachsen könnten, mildern und zu einer zunehmend kooperativen und verbindlichen politischen Beziehung führen. Die USA könnten eine ganz entscheidende Rolle beim Zustandekommen einer solchen Versöhnung spielen. Die vielen einzelnen Schritte, die zuerst die deutsch-französische Aussöhnung und später die zwischen Deutschland und Polen vorangebracht (zum Beispiel vom akademischen Austausch bis hin zu gemeinsamen Militärverbänden) haben, könnten auch hier unternommen werden. Eine umfassende und sich auf die regionale Stabilität positiv auswirkende japanisch-koreanische Partnerschaft wiederum würde eine ständige Präsenz der USA im Fernen Osten, selbst nach einer Wiedervereinigung Koreas, erleichtern.

Es erübrigt sich fast zu erwähnen, dass ein enges politisches Verhältnis zu Japan im globalen geostrategischen Interesse Amerikas liegt. Aber ob Japan der Vasall, Gegner oder Partner Amerikas sein wird, hängt davon ab, ob Amerikaner und Japaner in der Lage sind, die von beiden Ländern gemeinsam zu verfolgenden internationalen Ziele deutlicher herauszuarbeiten, und ob sie klarer bestimmen können, wo die Grenzlinie zwischen der geostrategischen Mission der USA in Fernost und Japans Streben nach Weltgeltung verläuft. Trotz der im Lande geführten Debatten über die japanische Außenpolitik bleibt für Japan die Beziehung zu Amerika das Leuchtfeuer, nach dem es sich international orientiert. Ein desorientiertes Japan, das zwischen Wiederaufrüstung oder einem Sonderabkommen mit China schwankt, bedeutete das Ende der amerikanischen Rolle im asiatisch-pazifischen Raum und verhinderte das Entstehen einer regional stabilen Dreiecksvereinbarung zwischen Amerika, Japan und China; damit wäre auch der Plan der USA, in Eurasien ein politisches Gleichgewicht herzustellen, hinfällig.

Kurz: Ein desorientiertes Japan wäre einem gestrandeten Wal vergleichbar, der hilflos, aber gefährlich um sich schlägt. Es könnte Asien destabilisieren, aber es könnte keine realistische Alternative zur notwendigen stabilisierenden Balance zwischen Amerika, Japan und China anbieten. Nur in einer engen Allianz mit Japan werden die USA Chinas regionale Bestrebungen ausgleichen und deren willkürlicheren Auswüchse zügeln können. Allein auf dieser Basis kann eine komplizierte, dreiseitige Vereinbarung zustande kommen – eine, die Amerikas Weltmacht, Chinas Übergewicht in der Region und Japans internationale Führungsrolle berücksichtigt.

Folglich ist ein Abbau der derzeitigen Truppenstärke in Japan (und um Korea erweitert) in nächster Zeit nicht wünschenswert. Aus demselben Grund allerdings sind eine erkleckliche Erweiterung der geopolitischen Ausdehnung und eine Erhöhung der tatsächlichen militärischen Schlagkraft Japans nicht erstrebenswert. Ein Rückzug Amerikas hätte sehr wahrscheinlich ein größeres japanisches Rüstungsprogramm vor dem Hintergrund einer beunruhigenden strategischen Desorientierung zur Folge. Der Druck Amerikas auf Japan, eine größere militärische Rolle zu übernehmen, kann hingegen nur die Aussichten auf regionale Stabilität beschädigen, eine umfassendere regionale Einigung mit Großchina erschweren und Japan davon abbringen, eine konstruktivere Aufgabe auf internationaler Ebene zu übernehmen, und hierdurch die Bemühung, einen stabilen geopolitischen Pluralismus in ganz Eurasien zu fördern, komplizieren.

Des Weiteren folgt daraus, dass Japan – wenn es sich der Welt zu und von Asien abwenden soll – einen sinnvollen Anreiz und einen Sonderstatus erhalten muss, damit auch seinen nationalen Interessen gedient ist. Im Unterschied zu China, das den Status einer Weltmacht anstreben kann, nachdem es eine regionale Macht geworden ist, kann Japan weltweiten Einfluss erlangen, indem es das Streben nach regionaler Macht aufgibt. Dadurch wird es aber für Japan umso wichtiger, sich an der Seite Amerikas einer auf politischem Gebiet ebenso befriedigenden wie auf wirtschaftlichem Gebiet segensreichen globalen Aufgabe zu widmen. Mit Hinblick darauf täten die USA gut daran, ein amerikanisch-japanisches Freihandelsabkommen in Erwägung zu ziehen, mit dem ein gemeinsamer amerikanisch-japanischer Wirtschaftsraum geschaffen würde. Ein solcher Schritt, der die wachsende Verkettung der beiden Volkswirtschaften formalisiert, würde sowohl die ständige Präsenz Amerikas im Fernen Osten als auch Japans weltweites konstruktives Engagement untermauern.[33]

Um zum Schluss zu kommen: Japan sollte für Amerika der unerlässliche und vorrangige Partner beim Aufbau einer immer umfassenderen und alle Lebensbereiche durchdringenden globalen Zusammenarbeit sein, aber nicht in erster Linie ihr militärischer Verbündeter in einem regionalen Abkommen, das es darauf anlegt, Chinas regionale

33 Für diese Initiative hat-sich besonders Kurt Tong stark gemacht, der in »Revolutionizing America's Japan Policy«, *Foreign Policy* (Winter 1996/97) auf die gegenseitigen Wirtschaftsvorteile hinwies.

Vormachtstellung anzufechten. In Wirklichkeit sollte Japan Amerikas globaler Partner sein, der mit ihm das neue Programm der Weltpolitik in Angriff nimmt. In der traditionellen Sphäre der Machtpolitik sollte ein regional herausragendes China Amerikas fernöstlicher Anker werden und dadurch ein eurasisches Machtgleichgewicht befördern helfen, wobei Großchinas Rolle im Osten Eurasiens der eines größer werdenden Europa in Eurasiens Westen entspricht.

7

Schlussfolgerungen

Es ist an der Zeit, dass Amerika eine einheitliche, umfassende und langfristige Geostrategie für Eurasien als Ganzes formuliert und verfolgt. Diese Notwendigkeit ergibt sich aus dem Zusammenwirken zweier grundlegender Faktoren: Amerika ist heute die einzige Supermacht auf der Welt, und Eurasien ist der zentrale Schauplatz. Von daher wird die Frage, wie die Macht auf dem eurasischen Kontinent verteilt wird, für die globale Vormachtstellung und das historische Vermächtnis Amerikas von entscheidender Bedeutung sein.

Amerikas globale Vorherrschaft ist in ihrer Ausdehnung und in ihrer Art einzigartig. Sie ist eine Hegemonie neuen Typs, die viele Merkmale der amerikanischen Demokratie widerspiegelt: Sie ist pluralistisch, durchlässig und flexibel. In weniger als einem Jahrhundert zustande gekommen, zeigt sie sich vor allem in der beispiellosen Rolle Amerikas auf der eurasischen Landmasse, wo bisher alle früheren Konkurrenten um die Weltmacht ihren Ursprung hatten. Amerika ist nun der Schiedsrichter Eurasiens, und kein größeres eurasisches Problem lässt sich ohne die Beteiligung der USA oder gegen ihre Interessen lösen.

Ausschlaggebend für die Dauer und Stabilität der amerikanischen Weltmachtstellung wird sein, wie die Vereinigten Staaten die wichtigsten geostrategischen Spieler auf dem eurasischen Schachbrett einerseits steuern und ihnen andererseits entgegenkommen und wie sie mit den entscheidenden geopolitischen Dreh- und Angelpunkten umzugehen verstehen. In Europa werden Deutschland und Frankreich auch weiterhin die Schlüsselfiguren sein, und Amerika sollte sich bemühen, den bestehenden demokratischen Brückenkopf an der westlichen Peripherie Eurasiens zu festigen und zu erweitern. Im Fernen Osten Eurasiens wird wahrscheinlich China immer stärker in den Mittelpunkt des Geschehens treten, und Amerika wird auf dem asiatischen Festland politisch nicht Fuß fassen können, wenn es nicht erfolgreich auf einen geostrategischen Konsens mit China hinarbeitet. In der Mitte Eurasiens wird der Raum zwischen einem sich erweiternden Europa und einem regional aufstrebenden China geopolitisch so lange ein Schwarzes Loch bleiben, wie sich Russland noch zu keiner postimperialen Selbstdefinition durchgerungen hat, während die Region südlich von Russland – der Eurasische Balkan – ein Hexenkessel ethnischer Konflikte und Großmachtrivalitäten zu werden droht.

Vor diesem Hintergrund wird Amerikas Status als führende Weltmacht in absehbarer Zeit für mehr als eine Generation wohl von keinem Herausforderer angefochten werden. Kein Nationalstaat dürfte sich mit den USA in den vier Schlüsselbereichen der Macht (militärisch, wirtschaftlich, technisch und kulturell) messen können, die gemeinsam die entscheidende globale politische Schlagkraft ausmachen. Außer einer bewussten oder unfreiwilligen Abdankung Amerikas ist in absehbarer Zeit die einzig reale Alternative zur globalen Führungsrolle der USA die internationale Anarchie. So gesehen kann man zu Recht behaupten, dass Amerika, wie Präsident Clinton es ausdrückte, die für die Welt »unentbehrliche Nation« ist.

Man muss hier dem Faktum der Unentbehrlichkeit das Potenzial für weltweite Anarchie gegenüberstellen. Die verheerenden Folgen der Bevölkerungsexplosion, Armutsmigration, sich rasant beschleunigender Urbanisierung, ethnischer und religiöser Feindseligkeiten und der Verbreitung von Massenvernichtungswaffen wären nicht zu bewältigen, sollte auch noch das bestehende, auf Nationalstaaten basierende Grundgerüst rudimentärer geopolitischer Stabilität zu Bruch gehen. Ohne ein abhaltendes und gezieltes Engagement Amerikas könnten bald die Kräfte weltweiter Unordnung die internationale Bühne beherrschen. Angesichts der geopolitischen Spannungen, nicht nur im heutigen Eurasien, sondern überall auf der Welt, ist ein solches Szenario durchaus denkbar.

Die daraus resultierenden Gefahren für eine globale Stabilität werden durch die Aussicht auf eine allgemeine Verschlechterung der menschlichen Lebensbedingungen noch vergrößert. Vor allem in den ärmeren Ländern der Welt lassen Bevölkerungsexplosion und gleichzeitige Verstädterung das Heer der Benachteiligten und der Abermillionen arbeitsloser und immer unruhiger werdender junger Leute unaufhaltsam anwachsen, deren Frustrationspegel rasend steigt. Die modernen Medien verstärken den Bruch, den diese jungen Leute gegenüber traditionellen Autoritäten vollziehen, und führen ihnen die krasse Ungleichheit auf der Welt vor Augen. Das schürt ihren Unmut und macht sie für extremistische Rattenfänger anfällig. Einerseits könnte das Phänomen weltweiter Wanderungsbewegungen, die bereits in die zehn Millionen gehende Menschen umfasst, für einige Zeit als Sicherheitsventil wirken, andererseits werden dadurch auch ethnische und soziale Konflikte von einem Kontinent auf den anderen übertragen.

Das Amt des Weltpolizisten, das Amerika geerbt hat, wird daher kaum von Turbulenzen, Spannungen und zumindest sporadischen Gewaltausbrüchen verschont bleiben. Die neue und komplexe internationale Ordnung, die unter amerikanischer Hegemonie zustande kam und ihre Handschrift trägt und innerhalb derer »die Kriegsgefahr vom Tisch ist«, wird sich wohl auf diejenigen Teile der Welt beschränken, in denen demokratische Gesellschaften und Verfassungen sowie ausgeklügelte multilaterale – doch ebenfalls von Amerika dominierte – Strukturen die Macht der USA gestützt haben.

Eine amerikanische Geostrategie für Asien wird sich folglich gegen die Kräfte des Chaos behaupten müssen. In Europa gibt es Anzeichen dafür, dass der Impuls zu Integration und Erweiterung nachlässt und die alten europäischen Nationalismen bald wieder aufleben könnten. Selbst in den erfolgreichsten europäischen Staaten dauert die Massenarbeitslosigkeit unvermindert an und erzeugt ausländerfeindliche Reaktionen, die in der deutschen oder französischen Politik einen plötzlichen Rechtsruck und chauvinistische Tendenzen herbeiführen könnten. Es wäre in der Tat denkbar, dass dort eine vorrevolutionäre Lage entsteht. Der historische Zeitplan für Europa, wie er in Kapitel 3 skizziert wurde, wird nur dann eingehalten werden können, wenn die Vereinigten Staaten Europas Einigungsbestrebungen nachhaltig ermuntern, ja sogar anspornen.

Die Ungewissheiten über die Zukunft Russlands sind noch größer und die Aussichten auf eine positive Entwicklung viel geringer. Darum muss Amerika unbedingt einen geopolitischen Rahmen entwerfen, der Russlands Assimilation an einen von wachsender europäischer Zusammenarbeit geprägten Hintergrund Rechnung trägt und außerdem die selbstbewusste Unabhängigkeit seiner neuerdings souveränen Nachbarn fördert. Doch ob die Ukraine oder Usbekistan (gar nicht zu reden vom ethnisch zweigeteilten Kasachstan) als unabhängige Staaten überleben können, bleibt ungewiss, zumal wenn neue Krisen innerhalb Europas, wie etwa die wachsende Kluft zwischen der Türkei und der EU, oder feindseliger werdende Töne im amerikanisch-iranischen Verhältnis die Aufmerksamkeit der USA ablenken sollten.

Die Möglichkeit, dass es schließlich doch zu einer großen Einigung mit China kommt, könnte durch eine zukünftige Taiwan-Krise zunichtegemacht werden oder weil innenpolitische Turbulenzen ein aggressives, feindseliges Regime in Peking an die Macht bringen beziehungsweise, weil sich die amerikanisch-chinesischen Beziehungen als Fehlschlag erweisen. China könnte dann zu einer äußerst destabilisierenden Kraft in der Welt werden, das amerikanisch-japanische Verhältnis enorm belasten und vielleicht auch in Japan eine zerrüttende geopolitische Orientierungslosigkeit auslösen. In einem solchen Szenario wäre zweifellos die Stabilität Südostasiens in Gefahr, und man kann nur Vermutungen anstellen, wie sich das Zusammentreffen dieser Ereignisse auf die Haltung und nationale Geschlossenheit Indiens auswirken würde, einem für die Stabilität Südasiens entscheidenden Land.

Diese Bemerkungen sollen vor Augen führen, dass weder die neuen globalen Probleme, welche die Zuständigkeit der einzelnen Nationalstaaten übersteigen, noch die herkömmlichen geopolitischen Angelegenheiten gelöst oder auch nur in Grenzen gehalten werden können, falls die geopolitischen Grundstrukturen zu bröckeln beginnen. In Anbetracht des Wetterleuchtens am politischen Horizont Europas und Asiens muss sich jede erfolgreiche amerikanische Politik auf Eurasien als Ganzes konzentrieren und sich von einem geostrategischen Plan leiten lassen.

Eine Geostrategie für Eurasien

Die hierfür erforderliche Politik muss zuallererst die drei bislang nie da gewesenen Bedingungen ungeschminkt zur Kenntnis nehmen, von denen das Weltgeschehen geopolitisch derzeit bestimmt wird: Zum ersten Mal in der Geschichte ist (1) ein einzelner Staat die wirkliche Weltmacht, hat (2) ein außereurasischer Staat weltweit diese Vormachtstellung inne und wird (3) der zentrale Schauplatz der Welt, Eurasien, von einer außereurasischen Macht dominiert.

Eine umfassende und einheitliche Geostrategie für Eurasien muss allerdings auf der Einsicht gründen, dass auch der Macht Amerikas Grenzen gesetzt sind und dass mit der Zeit Verschleißerscheinungen unvermeidlich sind. Wie schon erwähnt, setzen allein die schiere Größe und Vielfalt Eurasiens wie auch die potenzielle Macht einiger seiner Staaten dem Einfluss Amerikas und dem Ausmaß seiner Kontrolle über den Gang der Ereignisse Grenzen. Dieser Umstand erfordert geostrategisches Verständnis und den bewusst selektiven Einsatz amerikanischer Ressourcen auf dem riesigen eurasischen Schachbrett. Und da die beispiellose Macht der USA mit der Zeit notgedrungen abnimmt, muss es in erster Linie darum gehen, mit dem Aufkommen anderer regionaler Mächte so zurechtzukommen, dass Amerikas globale Vormachtstellung nicht bedroht wird.

Wie beim Schach müssen Amerikas globale Strategen etliche Züge im Voraus durchdenken und mögliche Züge des Gegners vorwegnehmen. Eine konsequente Geostrategie muss daher zwischen kurzfristiger Perspektive (grob gesagt, für die nächsten fünf Jahre), einer mittelfristigen (in etwa bis zu 20 Jahren) und einer langfristigen (über 20 Jahre hinaus) Perspektive unterscheiden. Zudem dürfen diese Zeitabschnitte nicht als in sich abgeschlossen betrachtet werden, sondern als Teil eines Kontinuums. Die erste Phase muss allmählich und stetig in die zweite überleiten – ja, muss bewusst auf sie ausgerichtet sein –, und die zweite muss entsprechend in die dritte übergehen.

Kurzfristig liegt es im Interesse Amerikas, den derzeit herrschenden Pluralismus auf der Landkarte Eurasiens zu festigen und fortzuschreiben. Dies erfordert ein hohes Maß an Taktieren und Manipulieren, damit keine gegnerische Koalition zustande kommt, die schließlich Amerikas Vorrangstellung infrage stellen könnte, ganz abgesehen davon, dass dies einem einzelnen Staat so schnell nicht gelänge. Mittelfristig sollte die eben beschriebene Situation allmählich einer anderen weichen, in der auf zunehmend wichtigere, aber strategisch kompatible Partner größeres Gewicht gelegt wird, die, veranlasst durch die Führungsrolle Amerikas, am Aufbau eines kooperativeren transeurasischen Sicherheitssystems mitwirken können. Schließlich, noch längerfristiger gedacht, könnte sich aus diesem ein globaler Kern echter gemeinsamer politischer Verantwortung herausbilden.

Zunächst besteht die Aufgabe darin sicherzustellen, dass kein Staat oder keine Gruppe von Staaten die Fähigkeit erlangt, die Vereinigten Staaten aus Eurasien zu vertreiben oder auch nur deren Schiedsrichterrolle entscheidend zu beeinträchtigen. Die Festigung des transkontinentalen geopolitischen Pluralismus sollte jedoch nicht Selbstzweck sein, sondern nur dem mittelfristigen Ziel, echte strategische Partnerschaften in den Schlüsselregionen Eurasiens zu bilden, dienen. Es ist nicht anzunehmen, dass ein demokratisches Amerika sich auf Dauer der schwierigen, aufreibenden und kostspieligen Aufgabe zu widmen gewillt sein wird, Eurasien durch dauerndes Taktieren und Manipulieren in den Griff zu bekommen, und dabei weltweit seine militärischen Ressourcen einsetzt, um die regionale Dominanz irgendeiner Macht zu verhindern. Die erste Phase muss daher logisch und planvoll in die zweite überleiten, eine Phase, in der eine friedliche Hegemonie der

USA andere auch weiterhin davon abhält, diese infrage zu stellen, weil zum einen der Preis, den sie dafür bezahlen müssten, zu hoch ist und zum anderen Amerika die vitalen Interessen derer, die in Eurasien regionale Zielsetzungen verfolgen, nicht bedroht.

Mittelfristig geht es darum, echte Partnerschaften zu fördern, allen voran diejenigen mit einem geeinteren und politisch klarer definierten Europa und mit einem regional beherrschenden China sowie mit (so ist zu hoffen) einem postimperialen und nach Europa hin orientierten Russland und am südlichen Rand Eurasiens mit einem auf die Region stabilisierend wirkenden demokratischen Indien. Aber wie das Umfeld aussehen wird, das Russlands Rolle bestimmt, hängt davon ab, ob es gelingt, umfassendere strategische Beziehungen mit Europa beziehungsweise China zu schmieden oder nicht.

Daraus folgt, dass ein größeres Europa und eine erweiterte NATO den kurz- und längerfristigen Zielen der US-Politik durchaus dienlich sind. Ein größeres Europa wird den Einflussbereich Amerikas erweitern – und mit der Aufnahme neuer Mitglieder aus Mitteleuropa in den Gremien der Europäischen Union auch die Zahl der Staaten erhöhen, die den USA zuneigen –, ohne dass ein politisch derart geschlossenes Europa entsteht, das bald schon die Vereinigten Staaten in für sie bedeutsamen geopolitischen Belangen anderswo, insbesondere im Nahen Osten, herausfordern könnte. Ein politisch klar definiertes Europa ist nicht zuletzt für die fortschreitende Einbindung Russlands in ein System globaler Zusammenarbeit unverzichtbar.

Amerika kann allein kein geeinteres Europa schaffen – das ist Sache der Europäer, allen voran der Franzosen und Deutschen –, Amerika kann aber das Entstehen eines geeinteren Europa behindern. Und dies könnte sich für die Stabilität in Eurasien und somit für Amerikas eigene Interessen als fatal erweisen. In der Tat droht Europa, wenn es nicht zu einer Einheit kommt, wieder zu zerfallen. Folglich ist es, wie oben dargelegt, lebenswichtig, dass Amerika sowohl mit Deutschland als auch mit Frankreich eng zusammenarbeitet, auf ein politisch lebensfähiges Europa hin, das gleichwohl mit den USA verbunden bleibt und den Geltungsbereich des internationalen Systems demokratischer Zusammenarbeit ausdehnt. Ohne Europa wird es kein transeurasisches System geben.

Praktisch heißt das: Es muss allmählich eine Übereinkunft über eine gemeinsame Führung in der NATO erzielt, Frankreichs Interesse an einer Rolle Europas nicht nur in Afrika, sondern auch im Nahen Osten stärker berücksichtigt und eine Osterweiterung der EU anhaltend unterstützt werden, selbst wenn die EU ein politisch wie wirtschaftlich selbstbewussterer »Global Player« werden sollte.[34] Ein Transatlantisches Freihandelsabkommen (TTIP), das bereits eine Reihe prominenter Staatsmänner des Atlantischen Bündnisses befürwortet, könnte außerdem das Risiko verringern, dass es auf wirtschaftlichem Gebiet zu immer stärkeren Rivalitäten zwischen einer geeinteren EU und den Vereinigten Staaten kommt. Wenn es der EU schließlich gelänge, die jahrhundertealten nationalstaatlichen Feindseligkeiten mit all ihren negativen Folgen für die Welt zu begraben, könnte Amerika dafür durchaus in Kauf nehmen, dass seine Schiedsrichterrolle in Eurasien nach und nach an Bedeutung verliert.

Die Erweiterung von NATO und EU hätte wohl überdies zur Folge, dass die Europäer sich wieder stärker ihrer Verantwortung für die Welt bewusst werden, und zugleich, zum Nutzen Amerikas wie Europas, die durch die erfolgreiche Beendigung des Kalten Kriegs gewonnenen Vorteile der Demokratie festigen. Bei dieser Bemühung steht nichts weniger auf dem Spiel als Amerikas langfristiges Verhältnis

---

34 Eine Reihe konstruktiver Vorschläge zu diesem Zweck wurden auf der Konferenz über Amerika und Europa des CSIS (Center for International Strategic Studies) gemacht, die im Februar 1997 in Brüssel stattfand. Sie reichten von gemeinsamen Bemühungen um eine Strukturreform zur Reduzierung der Staatsdefizite bis hin zur Entwicklung einer verbesserten europäischen militärisch-industriellen Basis, welche die transatlantische Verteidigungskooperation stärken und eine größere Rolle Europas in der NATO ermöglichen würde. Eine nützliche Liste ähnlicher und anderer Initiativen, die auf eine Stärkung der Rolle Europas abzielen, findet sich in David C. Gompert und E. Stephen Larrabee (Hrsg.) *America and Europe: A Partnership for a New Era* (Santa Monica, Kalifornien: RAND Corporation, 1997).

zu Europa. Ein neues Europa muss erst noch Gestalt annehmen, und wenn dieses neue Europa geopolitisch ein Teil des »euro-atlantischen« Raums bleiben soll, ist die Ausdehnung der NATO unumgänglich. Aus demselben Grund würde das Scheitern einer NATO-Erweiterung, jetzt, wo man sich darauf festgelegt hat, den Plan eines expandierenden Europas zunichtemachen und die Mitteleuropäer demoralisieren.

Ja, das Scheitern einer von den USA getragenen Bemühung, die NATO auszudehnen, könnte sogar ehrgeizigere russische Wünsche wieder aufleben lassen. Es ist noch keineswegs klar ersichtlich – und steht im krassen Gegensatz zu dem, was uns die Geschichte lehrt –, ob die politische Elite Russlands Europas Wunsch nach einer starken und dauerhaften politischen und militärischen Präsenz der USA teilt. Während man also ein zunehmend kooperatives Verhältnis zu Russland unbedingt anstreben sollte, ist es wichtig, dass Amerika über seine globalen Prioritäten keinen Zweifel aufkommen lässt. Sollte zwischen einem größeren euroatlantischen System und einer besseren Beziehung zu Russland eine Wahl getroffen werden müssen, hat Ersteres für Amerika weitaus höher zu rangieren.

Aus diesem Grund sollte keine Vereinbarung mit Russland über die Frage einer NATO-Erweiterung darauf hinauslaufen, dass Russland de facto am Entscheidungsfindungsprozess des Bündnisses beteiligt wird und dadurch den spezifisch euroatlantischen Charakter der NATO aufweicht, während deren neu aufgenommenen Mitglieder zu Staaten zweiter Klasse degradiert werden. Damit erhielte nämlich Russland nicht nur die Gelegenheit, von Neuem zu versuchen, seine Einflusssphäre in Mitteleuropa wiederzugewinnen, es könnte auch seine Präsenz in der NATO dazu missbrauchen, jede Meinungsverschiedenheit zwischen Amerika und Europa geschickt auszunutzen, um die Rolle der USA in europäischen Angelegenheiten zu schwächen.

Sowie Mitteleuropa der NATO beitritt, muss jede neue Sicherheitsgarantie, die Russland vom Westen in Bezug auf die Region gewährt wird, wirklich gegenseitig und somit für beide Seiten beruhigend sein. Beschränkungen, die man sich bei der Stationierung von

NATO-Truppen und Atomwaffen auf dem Boden der neuen Mitglieder auferlegt, können wesentlich dazu beitragen, legitime russische Bedenken zu zerstreuen, aber im Gegenzug müssten die Russen garantieren, dass es zu einer Entmilitarisierung des unter strategischem Aspekt bedrohlichen Frontkeils von Kaliningrad kommt und größere Truppenstationierungen in Grenznähe der künftigen neuen NATO- und EU-Mitglieder unterbleiben. Während alle neuen unabhängigen westlichen Nachbarn Russlands auf ein stabiles und kooperatives Verhältnis zu Russland erpicht sind, haben sie aus historisch verständlichen Gründen vor Moskau eigentlich immer noch Angst. Daher würde das Zustandekommen einer fairen NATO-EU-Vereinbarung mit Russland von allen Europäern als ein Signal dafür begrüßt werden, dass Russland endlich die gewünschte postimperiale Wahl zugunsten Europas trifft.

Diese Entscheidung könnte den Weg zu einem umfassenderen Bemühen ebnen, Russlands Status und Ansehen zu verbessern. Die förmliche Mitgliedschaft bei den G7-Staaten, die das Land seit Juli 1997 erlangt hat, sowie die Aufwertung des politischen Apparats der OSZE (in der ein spezieller Sicherheitsausschuss, bestehend aus Amerika, Russland und verschiedenen europäischen Schlüsselländern, eingerichtet werden könnte), würden den Russen Gelegenheit geben, am Aufbau von politischen und Sicherheitsstrukturen in Europa konstruktiv mitzuwirken. Wenn der Westen außerdem an seiner finanziellen Unterstützung festhält und zusätzlich ehrgeizigere Pläne entwickelt, Russland durch neue Autobahnen und Schienennetze enger an Europa zu binden, könnte der Prozess, eine Entscheidung Russlands für Europa mit Leben zu erfüllen, einen guten Schritt vorankommen.

Russlands langfristige Rolle in Eurasien wird weitgehend von der historischen Entscheidung abhängen, die es um seines eigenen nationalen Selbstverständnisses willen vielleicht noch in diesem Jahrzehnt fällen muss. Selbst wenn Europa und China den Radius ihrer jeweiligen Einflusssphäre erweitern, wird Russland dennoch der größte Flächenstaat der Erde bleiben. Er umfasst zehn Zeitzonen und ist flächenmäßig doppelt so groß wie die Vereinigten Staaten oder China und stellt in dieser Hinsicht sogar ein erweitertes Europa in den Schatten. Gebietseinbußen sind somit nicht Russlands Hauptproblem: Vielmehr muss das riesige Russland der Tatsache ins Auge sehen, dass Europa und China beide schon heute wirtschaftlich mächtiger sind und China es noch dazu auf dem Weg zu einer Modernisierung der Gesellschaft zu überholen droht. Daraus muss Russland die richtigen Schlussfolgerungen ziehen.

Unter diesen Umständen sollte sich die politische Führung in Moskau deutlicher darüber bewusst werden, dass Russland in erster Linie sich selbst modernisieren muss, anstatt sich auf nutzlose Bemühungen einzulassen, seinen früheren Status als Weltmacht wiederzuerlangen. Angesichts der enormen Ausdehnung und Vielfalt des Landes würde wahrscheinlich ein dezentralisiertes politisches System auf marktwirtschaftlicher Basis das kreative Potenzial des russischen Volks wie der riesigen Bodenschätze des Landes besser zur Entfaltung bringen. Umgekehrt wäre ein dezentralisierteres Russland weniger anfällig für imperialistische Propaganda. Einem lockerer konföderierten Russland – bestehend aus einem europäischen Russland, einer sibirischen Republik und einer fernöstlichen Republik – fiele es auch leichter, engere Wirtschaftsbeziehungen mit Europa, den neuen Staaten Zentralasiens und dem Osten zu pflegen, die wiederum Russlands eigene Entwicklung beschleunigten. Jede dieser drei konföderierten Einheiten könnte das kreative Potenzial vor Ort besser erschließen, das jahrhundertelang durch die schwerfällige Bürokratie Moskaus erstickt wurde.

Eine klare Entscheidung Russlands für die europäische Option und gegen die eines großrussischen Reichs wird dann wahrscheinlicher, wenn Amerika erfolgreich die zweite, unbedingt erforderliche Linie seiner Strategie gegenüber Russland verfolgt: nämlich den derzeit herrschenden geopolitischen Pluralismus im postsowjetischen Raum zu stärken, um damit allen imperialen Versuchungen den Boden zu entziehen. Ein postimperiales und auf Europa orientiertes Russland sollte Bemühungen Amerikas in dieser Richtung als hilfreich für die

Festigung regionaler Stabilität und die Verringerung von Konfliktmöglichkeiten entlang seiner neuen, potenziell instabilen südlichen Grenzen begrüßen. Aber die Politik der Konsolidierung eines geopolitischen Pluralismus sollte keineswegs von einem guten Verhältnis zu Russland abhängig gemacht werden. Sie ist vielmehr eine wichtige Versicherung für den umgekehrten Fall, dass sich ein solches gutes Verhältnis nicht entwickelt, da sie dem Wiederaufleben jeder wirklich bedrohlichen Großmachtpolitik vonseiten Russlands Hindernisse in den Weg legt.

Folgerichtig ist die politische und wirtschaftliche Unterstützung der neuen unabhängigen Schlüsselstaaten ein fester Bestandteil einer umfassenderen Strategie für Eurasien. Die Konsolidierung einer souveränen Ukraine, die sich inzwischen als mitteleuropäischer Staat versteht und sich an einer engeren Integration mit Mitteleuropa beteiligt, ist eine ganz wesentliche Komponente einer solchen Politik. Dasselbe gilt für den Aufbau engerer Beziehungen zu strategischen Achsenstaaten wie Aserbaidschan und Usbekistan, ganz abgesehen von dem allgemeineren Bemühen, Zentralasien (allen Behinderungen Moskaus zum Trotz) dem Weltmarkt zu öffnen.

Groß angelegte internationale Investitionen in eine immer besser zugängliche kaspisch-zentralasiatische Region würden nicht nur zur Konsolidierung dieser neuen Länder beitragen, vielmehr dürfte auch ein postimperiales und demokratisches Russland langfristig davon profitieren. Die Erschließung der Energiequellen und Bodenschätze der Region förderte Wohlstand und würde ein stärkeres Stabilitäts- und Sicherheitsbewusstsein in diesem Gebiet erzeugen; damit ließen sich vielleicht die Risiken balkanähnlicher Konflikte verringern. Die Vorteile einer dank ausländischer Investitionen beschleunigten regionalen Entwicklung würden auch in die angrenzenden russischen Provinzen ausstrahlen, die wirtschaftlich eher unterentwickelt sind. Wenn die neuen herrschenden Eliten der Region erst einmal einsähen, dass Russland sich der Integration der Region in die Weltwirtschaft fügt, hätten sie weniger Angst vor den politischen Konsequenzen enger Wirtschaftsbeziehungen zu Russland. Mit der Zeit könnte ein nicht mehr auf seinen imperialen Status pochendes Russland somit Akzeptanz als der führende Wirtschaftspartner der Region gewinnen, auch wenn es nicht mehr der imperiale Herrscher ist.

Bei der Förderung eines stabilen und unabhängigen südlichen Kaukasus und Zentralasiens muss Amerika darauf achten, dass die Türkei nicht vor den Kopf gestoßen wird, und sollte ausloten, ob sich seine Beziehungen zum Iran verbessern lassen. Eine Türkei, die sich von Europa, dem sie sich anschließen wollte, ausgestoßen fühlt, wird eine islamischere Türkei werden, die aus reinem Trotz ihr Veto gegen die NATO-Erweiterung einlegen dürfte und weniger bereit sein wird, in Zusammenarbeit mit dem Westen ein laizistisches Zentralasien zu stabilisieren und in die Weltgemeinschaft zu integrieren.

Demgemäß sollte Amerika seinen Einfluss in Europa für einen Beitritt der Türkei geltend machen und darauf achten, dass die Türkei als europäischer Staat behandelt wird – immer vorausgesetzt, die türkische Innenpolitik nimmt keine dramatische Wendung in die islamistische Richtung. Regelmäßige Konsultationen mit Ankara über die Zukunft des Kaspischen Beckens und Zentralasiens würden in der Türkei ein Bewusstsein strategischer Partnerschaft mit den Vereinigten Staaten fördern. Auch sollte Amerika den türkischen Wunsch nach einer Pipeline von Baku in Aserbaidschan nach Ceyhan an der Mittelmeerküste, das die Türkei als Hauptausfuhrhafen für die Energiequellen des Kaspischen Beckens ausersehen hat, unterstützen.

Ferner liegt es nicht in Amerikas Interesse, die amerikanisch-iranische Feindschaft fortzuschreiben. Jede schließlich zustande kommende Aussöhnung sollte auf der Einsicht gründen, dass jede Seite ein strategisches Interesse an der Stabilisierung des gegenwärtig für den Iran hochbrisanten regionalen Umfelds hat. Eine solche Aussöhnung muss natürlich von beiden Seiten betrieben werden und ist keine Gunst, welche die eine der anderen gewährt. Ein starker, und sei es auch stark religiös geprägter, aber nicht fanatisch antiwestlicher Iran ist durchaus im Sinne der USA, und letztendlich begreift dies vielleicht sogar die politische Führung in Teheran. In der Zwischenzeit wäre Amerikas langfristigen Interessen in Eurasien besser gedient, wenn es die bestehenden Einwände gegen eine engere wirtschaftliche Zusammenarbeit zwischen der Türkei und dem Iran, vor allem gegen den Bau neuer Pipelines, aber ebenso gegen die Errichtung anderer Verbindungen zwischen Iran, Aserbaidschan und Turkmenistan, aufgeben würde. Eine langfristige amerikanische Beteiligung an der Finanzierung solcher Projekte wäre durchaus im Interesse der USA.[35]

Auch auf die mögliche Rolle Indiens muss hier hingewiesen werden, obgleich es derzeit ein relativ passiver Spieler auf dem eurasischen Schachbrett ist. Indien wird geopolitisch durch die chinesisch-pakistanische Koalition in Schach gehalten, während ihm ein schwaches Russland nicht die politische Unterstützung bieten kann, die ihm einst von der Sowjetunion zuteilwurde. Das Überleben seiner Demokratie ist jedoch insofern von Bedeutung, als es besser als Bände akademischer Debatten das Vorurteil widerlegt, dass Menschenrechte und Demokratie bloß eine Marotte des Westens sind. Indien beweist, dass antidemokratische »asiatische Werte«, die Regierungssprecher von Singapur bis China propagieren, für Asien nicht typisch sein müssen. Aus demselben Grund wäre Indiens Scheitern ein Schlag gegen die Aussichten für Demokratie und würde eine Macht von der internationalen Bühne entfernen, die besonders jetzt, da China zu einer geopolitischen Vormachtstellung aufsteigt, zu einem größeren Gleichgewicht auf dem asiatischen Schauplatz beiträgt. Daher ist es an der

---

35 Es erscheint mir angebracht, hier den klugen Rat meines Kollegen bei der CSIS, Anthony H. Cordesman (in seiner Studie über »The American Threat to the United States« vom Februar 1997, S. 16, als Rede vor dem Army War College gehalten), zu zitieren, der vor der in Amerika verbreiteten Neigung, Probleme und sogar Nationen zu dämonisieren, gewarnt hat. Mit seinen Worten: »Der Iran, der Irak und Libyen sind Fälle, wo die USA feindliche Regime, die eine wirkliche, aber begrenzte Bedrohung darstellen, dämonisiert haben, ohne eine taugliche mittel- bis langfristige Strategie zu entwickeln. US-Planer können nicht darauf hoffen, diese Staaten völlig zu isolieren, und es ist wenig sinnvoll, sie als identische »Schurken-« oder »Terroristische« Staaten zu behandeln. ... Die USA leben in einer moralisch grauen Welt und müssen bei dem Versuch scheitern, sie schwarz und weiß zu machen.«

Zeit, dass sich Indien an Diskussionen über die künftige regionale Stabilität in Zentralasiens beteiligt, ganz zu schweigen von der Förderung direkterer bilateraler Kontakte zwischen amerikanischen und indischen Verteidigungsgremien.

Ohne eine vertiefte strategische Verständigung zwischen Amerika und China wird ein geopolitischer Pluralismus in Eurasien weder zu erreichen noch stabil sein. Folglich ist eine Politik der Einbindung Chinas in einen ernsthaften strategischen Dialog, schließlich vielleicht in einen Dreierdialog, der Japan mit einschließt, der notwendige erste Schritt, Chinas Interesse an einer gütlichen Einigung mit Amerika zu verstärken, in der die beiden Ländern gemeinsamen geopolitischen Interessen (besonders in Nordostasien und im zentralasiatischen Raum) berücksichtigt werden. Außerdem sollte Amerika alle Zweifel, die über sein Eintreten für ein China aufgekommen sein mögen, ausräumen, damit sich das Taiwan-Problem, nachdem China Hongkong geschluckt hat, nicht weiter zuspitzt. Aus demselben Grund muss China daran gelegen sein, mit der Integration Hongkongs zu beweisen, dass selbst ein Großchina in der Lage ist, vielfältigere Formen innenpolitischer Arrangements zu tolerieren und zu schützen.

Während – wie in den Kapiteln 4 und 6 ausgeführt – jede chinesisch-russisch-iranische Pseudokoalition gegen Amerika wohl kaum über ein gelegentliches taktisches »Muskeln-Spielen-Lassen« hinauskommen dürfte, sollten die Vereinigten Staaten mit China dennoch in einer Weise verhandeln, die Peking nicht in diese Richtung treibt. In einer jeden derartigen »antihegemonialen« Allianz wäre China der Eckpfeiler. Es wäre die stärkste, die dynamischste und somit die führende Komponente. Eine derartige Koalition könnte aber nur ein verdrossenes, frustriertes und feindseliges China schmieden. Weder Russland noch der Iran verfügen über die nötigen Mittel, um für solch eine Koalition der zentrale Magnet zu sein.

Daher ist ein amerikanisch-chinesischer Dialog über die Gebiete, in denen keiner der beiden Staaten eine andere Hegemonialmacht auftauchen sehen möchte, dringend geboten. Der Dialog sollte aber, damit sich Fortschritte einstellen, anhaltend und ernsthaft geführt werden. Im Zuge eines solchen Gedankenaustauschs könnten auch strittigere Fragen wie die um Taiwan und selbst die der Menschenrechte überzeugender angesprochen werden. Da nur ein demokratischeres und wohlhabenderes China gewisse Aussichten hat, Taiwan auf friedliche Weise in seinen Bann zu ziehen, kann durchaus glaubhaft gemacht werden, dass die Frage der inneren Liberalisierung nicht bloß eine innenpolitische Angelegenheit Chinas ist. Jeder Versuch einer gewaltsamen Wiedervereinigung brächte nicht nur das amerikanisch-chinesische Verhältnis in Gefahr, es würde auch ausländische Investoren verprellen und Chinas Wirtschaftswachstum drosseln. Pekings Bestrebungen nach regionaler Vorherrschaft und Weltrang blieben dabei auf der Strecke.

Obwohl China als eine regional beherrschende Macht auftritt, wird es wahrscheinlich auf lange Sicht keine Weltmacht werden (aus Gründen, die in Kapitel 6 dargelegt wurden), und paranoide Ängste vor einer künftigen Weltmacht China erzeugen im Land selbst Megalomanie, während sie sich zugleich vielleicht in einer selbsterfüllenden Prophezeiung zu verschärfter Feindschaft zwischen China und den USA hochschaukeln. China sollte als weltgrößtes und – bisher zumindest – recht erfolgreiches Entwicklungsland mit Respekt behandelt werden. Seine geopolitische Rolle sowohl im Fernen Osten als auch in Eurasien wird wahrscheinlich noch wachsen. Ein wirksamer Schritt in diese Richtung wäre, China beim jährlichen Gipfel der führenden Nationen der Welt, den sogenannten G7, einzubeziehen, insbesondere da auch Russlands Aufnahme im Juni 1997 den Focus von wirtschaftlichen hin zu politischen Fragen verlagert hat.

In dem Maße, wie China ins Weltsystem integriert wird und damit immer weniger willens und in der Lage ist, seine regionale Vormachtstellung auf politisch kurzsichtige Weise auszunutzen, wird in den Gebieten, an denen ein historisches Interesse Pekings besteht, eine Art chinesischer Einflusssphäre entstehen, die Teil der in Aussicht genommenen eurasischen Struktur geopolitischer Übereinkunft ist. Ob ein wiedervereinigtes Korea einer solchen Sphäre zuneigen wird, hängt sehr davon ab, wie tief die japanisch-koreanische

Versöhnung geht (die Amerika aktiver fördern sollte); allerdings ist die Wiedervereinigung Koreas ohne eine Übereinkunft mit China unwahrscheinlich.

Irgendwann wird ein Großchina unweigerlich darauf drängen, dass die taiwanesische Frage gelöst wird. Allerdings könnte das Ausmaß der Einbindung Chinas in internationale wirtschaftliche und politische Beziehungen auch Chinas Innenpolitik beeinflussen. Sollte sich die Einverleibung Hongkongs durch China als nichtrepressiv erweisen, kann Deng Xiaopings Formel »Ein Land, zwei Systeme« in Bezug auf Taiwan in »Ein Land, mehrere Systeme« abgeändert werden. Das könnte den beteiligten Parteien eine Wiedervereinigung schmackhafter machen – und dies wiederum unterstreicht die Tatsache, dass ohne eine gewisse politische Weiterentwicklung innerhalb Chinas die friedliche Wiederherstellung eines einigen Chinas nicht möglich ist.

Auf jeden Fall sollte China aus historischen wie aus geopolitischen Gründen Amerika als seinen natürlichen Verbündeten betrachten. Im Unterschied zu Japan oder Russland hat Amerika nie irgendwelche territorialen Absichten in Bezug auf China gehabt; und im Gegensatz zu Großbritannien hat es China niemals gedemütigt. Ohne einen brauchbaren strategischen Konsens mit Amerika wird China auf Dauer wohl nicht die ausländischen Investoren anlocken können, die es braucht, um sein Wirtschaftswachstum aufrechtzuerhalten und seine Führungsrolle in der Region zu festigen. Ebenso wenig wird Amerika ohne die Einigung mit China in strategischen Fragen eine Geostrategie für das asiatische Festland haben; und ohne eine Geostrategie für das asiatische Festland kann Amerika keine Geostrategie für Eurasien entwickeln. Daher kann Chinas regionale Machtposition, wenn sie in einen größeren Rahmen internationaler Zusammenarbeit eingebunden ist, für Amerika zu einem überaus wichtigen geostrategischen Aktivposten werden – ebenso wichtig wie Europa und gewichtiger als Japan –, um die Stabilität Eurasiens zu sichern.

Anders als in Europa jedoch wird ein demokratischer Brückenkopf auf dem östlichen Festland wohl noch eine Weile auf sich warten lassen. Umso wichtiger ist es deshalb, dass Amerikas Bemühungen um eine vertiefte strategische Beziehung zu China auf dem klaren Bekenntnis zu einem demokratischen und wirtschaftlich erfolgreichen Japan als Amerikas wichtigstem Partner im pazifischen Raum und weltweit gewichtigen Verbündeten beruht. Obwohl Japan aufgrund der starken Aversionen, die es in der Region auslöst, dort keine bestimmende Macht werden dürfte, kann es auf internationaler Ebene zu einer solchen werden. In enger Zusammenarbeit mit den USA im Hinblick auf das, was man die neue Agenda globaler Belange nennen könnte, kann Tokio, solange es jeden vergeblichen und kontraproduktiven Versuch unterlässt, selbst eine regionale Macht zu werden, eine weltweit einflussreiche Rolle erlangen. Die Aufgabe der amerikanischen Regierung sollte es daher sein, Japan in diese Richtung zu steuern. Ein amerikanisch-japanisches Freihandelsabkommen, das einen gemeinsamen Wirtschaftsraum schafft, würde die Verbindung stärken und damit dem Ziel näherkommen.

Eine enge politische Zusammenarbeit mit Japan verschafft Amerika die notwendige Rückendeckung, um Chinas regionalen Zielsetzungen Rechnung zu tragen und zugleich etwaigen Auswüchsen seines Machtgebarens entgegenzutreten. Nur auf dieser Grundlage kann eine dreiseitige Einigung – eine, die Amerikas Weltmacht, Chinas regionale Vormachtstellung und Japans Führung auf internationaler Ebene einbezieht – erzielt werden. Eine unkluge Ausdehnung der militärischen Zusammenarbeit zwischen Amerika und Japan könnte diese breite Übereinkunft in geostrategischen Fragen allerdings unterminieren. Japan sollte nicht die Rolle eines unversenkbaren Flugzeugträgers im Fernen Osten besetzen, und ebenso wenig sollte es Amerikas wichtigster asiatischer Militärpartner oder eine potenzielle regionale Macht in Asien sein. Fehlgeleitete Bemühungen, die derartigen Tendenzen Vorschub leisten, würden Amerika vom asiatischen Festland abkoppeln, die Aussichten eines erreichbaren strategischen Konsenses mit China verdüstern und damit Amerikas Fähigkeit, einen stabilen geopolitischen Pluralismus in Eurasien zu festigen, zunichtemachen.

Ein transeurasisches Sicherheitssystem

Die mit einem geopolitischen Pluralismus Eurasiens einhergehende Stabilität, die den plötzlichen Aufstieg eines einzelnen Staates zur bestimmenden Macht verhindern soll, gewänne schließlich, vielleicht Anfang des nächsten Jahrhunderts, eingebettet in ein Transeurasisches Sicherheitssystem (TESS), an Festigkeit. Ein solches Sicherheitsabkommen sollte neben einer erweiterten NATO – die mit Russland durch eine Kooperations-Charta verbunden ist – China und Japan (das mit den Vereinigten Staaten immer noch durch den bilateralen Sicherheitspakt verbunden wäre) umfassen. Aber dazu müssen die NATO zuerst erweitert und gleichzeitig Russland in eine größere Struktur regionaler Sicherheitszusammenarbeit eingebunden werden. Darüber hinaus müssen Amerikaner und Japaner in enger Absprache und Zusammenarbeit im Fernen Osten einen dreiseitigen Dialog über Sicherheitsfragen, an dem auch China beteiligt ist, beginnen. Solche amerikanisch-japanisch-chinesischen Konsultationen könnten schließlich weitere asiatische Staaten mit einbeziehen und später zu einem Dialog zwischen ihnen und der Organisation für Sicherheit und Zusammenarbeit in Europa (OSZE) führen. Dieser wiederum könnte den Weg für eine Reihe von Konferenzen aller europäischen und asiatischen Staaten ebnen und dadurch den Prozess der Institutionalisierung eines transkontinentalen Sicherheitssystems anstoßen.

Mit der Zeit könnte dann eine förmlichere Struktur Gestalt annehmen, woraus schließlich ein transeurasisches Sicherheitssystem erwüchse, das zum ersten Mal in der Geschichte den gesamten Kontinent umfassen würde. Dieses System zu gestalten – es inhaltlich zu bestimmen und in Institutionen zu verankern – könnte die große Aufgabe des nächsten Jahrzehnts werden, wenn erst einmal, wie oben skizziert, die notwendigen politischen Voraussetzungen geschaffen worden sind. Eine derart ausgedehnte transkontinentale Sicherheitsstruktur wäre mit einem ständigen Sicherheitsausschuss gut beraten, der sich aus den wichtigsten eurasischen Staaten zusammensetzt. Damit erhöhte sich die Fähigkeit des TESS, in für die weltweite Stabilität entscheidenden Fragen eine wirkungsvolle Zusammenarbeit zu fördern. Amerika, Europa, China, Japan, eine russische Konföderation, Indien und vielleicht noch einige Länder könnten gemeinsam den Kern eines solchen stärker gegliederten transkontinentalen Systems bilden. Käme das TESS also eines Tages zustande, wäre Amerika nach und nach einiger seiner Lasten ledig, auch wenn es weiterhin als stabilisierende Kraft und als Schiedsrichter in eurasischen Belangen eine maßgebliche Rolle spielen würde.

Jenseits der letzten Supermacht

Die Konzentration hegemonialer Macht in den Händen eines einzigen Staates wird, auf Dauer gesehen, immer weniger in die weltpolitische Landschaft passen. Daher ist Amerika nicht nur die erste und die einzige echte Supermacht, sondern wahrscheinlich auch die letzte.

Das ist nicht nur so, weil die Grenzen der Nationalstaaten zunehmend durchlässiger werden, sondern auch, weil Wissen als Macht immer weitere Kreise erfasst und, nicht mehr durch nationale Grenzen behindert, Allgemeingut wird. Auch wirtschaftliche Macht dürfte sich allmählich immer breiter zerstreuen. In den nächsten Jahren wird vermutlich kein Staat das Niveau von etwa 30 Prozent des globalen Bruttosozialprodukts erreichen, das Amerika in diesem Jahrhundert lange Zeit halten konnte, geschweige denn die 50-Prozent-Marke, die es im Jahre 1945 erklomm. Einige Schätzungen gehen davon aus, dass die USA bis zum Ende dieses Jahrzehnts immerhin noch an die 20 Prozent des globalen Bruttosozialprodukts stellen werden und vielleicht um das Jahr 2020 auf ungefähr 10 bis 15 Prozent abfallen, wenn andere Mächte – Europa, China, Japan – ihren relativen Anteil auf etwa das amerikanische Niveau erhöhen. Aber das weltweite wirtschaftliche Übergewicht eines einzelnen Staates oder Staatenbundes von der Art, wie es die USA im Laufe dieses Jahrhunderts erlangt haben, ist unwahrscheinlich. Und dies hat natürlich weitreichende militärische und politische Implikationen.

Die USA konnten aufgrund ihrer ausgesprochen multinationalen und auch in anderer Hinsicht außergewöhnlichen Gesellschaft ihre Hegemonie ausbauen, ohne sie als streng nationale erscheinen zu lassen. Dagegen würde beispielsweise Chinas Streben nach globaler Vorherrschaft von anderen Staaten unweigerlich als der Versuch angesehen werden, eine nationale Hegemonie zu errichten. Sehr vereinfacht ausgedrückt: Jeder kann Amerikaner werden, aber Chinese ist man durch Geburt – ein Umstand, der jedem Versuch, auf der Basis eines Nationalstaates eine globale Hegemonie zu errichten, ein zusätzliches und ganz erhebliches Hindernis in den Weg legt.

Dementsprechend wird, wenn Amerikas Führungsrolle einmal verblasst, Amerikas derzeitige globale Vorherrschaft wohl kaum Nachahmer finden. Somit lautet die Schlüsselfrage für die Zukunft: »Was wird Amerika als bleibendes Vermächtnis seiner Vormachtstellung der Welt hinterlassen?«

Die Antwort hängt zum Teil davon ab, wie lange diese Vormachtstellung noch währt und wie energisch Amerika den Aufbau von Partnerschaftsstrukturen mit Schlüsselmächten vorantreibt, aus denen sich mit der Zeit feste Institutionen entwickeln können. Amerikas historische Chance, seine Weltmacht konstruktiv zu nutzen, könnte sich, sowohl aus innenpolitischen wie auch aus außenpolitischen Gründen, als relativ kurz erweisen. Nie zuvor hat eine wirklich im Volk verankerte Demokratie die internationale Politik dominiert. Machtstreben verträgt sich im Grunde ebenso wenig mit demokratischer Gesinnung wie die zu seiner Ausübung notwendigen wirtschaftlichen Kosten und menschlichen Opfer. Eine demokratische Gesellschaft lässt sich nicht so leicht für imperialistische Zwecke einspannen.

Ob Amerika die erste Supermacht sein wird, die ihre Macht nicht mehr ausüben kann oder will, könnte für die Zukunft wirklich entscheidend sein. Laufen die USA womöglich Gefahr, eine impotente Weltmacht zu werden? Laut öffentlichen Meinungsumfragen tritt nur eine kleine Minderheit (13 Prozent) der Amerikaner dafür ein, dass die USA »als die einzig noch verbliebene Supermacht bei der Lösung internationaler Probleme auch weiterhin die Führungsrolle bekleiden sollte«. Einer überwältigenden Mehrheit (74 Prozent) wäre es lieber, wenn Amerika »bei den Bemühungen, internationale Probleme zusammen mit anderen Ländern zu lösen, seinen angemessenen Beitrag leistet«.[36]

Da Amerikas Gesellschaft in steigendem Maße multikulturelle Züge annimmt, dürfte, außer in Fällen einer wirklich massiven und unmittelbaren Bedrohung von außen, ein Konsens über außenpolitische Fragen zunehmend schwerer herbeizuführen sein. Während des Zweiten Weltkriegs und auch in der Zeit des Kalten Kriegs herrschte weitgehend ein solcher Konsens. Er hatte seine Wurzeln jedoch nicht allein in einem gemeinsamen System demokratischer Werte, das die Öffentlichkeit bedroht sah, sondern auch in einer kulturellen und ethnischen Affinität zu den vorwiegend europäischen Opfern feindlicher totalitärer Systeme.

Da es keine vergleichbare äußere Herausforderung mehr gibt, dürfte es schwerer sein, in der amerikanischen Gesellschaft Übereinstimmung über außenpolitische Aktivitäten zu erzielen, die nicht direkt mit demokratischen Grundüberzeugungen und weithin verbreiteten ethnisch-kulturellen Sympathien zu tun haben und nicht selten einen anhaltenden und manchmal kostspieligen Einsatz amerikanischer Macht erfordern. Mehr Anklang finden da wohl die Vertreter zweier Sichtweisen, die aus dem Sieg der USA im Kalten Krieg ganz unterschiedliche Schlüsse ziehen. Der Ansicht der einen Seite,

---

36 »An Emerging Consensus – A Study of American Public Attitudes on America's Role in the World« (College Park: Center for International and Security Studies at the University of Maryland, July 1996). Es ist bemerkenswert, steht aber im Einklang mit dem eben Gesagten, dass Erhebungen, die das oben genannte Center Anfang 1997 (unter der Leitung des Meinungsforschers Steven Kull) durchgeführt hat, auch eine beträchtliche Mehrheit für eine NATO-Erweiterung (62 Prozent dafür, darunter 27 Prozent sehr dafür, und nur 29 Prozent dagegen, davon 14 Prozent entschieden dagegen) ausweisen.

dass das Ende des Kalten Kriegs eine erhebliche Einschränkung des weltweiten Engagements der USA rechtfertige, ungeachtet der Konsequenzen, die dies für das Ansehen Amerikas in der Welt hat, steht die Erkenntnis der anderen Seite gegenüber, dass die Zeit für einen echten internationalen Multilateralismus gekommen sei, an den Amerika sogar etwas von seiner Souveränität abtreten sollte. Beide Standpunkte erfreuen sich einer treuen Anhängerschaft.

Allgemeiner gesprochen, könnte auch ein kultureller Wandel in Amerika ein politisches Klima erzeugen, das einer weiteren Ausübung imperialer Macht abträglich ist. Diese Ausübung erfordert ein hohes Maß an weltanschaulicher Motivation, intellektuellem Einsatz und patriotischer Begeisterung. Doch das kulturelle Leben steht mehr und mehr im Zeichen der Massenunterhaltung, in der persönlicher Hedonismus und gesellschaftlicher Eskapismus die Themen bestimmen. Aus all diesen Gründen wird es immer schwieriger, den notwendigen politischen Konsens über eine andauernde und gelegentlich auch kostspielige Führungsrolle der USA im Ausland herzustellen. Tonangebend in der Meinungsbildung sind die Massenmedien, die auf jeden noch so vorsichtigen Einsatz von Gewalt, selbst wenn er mit geringen Verlusten verbunden ist, mit Abscheu und Empörung reagieren.

Zudem haben sowohl Amerika als auch Westeuropa Mühe, mit den kulturellen Folgen des gesellschaftlichen Hedonismus und dem dramatischen Werteverfall in der Gesellschaft fertig zu werden. (In dieser Hinsicht gibt es auffallende Parallelen zum Niedergang der Weltreiche, von denen in Kapitel 1 die Rede war.) Die daraus resultierende kulturelle Krise ist durch die Verbreitung von Drogen und, vor allem in den USA, die Verknüpfung mit der Rassenproblematik noch verschärft worden. Und schließlich kann die ökonomische Wachstumsrate nicht mehr mit den von einer ganz auf den Konsum abstellenden Kultur angeregten wachsenden materiellen Ansprüchen Schritt halten. Ohne zu übertreiben, kann man sagen, dass sich in den einsichtigeren Kreisen der westlichen Gesellschaft eine gewisse Zukunftsangst, vielleicht auch Pessimismus breitmacht.

Vor fast einem halben Jahrhundert äußerte der bekannte Historiker Hans Kohn, der die tragische Erfahrung der beiden Weltkriege und die lähmenden Folgen der totalitären Bedrohung erlebt hatte, besorgt, dass der Westen »erschöpft und verbraucht« sei. Ja, er fürchtete, dass

> »der Mensch des 20. Jahrhunderts nicht mehr die Zuversicht hat, die seine Vorfahren im 19. Jahrhundert hatten. Er hat mit eigenen Augen die finsteren Mächte der Geschichte erlebt. Dinge, die der Vergangenheit anzugehören schienen, sind wieder aufgetaucht: religiöser Fanatismus, unfehlbare Führer, Sklaverei und Massaker, die Entwurzelung ganzer Völker, gnadenlose Härte und Barbarei.«[37]

Dieser Mangel an Zuversicht ist durch die weit verbreitete Enttäuschung über den Ausgang des Kalten Kriegs noch verstärkt worden. Statt einer auf Konsens und Harmonie gegründeten »neuen Weltordnung« sind ganz plötzlich »Dinge, die der Vergangenheit anzugehören schienen«, zur Zukunft geworden. Wenn auch ethnisch-nationale Konflikte nicht mehr die Gefahr eines Weltkriegs bergen mögen, bedrohen sie doch den Frieden in erheblichen Teilen der Erde. Somit ist nicht davon auszugehen, dass Kriege in der nächsten Zukunft überholt sein werden. Während die technischen Kapazitäten zur Selbstzerstörung und ausgeprägter Eigennutz in den wohlhabenderen Nationen für eine gewisse Hemmschwelle sorgen, könnte der Krieg zu einem »Luxus« geworden sein, den sich nur die armen Völker dieser Welt leisten können. Die zwei Drittel der Menschheit, die in Armut leben, werden sich wohl auf absehbare Zeit nicht von der Zurückhaltung der Privilegierten leiten lassen.

Bemerkenswert ist auch, dass es bei internationalen Konflikten und Akten von Terrorismus bisher nicht zum Einsatz von Massenvernichtungswaffen gekommen ist. Wie lange diese Selbstbeschränkung noch anhält, lässt sich natürlich nicht vorhersagen, aber da Kriegsge-

---

37 Hans Kohn, *The Twentieth Century* (New York, 1949), S. 53

rät mit enormer Zerstörungskraft, etwa Atom- oder bakteriologische Waffen, nicht nur für Staaten, sondern auch für organisierte Gruppen immer leichter zugänglich ist, nimmt die Wahrscheinlichkeit, dass solche Waffen eingesetzt werden, unweigerlich zu.

Kurzum, Amerika als die führende Weltmacht hat nur eine kurze historische Chance. Der relative Frieden, der derzeit auf der Welt herrscht, könnte kurzlebig sein. Diese Aussicht unterstreicht, wie dringend notwendig es ist, dass sich Amerika weltweit für eine Stärkung der internationalen geopolitischen Stabilität einsetzt und den verloren gegangenen Optimismus des Westens wieder belebt. Dieser wird sich erst dann wieder einstellen, wenn die Staatengemeinschaft bewiesen hat, dass sie in der Lage ist, mit den sozialen Problemen im Innern und den geopolitischen Herausforderungen, die von außen an sie herantreten, gleichzeitig fertig zu werden.

Ob der Westen seinen Optimismus wiederfindet und ob die westlichen Werte international Allgemeingut werden, hängt jedoch nicht allein von Amerika und Europa ab. Japan und Indien führen vor, dass auch in Asien, sowohl in hochentwickelten Staaten als auch in solchen, die immer noch als Entwicklungsländer gelten müssen, die Menschenrechte Achtung genießen und demokratische Experimente eine zentrale Rolle spielen können. Daher kann demokratische Kontinuität in Japan und Indien als eine zuversichtlichere Perspektive für die künftige politische Gestalt der Welt gar nicht hoch genug bewertet werden. Tatsächlich legen die Erfahrungen dieser beiden Staaten sowie Südkoreas und Taiwans nahe, dass Chinas anhaltendes Wirtschaftswachstum vielleicht auch eine fortschreitende Demokratisierung des politischen Systems mit sich bringen könnte, sobald das Land stärker in die internationale Staatengemeinschaft eingebunden ist und von daher gedrängt wird, einen Wandel herbeizuführen.

Sich diesen Herausforderungen zu stellen, ist Amerikas Bürde und auch seine besondere Verantwortung. Damit eine wirksame Antwort darauf gefunden werden kann, muss angesichts des Zustands, in dem sich die amerikanische Demokratie derzeit befindet, zunächst in der Öffentlichkeit Einvernehmen darüber erzielt werden, dass sich die

USA an der Schaffung eines sich erweiternden Rahmens stabiler geopolitischer Zusammenarbeit weiterhin beteiligen müssen, eines Rahmens, der weltweite Anarchie verhindert und die Gefahr eines plötzlichen Aufstiegs einer neuen Macht erfolgreich hinausschiebt. Diese beiden Ziele – weltweite Anarchie zu verhindern und das Emporkommen eines Rivalen um die Macht zu vereiteln – sind untrennbar mit der längerfristigen Zielsetzung verbunden, die dem weltweiten Engagement Amerikas zugrunde liegt: nämlich, ein dauerhaftes Rahmenwerk globaler geopolitischer Zusammenarbeit zu schmieden.

Leider waren alle bisherigen Versuche, eine neue zentrale und globale Zielsetzung der Vereinigten Staaten nach dem Ende des Kalten Kriegs aufzuzeigen, eindimensional. Sie versäumten es, die notwendige Verbesserung der menschlichen Lebensbedingungen mit dem Gebot, die zentrale Rolle der USA in der Weltpolitik zu bewahren, zu verknüpfen. Beispiele für derartige Bemühungen aus jüngster Zeit gibt es genug. Der »selbstbewusste Multilateralismus«, für den die Clinton-Administration in den ersten beiden Jahren ihrer Amtszeit eintrat, zog die Realitäten der derzeitigen Macht nicht genügend in Betracht. Die anschließend vertretene alternative Position, Amerika solle das Augenmerk auf eine weltweite »demokratische Erweiterung« richten, ließ außer Acht, dass die USA auch in Zukunft die weltweite Stabilität erhalten oder sich sogar für einige zweckdienliche (aber bedauerlicherweise nicht »demokratische«) zwischenstaatliche Beziehungen, wie etwa zu China, einsetzen müssen.

Noch unbefriedigender verliefen Appelle, bei denen es um konkretere Fragen ging, wie zum Beispiel um die Beseitigung der ungerechten Güterverteilung auf der Welt, den Aufbau einer besonderen »strategischen Partnerschaft« mit Russland oder die Begrenzung der Waffenexporte. Auch andere Alternativen – dass Amerika sich auf den Schutz der Umwelt konzentrieren oder, noch konkreter, auf die Bekämpfung lokaler Kriege konzentrieren sollte – verloren gern die für eine Weltmacht grundlegenden Fakten aus dem' Auge. Folglich ist keine der oben angeführten Lösungen der Notwendigkeit gerecht geworden, weltweit ein Mindestmaß an geopolitischer Stabilität herzustellen, welche die unabdingbare Voraussetzung dafür ist, dass die amerikanische Hegemonie noch eine Weile erhalten und die Gefahr internationaler Anarchie gebannt bleibt.

Kurz, die Politik der USA muss unverdrossen und ohne Wenn und Aber ein doppeltes Ziel verfolgen: die beherrschende Stellung Amerikas für noch mindestens eine Generation und vorzugsweise länger zu bewahren und einen geopolitischen Rahmen zu schaffen, der die mit sozialen und politischen Veränderungen unvermeidlich einhergehenden Erschütterungen und Belastungen dämpfen und sich zum geopolitischen Zentrum gemeinsamer Verantwortung für eine friedliche Weltherrschaft entwickeln kann. Eine von Amerika sowohl angeregte als auch vermittelte längere Phase allmählich sich ausdehnender Kooperation mit wichtigen eurasischen Partnern kann außerdem helfen, die Voraussetzungen für eine Aufwertung der bestehenden und zunehmend veralteten UN-Strukturen zu verbessern. Eine Neuverteilung von Verantwortung und Privilegien kann dann den veränderten Realitäten von Weltmacht Rechnung tragen, die sich von denen des Jahres 1945 so drastisch unterscheiden.

Diese Bemühungen werden den zusätzlichen historischen Vorteil haben, vom neuen Netz globaler Verbindungen zu profitieren, das außerhalb des traditionelleren Systems der Nationalstaaten exponentiell wächst. Dieses von multinationalen Korporationen, Organisationen (regierungsunabhängig und oft transnationalen Charakters) geknüpfte Netz schafft bereits ein informelles Weltsystem, das an sich schon einer institutionalisierten und engeren globalen Zusammenarbeit entgegenkommt.

Im Laufe der nächsten Jahrzehnte könnte somit eine funktionierende Struktur weltweiter Zusammenarbeit, die auf den geopolitischen Gegebenheiten gründet, entstehen und allmählich die Insignien des derzeitigen »Herrschers« der Welt annehmen, der vorerst noch die Last der Verantwortung für die Stabilität und den Frieden in der Welt trägt. Ein geostrategischer Erfolg in dieser Zielsetzung wäre dann die durchaus angemessene Erbschaft, die Amerika als erste, einzige und letzte echte Supermacht der Nachwelt hinterlassen würde.

NACHWORT

In den Schlussfolgerungen meines Buchs *Die einzige Weltmacht* warnte ich davor, dass die Vereinigten Staaten nicht auf Dauer die einzige Weltmacht bleiben würden. Sie waren die Führungsmacht einer instabilen Weltordnung, in der zum ersten Mal in der Geschichte ein Land dominierte. Sowohl aus innen- als auch aus außenpolitischen Gründen sollte sich dieser historische Augenblick jedoch als flüchtig erweisen.

Die Mehrheit der Amerikaner steht dem Engagement der USA in weltpolitischen Angelegenheiten weitgehend skeptisch gegenüber. Die Öffentlichkeit reagiert stets nur dann, wenn sie eine unmittelbare Bedrohung des eigenen Landes wahrnimmt – zum Beispiel nach dem Angriff auf Pearl Harbour oder den terroristischen Anschlägen vom 11. September 2001. Da sich Amerika zunehmend zu einer multikulturellen Gesellschaft entwickelt, ist es immer weniger in der Lage, einen Konsens über außenpolitische Entscheidungen zu finden, und so wird es wahrscheinlich in dieser Hinsicht keine nationale Geschlossenheit mehr geben, wie sie während des Zweiten Weltkriegs und des Kalten Kriegs zu konstatieren war.

Als die Vereinigten Staaten vor fünfundzwanzig Jahren zur einzigen Supermacht aufstiegen, hätten sie eine Geostrategie entwickeln müssen, die den unvermeidlichen Verlust ihrer Macht mit einplante. Das wäre möglicherweise gelungen, wenn sie eine globale Anarchie abgewendet und die Entstehung eines bedeutenden Machtkonkurrenten verhindert hätten.

Heute jedoch wird Amerika sowohl im In- als auch im Ausland als geschwächt wahrgenommen, als nicht willens und immer weniger imstande, als das politisch, ökonomisch und militärisch mächtigste Land der Welt zu agieren.

Das strategische Szenario im Wandel

Die globale Machtverlagerung nach Osten hat die Instabilität der derzeitigen internationalen Beziehungen verstärkt. Europa, auf einigen Gebieten noch von Bedeutung, spielt eine immer geringere Rolle, wohingegen Russland in die vorderste Linie des Weltgeschehens drängt und sich neu zu definieren versucht.

Europa kann noch eine wichtige Rolle in der Weltpolitik spielen, ist aber keine Weltmacht und wird wohl auch keine mehr werden. Gleichwohl kann Europa hinsichtlich einer Reihe von internationalen Bedrohungen der globalen Stabilität wie dem Klimawandel die Führung übernehmen. Überdies könnte sich ohne den unerschütterlichen Widerstand der Europäer gegenüber der russischen Aggression in Osteuropa die Weltlage verschlechtern.

Währenddessen versucht Russland unter einem geldgierigen Präsidenten sein Ansehen in der Welt wiederzuerlangen. Dabei übersieht es allerdings die Tatsache, dass es nicht mehr in der Lage ist, ein nichtrussisches Reich anzuführen. Ursprünglich bezog das russische Reich seine Legitimität und Macht aus einem riesigen, nach Osten und Süden ausgreifenden Territorium. Die russischen Bauern, politisch unbedarft und größtenteils Analphabeten, fühlten sich aufgrund ihrer tiefen Religiosität und Verehrung des Zaren dennoch dem russischen Reich verbunden. Nach dem Ersten Weltkrieg vollzog sich eine dramatische Umwandlung des einstigen Zarenreiches. In der UdSSR kam den nicht-russischen Landesteilen zum ersten Mal in der Geschichte ein quasi formaler Status zu und sie erhielten nominell eigene Regierungsinstitutionen und eine gewisse Eigenstaatlichkeit. Während diese »Republiken« de facto dem Politbüro unterstanden und von diesem kontrolliert wurden, förderte die UdSSR im Laufe ihres fast siebzigjährigen Bestehens völlig unbeabsichtigt nationalistische Gesinnungen. In einer im Januar 2016 gehaltenen Rede verwies Wladimir Putin auf die Gründung ethnisch geprägter Volksrepubliken und machte dabei Lenin verantwortlich für die »tickende Zeitbombe, die in [Russlands] Staatsgebilde installiert worden war«[38].

Da Putin versucht, die Bedeutung, territoriale Größe und Einflusssphäre des einstigen Zarenreiches wiederherzustellen, leisten die ehemaligen sowjetischen Staaten vorsichtigen Widerstand. Kasachstans Präsident Nursultan Nazarbajew lehnte öffentlich Putins Vorschlag einer Eurasischen Union ab, den viele zentralasiatische Staatsführer als Russlands Versuch deuteten, seine frühere sowjetische Hegemonie wiederherzustellen. Indem er den ökonomischen Wirkungsbereich der neuen Eurasischen Wirtschaftsunion (EAWU) hervorhob, konnte Nazarbajew Russlands Kontrolle über zentralasiatische Angelegenheiten abschwächen. Putins Bemühen, Russlands Großmachtstatus wiederzuerlangen, wurde außerdem durch den Verlust der Ukraine konterkariert.

Da China zusehends an Einfluss gewinnt, verstärkt der Konkurrenzkampf um Vorteile auf sicherheitspolitischem und ökonomischem Gebiet das Potenzial für Fehleinschätzungen und Konflikte. Russlands Vorrangstellung innerhalb der Eurasischen Wirtschaftsunion und in Mittelasien wird noch weiter durch Chinas zunehmendes wirtschaftliches Engagement in der Region eingeschränkt. Mit seiner ehrgeizigen »Neue Seidenstraße«-Initiative will China die alten Seidenstraßen nach Westen wiederbeleben und investiert deshalb in den Bau von zentralasiatischen Landwegen. Dies bietet den zentralasiatischen Ländern eine Alternative zu Russland und verschafft ihnen somit eine größere Bewegungsfreiheit zwischen den beiden Weltmächten.

Chinas wirtschaftliche Expansion hat jedoch nicht nur Auswirkungen auf Zentralasien. Aufgrund seiner weitreichenden ökonomischen Interessen im gesamten Nahen Osten – wegen dessen Ölvorkommen, Exportmärkten und Infrastruktur-Projekten – ist China aus Eigennutz stark an der Stabilität der Region interessiert. Angesichts der wirtschaftlichen Bedeutung der Region und der ideologischen Nähe des dort aktiven religiösen Extremismus zu seiner eigenen aufbegehren-

---

[38] Wladimir Putin beim Interregionalen Forum der Volksfront für Russland, Stawropol/Russland, 25. Januar 2016, *kremlin.ru* – abgerufen 28. Januar 2016

den Minderheit kann es sich China nicht leisten, tatenlos zuzusehen, wie der Nahe Osten von sektiererischer Gewalt zerrissen wird.

China ist gegenwärtig die neu entstehende Weltmacht. Es hat sich sowohl wirtschaftlich als auch geopolitisch stetig entwickelt, um mit Amerika gleichzuziehen und es vielleicht sogar zu überholen. Noch hütet es sich allerdings, eine offene geopolitische Konfrontation mit den Vereinigten Staaten zu riskieren. Die Herausforderung besteht für Washington darin, Peking verantwortungsbewusst eine größere Rolle bei der Aufrechterhaltung der Weltordnung zuzuweisen, nicht nur im pazifischen Raum, sondern auch im Nahen Osten und in Zentralasien.

Ausblick

Angesichts einer sich wandelnden Weltlage muss Amerika daran arbeiten, Russland in einen umfassenderen Westen einzubeziehen, und gleichzeitig eine langfristige geopolitische Vision verfolgen, die eine Zusammenarbeit zwischen den Vereinigten Staaten, China und Russland einschließt.

Ein russischer Nationalstaat ohne seine früheren nicht-russischen Staatsbürger ist mit der Tatsache konfrontiert, dass seine Zukunft im Westen liegt. Ungeachtet seines schwindenden Einflusses in Zentralasien hat Russland aufgrund seiner territorialen Ausdehnung und seiner geographischen Lage durchaus das Potenzial zu einem aufstrebenden europäischen Staat – trotz seiner geringeren Wirtschaftskraft und der gegenwärtigen Missachtung der Menschenrechte und der Justiz. Russlands Westorientierung kann beschleunigt und erleichtert werden, wenn China seinen Einfluss nach Europa ausdehnt und sich China und Russland hinsichtlich des de facto geteilten Einflusses in Zentralasien arrangieren.

Dieser langwierige Prozess beruht weitgehend darauf, inwieweit Russland – das zu wichtig ist, um ignoriert zu werden – in der Lage ist, eine Beziehung mit dem Westen aufzubauen; vor allem mit Europa und dem internationalen Hauptsponsor der Europäischen Union, den Vereinigten Staaten, und wie es die Delegitimierung seiner korrupten Staatsführung meistert. Beide Alternativen sind schwerwiegend: Entweder scheitert Russland dramatisch und destabilisiert die Weltordnung noch weiter oder es wandelt sich erfolgreich in ein stabiles Land und einen verlässlichen internationalen Akteur. Die letztere, deutlich vorzuziehende Option hängt zum großen Teil von Russlands Fähigkeit ab, seine destabilisierenden ultranationalistischen Bestrebungen einzustellen.

Kurzfristig sollte China ermuntert werden, eine geostrategische Zielsetzung zu verfolgen, die der Stabilität den Vorrang gibt gegenüber einer Konfliktstrategie, wenn es sein Projekt der Neuen Seidenstraße in Angriff nimmt. Um die von ihm angestrebte Stabilität zu stärken, kann China es sich nicht länger leisten, gegenüber wichtigen globalen Fragen öffentlich neutral zu bleiben. Und dies erfordert geopolitisch eine globale Verständigung zwischen Amerika und China.

Eine zunehmend kompliziertere Situation im Nahen Osten, wo die Ausbreitung von Gewalt eher durch das Erstarken religiösen Sektierertums und durch lange Zeit unterdrückte Erinnerungen an die Brutalität der Kolonialzeit heraufbeschworen wurde als durch amerikanische Einmischung, hat Auswirkungen auf alle globalen Akteure. Der Konkurrenzkampf um den geopolitischen und wirtschaftlichen Einfluss von Regionalmächten wie Ägypten, dem Iran, Israel, Saudi-Arabien und der Türkei wird den zukünftigen Schauplatz für China, Russland und die Vereinigten Staaten abgeben.

Mit kurzfristigen Lösungen oder zweckdienlichen politischen Gesprächsthemen lassen sich die Probleme der Gegenwart nicht bewältigen. Stattdessen bedarf es eines geostrategischen Systems von Kooperation und Druckausübung, um ein langfristiges Miteinander aller drei Seiten zu fördern: China, dem Problem der Zukunft, Russland, dem Unruhestifter der Gegenwart, und den Vereinigten Staaten, der alternden Supermacht, gefangen in den schlechten Gewohnheiten ihrer Geschichte.

Wie ich in der ersten Ausgabe von *Die einzige Weltmacht* abschließend feststellte: »Die Konzentration hegemonialer Macht in den Händen eines einzigen Staates wird, auf Dauer gesehen, immer weniger in die weltpolitische Landschaft passen. Daher ist Amerika nicht nur die erste und die einzige echte globale Supermacht, sondern wahrscheinlich auch die letzte.«

Diese Worte waren eine Warnung, aber keine Prognose. Amerikas relativer Niedergang und die Ereignisse, die folgten, waren nicht zwangsläufig. Auch heute braucht die Welt noch immer kein Amerika, das sich damit zufrieden gibt, unilaterale Kriege zu führen, sondern eine globale Supermacht, welche die flüchtige Natur ihrer einzigartigen Vorherrschaft erkennt und deshalb eine multipolare Weltordnung anstrebt. Zwar hat sich die politische Landschaft verändert, doch die Vereinigten Staaten haben nach wie vor einen strategischen Auftrag.

Zbigniew Brzeziński
14. Juni 2016

---

* Zbigniew Brzeziński dankt seinem wissenschaftlichen Mitarbeiter Paul Wasserman für seine hilfreichen Beiträge.

Personen- und Sachregister